ATATÜRK
ve
LİDERLİK

YILMAZ BASIM®

Yılmaz Basım®

Yayıncı Sertifika No: 17111

Kitap Adı: ATATÜRK ve LİDERLİK
Yazar: HARİKA YAMAK
Genel Yayın Yönetmeni: Hulusi Koray
Editör: Neriman Şimşek
Bilgisayar Uygulama: Yılmaz Basım
Kapak Tasarım: Emrah Öztürk
İç Tasarım: Ece Dur

Baskı - Cilt: Alioğlu Matbaacılık Ltd. Şti.
Orta Mahallesi Fatin Rüştü Sokak
No: 1/3 A Bayrampaşa / İstanbul 0 212 612 95 59
Matbaa Sertifika No: 11946

ISBN : 9786059828536

Yılmaz Basım® 2015
Topçular Mah. Gürbüzler Cad. Şehit Kubilay sok. 8/A Eyüp / İSTANBUL
Tel: 0 212 674 60 60 - Faks: 0 212 501 24 91
www.yilmazbasim.com e-mail: info@yilmazbasim.com

HARİKA YAMAK

ATATÜRK VE LİDERLİK

Yılmaz Basım

İÇİNDEKİLER

GİRİŞ

Yalnızca Türk tarihinde değil, dünya tarihinde de önemli bir yere ve şöhrete sahip olan bir lider olarak Mustafa Kemal Atatürk'ün yönetim anlayışını ele almak oldukça önemlidir. Yıkılmaya yüz tutmuş bir imparatorluğun, büyük bölümü işgal edilmiş bir ülkenin ve uzun yıllardır devam eden savaşlar dolayısıyla yorgun düşmüş bir halkın yeniden örgütlenmesiyle ulaşılan kurtuluş ve kurulan yeni devlet, Atatürk'ün liderlikteki başarısının en büyük kanıtlarıdır aslında. Bu yüzden, Kurtuluş Savaşı'na hangi şartlarda gelindiği ve bu savaşın hangi zor şartlar altında yapıldğı konusunda bilgi vermek, Atatürk'ün liderlik anlayışının daha iyi kavranmasına katkı da bulunacaktır.

1) OSMANLI'DAN CUMHURİYETE

14. yüzyılda Anadolu'nun batısında yer alan küçük bir beyliğin devam eden yıllarda önce güçlü bir devlete, ardından kudretli bir imparatorluğa dönüşeceği, altı yüz yılı aşan ömründe üç kıtaya yayılarak eşsiz başarılara imza atacağı tahmin bile edilemezdi. 1200'lerde, pek çok Türk-Oğuz boyu doğudan batıya, yani Anadolu'ya doğru hareket etmekteydi. Anadolu Selçuklu Devleti'nin hâkim olduğu bu bölgeye hareket eden boylar arasında Oğuz Türklerinin bir kolu olan Kayı Boyu da vardı. Anadolu Selçuklu Sultanı Anadolu'ya gelen Kayı Boyu'na ilk olarak Ankara yakınlarındaki Karacadağ bölgesini verdi. Bir süre burada kalan Kayı Boyu daha sonra, Anadolu'nun batısına yöneldi. Ertuğrul Gazi yönetimindeki Kayılar böylece, Bizans'ın hâkimiyetinde bulunan Söğüt, Domaniç bölgelerine gelerek bu bölgeleri yurt yaptılar. Doğudan iyice bastıran Moğol işgaline karşı Anadolu'nun batı ucuna ve Bizans sınırına yerleşen Kayı Boyu, tarih sahnesine çıkacağı günü bu küçük bölgede beklemeye başladı.

Ertuğrul Gazi liderliğindeki Kayılar, hemen yanında bulundukları Bizans İmparatorluğu'na karşı akınlar düzenleyerek küçük beyliklerini genişletmeye başladılar. Batıya doğru genişleme politikası, Ertuğrul Gazi'den sonra Kayı Boyu'nun başına geçen Osman Gazi döneminde de devam etti. Osman Gazi, hem devlete adını verecek, hem de Kayı Boyu'nu dağınık yaşayan bir aşiret olmaktan çıkarıp, bir beylik haline getirecekti. Önceleri Çobanoğlu

Beyliği'ne bağlı olarak akınlar yapan Osman Gazi, liderlik başarıları ve Bizans'a yönelik atanlardaki başarısı sayesinde gittikçe öne çıktı. Moğol işgalinin etkisiyle batıya yönelen bir kısım asker ve yöneticiyi de beyliğinde toplayan Osman Gazi, Çobanoğlu Beyliği'nden koparak kendi bağımsızlığını ilan etti. Böylece, dünya tarihinin en büyük imparatorluklarından birisi olan Osmanlı Devleti ortaya çıkmış oldu.

Osman Gazi, Bizans'a yönelik akınlar yapmayı sürdürdü. Bu akınlar sonunda, Karacahisar, Bilecik, Yarhisar, Mudurnu ve İnegöl'ü fetheden Osman Gazi, babasından devraldığı toprakları üç katma çıkararak tahtını Orhan Gazi'ye devretmiştir. Babası gibi Bizans'a yönelik atanları sürdüren Orhan Gazi, küçük bir beylik hâlindeki Osmanlıları, belli ve sistematik politikalar dâhilinde bir devlet hâline getirmeyi başarmıştır.

Osmanlı Beyliği, kuruluş ve yükseliş dönemleri denilen dönemlerde büyük bir kudret ve iktidar elde etmiş, dünyada hâkim bir güç hâline gelmiştir. Anadolu'nun batısında kurulan bu küçük beylik, çevresindeki pek çok imparatorluğu tarihe gömerek eşine az rastlanır bir imparatorluğa dönüşen Osmanlı, İslam Dünyası'nm ve Avrupa'nın doğal lideri hâline gelmişti. Başta Fatih Sultan Mehmet, Yavuz Sultan Selim ve Kanuni Sultan Süleyman olmak üzere tarihin önde gelen kumandanlarını ve hükümdarlarını çıkaran Osmanlı, sadece bir kılıç ve iktidar medeniyeti olmamıştır. Mimaride Mimar Sinan, müzikte Itri, edebiyatta Bâki, Fuzuli, gibi dünya çapında isimler yetiştiren Osmanlı medeniyetinin bir çırpıda sayılacak onlarca kültür adamının olması tesadüfi değildir.

Her yükselişin bir düşüşü olduğu gibi, Osmanlı İmparatorluğu'nda da bir süre sonra duraklama ve gerileme yaşanmaya başlamıştır. Kısaca değinmek gerekirse, Osmanlı İmparatorluğu'nu duraklamaya ve gerilemeye götüren sebepleri şu başlıklar altında özetleyebiliriz:

Osmanlı toplum düzeni, yaklaşık olarak 1550 yılına kadar çağma göre oldukça tutarlı ve dengeli bir nitelik taşımaktadır. Sosyal-ekonomik ve idari düzen bir yandan devleti, görevlerini ve kuramlarını, öte yandan insan ve dünya görüşünü dengelemiştir. Osmanlı toplumundaki bu denge son derece hassas noktalara sahiptir. Bu denge, aşağıda da bahsedeceğimiz gibi çeşitli sebeplerden dolayı sarsıntılar geçirmiş ve Osmanlı Devleti bu sarsıntılara karşı vaktinde gerekli önlemi alamayınca geri kalmaya ve çökmeye mahkûm olmuştur.

Osmanlı Devleti'nin gerilemesi olgusunu açıklamaya Toprak Mülkiyeti Rejimi'nin bozulması ile başlamak, olayların tarihteki sıralaması ve sebep sonuç ilişkileri bakımından daha tercih edilir görünmektedir.

Osmanlı Devleti'nde genel kural olarak toprak mülkiyetinin devlete ait oluşu feodal beylerin belirmesini önledi. Tımar ve zeamet toprakları büyük servetler yaratmayacak ölçüde tutuldu. Kendisine Tımar verilen kimse toprağın verimli bir şekilde ekilip biçilmeşinden ve elde edilecek üründen payını almaktan sorumlu idi. Devlet bu sistemle temelde iki büyük yarar sağlamaktaydı. Bunlardan birincisi vergi toplayıp bunu gene görevlilerine dağıtma külfetinden kurtulmasıydı. İkincisi de toprakların verimli bir şekilde kullanılmasını güvence altına almış olmaktı.

Başlangıçta çok iyi işleyen bu düzen XVI. yüzyılın ikinci yan- sından itibaren bozuldu. Bu bozulmanın başlıca nedeni Kanuni Sultan Süleyman'ın en parlak günlerinde başlayan ve ondan sonra dabir türlü önü alınmayan enflasyondur. Bu enflasyonun da başlıca iki nedeni vardır. Bunlardan birincisi, ilk açık deniz yolculuklarından

Avrupa'ya akan kıymetli madenlerin, özellikle gümüşün Osmanlı İmparatorluğu'na da girerek piyasada o zamana kadar görülmemiş bir para bolluğuna yol açması; İkincisi de devlet giderlerinde görülen devamlı artıştır.

16. yüzyılın sonundan itibaren belirmeye başlayan ve içeride yeni gelir kaynağı olarak görülen "İltizam" usulü de Osmanlı sisteminin çöküşünde rol oynadı. İltizam usulüyle devlet belli bir yörenin vergi gelirini belli bir süre için bir mültezime peşin para karşılığında satıyordu. Bir kere bu hakkı alan mültezim devlete peşin olarak verdiği parayı fazlası ile çıkarabilmek için, gelirini satın aldığı yörenin köylüsünü alabildiğine sömürmeye başladı. Devlet iltizam usulünü önceleri üçer yıllık sürelerde denemişti. Ne var ki devletin para ihtiyacı arttıkça bu süreler de giderek uzadı. Bu gelişme Hristiyanlardan daha çok, Müslüman Türk ve Arapların üzerinde derin yaralar açtı. Mültezimler Müslüman reayadan (köylüden) aldığı parayı Hristiyan tebaadan aldığı paradan farklı görmemeye başladı. İşte bu durum; Batı Avrupa'da feodalitenin bütün gücünü yitirdiği ve burjuvazinin belirdiği sırada Osmanlı İmparatorluğu'nda bir ayağı eşrafa, bir ayağı da Âyan'a dayanan derebeylik düzenini ortaya çıkardı. Buna karşılık giderek artan enflasyon ve giderek çoğalan vergiler zaten fazla güçlü olmayan Osmanlı orta sınıfını (burjuvazi) büsbütün güçsüzleştirdi. Avrupa'dakine benzer bir üretici burjuvazinin gelişmesini önledi. Osmanlı İmparatorluğu'nun önce duraklayıp sonra gerilemesinde ve giderek ekonomik bağımsızlığından taviz vermesinde bir burjuva sınıfının yokluğunun büyük payı olsa gerekir.

Burjuva sınıfının gelişmemesi Osmanlı İmparatorluğu'nda üç önemli sonuca sebebiyet verdi:

1- Burjuvazi girişimleri sonunda gerçekleşen endüstri

devrimi Osmanlı İmparatorluğu'nda gerçekleşmemiştir. Eğer, Osmanlı Devleti bu devrimin önemini zamanında kavrayıp endüstrileş- meyi kendi imkânlarıyla sağlasaydı, belki Avrupa'yı bir ölçüde izlemek imkânı bulabilirdi. Fakat bu yapılamadı. Böyle olunca Osmanlı toplumu zenginliğe ulaşamadı.

2- Ekonomik sektörlere canlılık getirecek iktisadi bir karar birimi olan ve davranış çerçevesini amoral (ahlak dışı) kâr maksimizas- yonuna göre inşa edecek bir insan tipolojisinin Osmanlı toplu- munda 1870'lere oluşturulamaması dolayısıyla, Osmanlı burju- vazisinin ekonomik girişim ruhundan yoksun kalışı; devlet adamlarının servetlerini ekonomik verimlilikten uzak, kâr bekle- yişinden çok prestije açık kalemler, ziynet eşyaları, gayrimenkuller ile kısmen tahviller oluşturmaktaydı. Bunların hiçbiri ekonomik canlılık ve istihdam için seferber edilmiş kıymetler değildi.

3- Kurtuluş ve yükseliş döneminde halkla çok iyi bir iletişim kurmayı başaran ve sürekli kendisini yenilemek gayreti içinde olan ilmiye sınıfının bozulması da Osmanlı Devleti'nin gerilemesinde önemli bir pay sahibidir. Bu sınıf başlangıçta batıdaki ruhban sınıfı gibi kapalı ve sınırlı bir zümre değildi. Vakanüvist Naima Efendi'nin ifadesi ile ulema; devleti oluşturan dört unsurdan en önemlisi, devletin damarlarındaki kandı. IV. Murat'a bir risale sunan Koçi Bey de ulema sınıfı için "şeriatın desteği ilim, ilmin desteği ulema idi... Halk Allah'tan korkanlara muhalefete cesaret edemezdi" der.

Ancak 16. yy'ın ortalarından itibaren Osmanlı ulemasının, kendisini Batı'dan üstün görmesi ve kendi kendisini aşma düşüncesin- den vazgeçip daha önce yetişmiş olan ulemanın bilgilerini öğrenmeyi yeterli görmesi; hem Osmanlı ulemasının dünyadaki bilimsel gelişmelerden uzak kalmasına, hem de imparatorluğun hızla gerilemesine sebep oldu.

Avrupa'da sosyal ve fen bilimlerinin öncüleri bir bir ortaya çıkarken, Osmanlı İmparatorluğu'nda Batı'nm hızla terk ettiği Orta Çağ skolastik düşüncesi ve onun sosyal yapıdaki uzantısı feodal yapı, yavaş yavaş kendisini hissettirmeye başladı. Böyle bir ortamda Osmanlı toplumunda sosyal felsefe, tarih felsefesi ve ekonomi-politik ortaya çıkamazdı. Bu itibarla, 18. yüzyılın en önemli olaylarından biri olan Fransız ihtilali de bu yönde bir düşünce değişikliği uyandıracak anlamda yorumlanamadı. Geleneksel güçler, üst düzey devlet idarecilerinin çoğunlukla kişisel gayretleri ile gerçekleştirmeye çalıştıkları ordunun modernleştirilmesine bile uzun süre direnmeyi başardılar. Bir dönem ilmin odak noktası olmayı başaran medreselerde, İslam dini, dünyaya büyük önem verdiği hâlde, insanlan yalnız ahirete hazırlayan kurumlar hâline geldi. Başarılı bilim adamlarının yetişmesi tamamen ferdi eğitim ve öğretime kaldı. Böylece, bir dönem gerek halkla bütünleşmeleri ve gerekse devlet yöneticilerine yaptıkları önemli bilimsel katkı ile devletin yükselmesinde büyük pay sahibi olan alimler son döneminde gerilemenin odağı, isyanların destekleyicisi, rüşvetin merkezi durumuna geldiler.

ATATÜRK'ÜN DOĞUMU VE AİLESİ

Türkiye Cumhuriyeti'nin kurucusu ve ilk Cumhurbaşkanı Mustafa Kemal Atatürk, 1881 yılında Selanik'te Kocakasım Mahallesi, Islahhane Caddesi'nde şimdi müze olan üç katlı bir evde doğdu. Babası Ali Rıza Efendi, annesi Zübeyde Hanım'dır. Atatürk'ün beş kardeşinden dördü çok küçük yaşlarda öldü, sadece kız kardeşi Makbule (Atadan) yaşadı. Mustafa Kemal'in babası Ali Rıza Efendi,

Söke'den Selanik'e gelmiş Türkmenlerden "Kırmızı Hafız" lakaplı Ahmet Efendi'nin oğludur. 1839 yılında Selanik'te doğduğu tahmin edilen Ali Rıza Efendi, Osmanlı Devleti'nin Makedonya ve Teselya'yı Türkleştirme politikası çerçevesinde 1460'larda Makedonya'nın Manastır vilayetinin Debre-i Bâlâ Sancağı'na bağlı Kocacık köyüne, oradan da 1830'larda Selanik'e göç etmiş Kocacık Yürüklerindendir.

Ali Rıza Efendi, ilkokulu Abdi Hafız Mahalle Mektebi'nde okumuştur. Selanik'te Evkaf İdaresinde kâtiplik, sonra da Gümrük Muhafaza Teşkilatında memurluk yapan Ali Rıza Bey, 1876 yılında Selanik Asakir i Milliye taburunda görev aldı. Bu görevinin ardından kereste ticareti yapan Ali Rıza Efendi, gelir düzeyinin yükselmesiyle birlikte Selanik'in Islahhane semtinin Ahmet Subaşı Mahallesi'ndeki bir eve taşınır. Bu ev Mustafa Kemal'in ve kız kardeşi Makbule'nin doğduğu evdir. Lozan Antlaşması ile kaybedilen bu ev, daha sonra 1937 yılında Selanik Belediyesi tarafından Atatürk'e armağan edilir. Ali Rıza Bey, 1888 yılında tek oğlu Mustafa Kemal ilkokulda okuduğu sırada rahatsızlandı ve öldü.

Atatürk'ün annesi, 1857 yılında Selanik'te doğan Zübeyde ha- nımdır. Zübeyde Hanım, Fatih Sultan Mehmet zamanında Anadolu'dan Rumeli'ye göç eden Selanik yakınlarındaki Langaza'da toprak işleriyle uğraşan bir Türkmen ailesi olan Hacı Sofi ailesindendir. Zübeyde Hanım'm babası, Sofuzade Feyzullah (Sadullah) Bey, annesi Molla Hanım olarak anılan Ayşe Hanım'dır. Zübeyde Hanım da "Molla Zübeyde" olarak anılırdı, bunun bir sebebi Hacı Sofi gibi dinine bağlı bir aileden gelmesi, diğer sebebi ise kadınların okula gitmediği dönemde okumayı ve yazmayı bilmesiydi.

Gümrük Muhafaza Teşkilatı'nda memur olan Ali Rıza Efendi ile henüz 14 yaşındayken evlenen Zübeyde Hanım, siyah saçlı ve derin mavi gözlü, güzel bir kadındı. Zeki, sağduyulu, dine ve geleneklerine bağlı olan Zübeyde Hanım, oğlu Mustafa Kemal'in iyi bir eğitim görmesi için elinden geleni yapmıştır. 1919 yılında ayrılmak zorunda kaldığı oğlunu, yıllar sonra Devlet Başkanı olarak gören Zübeyde hanım, 14 Ocak 1923'te tedavi amacıyla gittiği İzmir'de 66 yaşında vefat etti.

Mustafa Kemal'in kız kardeşi Makbule Hanım, 1885 yılında Selanik'te doğdu. Balkan Savaşı'nm ardından annesi ile birlikte İstanbul'a yerleşti. Cumhuriyet'in ilanından sonra Ankara'ya gelen Makbule Hanım, 1930 yılında Mustafa Kemal'in isteğiyle Fethi Okyar'm kurduğu Serbest Cumhuriyet Fırkasına girdi. Partinin kapatılmasıyla siyasetten çekilen Makbule Hanım, 1935'de milletvekili Mecdi Boysan ile evlendi. Makbule Atadan, 18 Mart 1956 tarihinde 71 yaşında Ankara'da vefat etti.

ÇOCUKLUĞU

Mustafa Kemal okul çağma geldiği zaman geleneklerine bağlı annesi ve oğlunun modern bir eğitim almasını isteyen babası arasında fikir ayrılığı yaşanır. Zübeyde Hanım, oğlunun İlahîlerle okula başlamasını ve mahalle mektebine gitmesini isterken, Ali Rıza Efen- di de küçük Mustafa'nın o zaman yeni açılan Şemsi Efendi Okulu'na giderek, yeni sisteme göre eğitim almasını istiyordu. Bu soruna bir çözüm bulundu ve Mustafa Kemal önce annesinin istediği gibi Hafız Mehmet Efendi'nin mahalle mektebinde öğrenime başladı, daha sonra da babasının istediği gibi Şemsi Efendi Okulu'na yazıldı.

Mustafa Kemal, okula başladıktan kısa bir süre babasını kaybetti. Aileyi ayakta tutan kuvvetli desteğin yıkılması üzerine Zübeyde Hanım, çocuklarım alarak kardeşinin çiftliğine taşındı. Çocukluğunun bir kısmı dayısının bu çiftliğinde geçti. Kız kardeşi

Makbule ile tarlalarda koşup oynayıp, tarlalara gelen kargaları kovalıyorlardı.

Burada güzel günler geçiren Mustafa'nın eğitiminin yarım kalması annesini çok üzüyordu. Zübeyde Hanım, oğlunu yeniden Selanik'e göndererek eğitimine kaldığı yerden devam etmesini sağladı. Bu sı- rada kardeşine daha fazla yük olmak istemeyen Zübeyde Hanım, ikinci evliliğini Selanik Gümrükler Başmüdürü Ragıp Bey ile yaptı. Zübeyde Hanım, Balkan Savaşı'ndan sonra Ragıp Beyden ayrıldı ve artık Osmanlı toprağı olmayan Selanik'ten taşınarak İstanbul'a yerleşti.

EĞİTİM VE ÖĞRENİMİ

Şemsi Efendi İlkokulu'ndan sonra Selanik Mülkiye Rüştiyesi'ne kaydolan Atatürk, kısa bir süre sonra kendi isteğiyle Askerî Rüştiye sınavlarına girer ve kazanır. Askerî Rüştiye'ye giren Atatürk, burada kısa zamanda arkadaşları tarafından sevilir ve yetenekleriyle hocalarının dikkatini çeker. Bu okulda Matematik öğretmeni olan Yüzbaşı Üsküplü Mustafa Sabri Bey, Atatürk'ün Mustafa isminin yanına "Kemal" ismini ilave etti.

Selanik Askeri Rüştiyesi'ni başarıyla bitiren Atatürk, Kuleli As- kerî İdadisi'ne girmeyi düşündüyse de ona çok destek olan Subay Hasan Bey'in tavsiyesine uyarak Manastır Askerî İdadisi'ne kaydoldu. Tarih öğretmeni Mehmet Tevfik Bey, Mustafa Kemal'in tarihe olan merakını güçlendirdi. 1897 yılında başlayan Osmanlı-Yunan savaşına gönüllü olarak girmek isteyen Mustafa Kemal, hem 16 ya- şında olduğu, hem de İdadi öğrencisi olduğu için cepheye gideme- di. Atatürk, bu okulu ikincilikle bitirdi ve 13 Mart 1899'da İstanbul'da Mekteb-i Harbiye-i Şahane'ye (Harp Okulu) girdi, üç senelik başarılı bir Harbiye eğitiminden sonra 10 Şubat 1903 yılında bu okulu teğmen olarak tamamladı. Başarısıyla göz dolduran Mustafa Kemal, aynı zamanda sevilen ve etrafmdakilerin hakkında olumlu kanaat beslediği biridir.

Mustafa Kemal'le Harp Okulu'nda tanışan Ali Fuat Cebesoy, bu tanışma gününü "Sınıf Arkadaşım Atatürk" adlı eserinde şöyle anlatır:

"Babam İsmail Fazıl o zamanlar albaydı. Babamla birlikte Harp Okulu'na gittik. O zamanki adı 'Mekteb-i Harbiye-i Şahane' olan Harp Okulu'nun Müdürü Albay İbrahim Bey, nöbetçi subaylardan birini çağırdı:

-Salacaklı Ali Fuat Efendi, imtihanlarını vererek okulumuza kabul edildi. Kendisini birinci sınıfın birinci kısmına götür, emrini verdi. Sonra neden lüzum gördü bilmem, ilave etti:

-Fuat Efendi, Mareşal şehit Mehmet Ali Paşa'nm torunudur.

Dedem Mehmet Ali Paşa, 93 Savaşı'nda (1877-1878) Tuna Orduları Başkumandanı iken şehit düşmüştü.

İçimde tatlı bir heyecan vardı. Rüyalarım gerçekleşmiş, ben de dedem, babam, eniştelerim ve ağabeyim gibi asker olmuştum. Bu uğurda sarf ettiğim gayretler boşa gitmemişti. Albay İbrahim Bey'in odasından çıkarken heyecandan az daha selam vermeyi unutuyordum. Nöbetçi subayı önde, ben arkasında okulun koridorlarını geçtik. O zamanlar talebelerin hafta tatilleri perşembe günleri öğleden sonra başlar, cuma akşamı sona ererdi. Bugün de cuma olduğu için, talebe efendiler gruplar hâlinde neşeyle okula dönüyorlardı.

Kendi odasına geldiğimiz zaman nöbetçi subayı hademelerden birine:

Birinci sınıfın Birinci Kısım Çavuşu Mustafa Efendi buraya

gelsin, emrini verdi. Sonra bana döndü:

-Mustafa Efendi, sizden birkaç ay önce Manastır Askeri Lisesi'nden geldi. Çalışkan, uyumlu ve zeki bir çocuktur. Onunla iyi anlaş.

Kısa bir müddet sonra içeriye on yedi, on sekiz yaşlarında sarı saçlı parlak mavi gözlü, san bıyıklı, pembe yanaklı, zayıfça bir çocuk girdi. Giydiği şık Harbiydi elbisesini ince zarifçe vücuduna pek yakıştırmıştı. Vakurdu. Nöbetçi subayını selamladı:

-Emredin Efendim!

-Senin takımının birinci mangasına, imtihanla Harbiye'ye kabul edilen Salacaklı Ali Fuat Efendi'nin kaydını yaptık. Alıp gidin. Ne şekilde hareket etmesi gerektiğini kendine güzelce anlatın. Askeri liseden gelmediğini de dikkate alın.

Sarı saçlı, sarı burma bıyıklı genç Harbiyeli ayaklarını yere vurdu.

-Emredersiniz efendim. Baş üstüne efendim.

Sonra da bana döndü. Gayet nazik bir tavırla:

-Buyurun arkadaş, dedi. Gidelim.

İkimiz kapıdan birlikte çıktık. Yan yana yürüyorduk. Fakat kolundaki üçü kırmızı ve bir sarı şeridi fark edince duraladım. Askerlikte kıdem ve rütbe esastı.

-Siz öne geçin çavuşum, ben sizi takip edeyim.

Bu cevabımdan memnun oldu. O önde, ben arkada dâhiliyeden çıktık.

İşte, Türk tarihine şan ve şeref veren aziz rahmetli arkadaşım Mustafa Kemal'i böyle tanımıştım. Üzerinden altmış küsur yıl geçmiş olmasına rağmen o cuma akşamını hala ve bütün heyecanı ile hatırlarım.

Mektebin esas koridoruna geçerken koluma girdi:

-Önce yatakhaneye çıkalım, size yatacağınız yeri göstereyim. Sonra dershaneye gideriz, dedim.

Yatakhanemiz, üst katta Boğaz'a bakan cephenin ortasında idi, burasını beğenmiştim. Birinci katta, cephesi Nişantaşı istikametinde olan dershanemiz ise önünde üst rütbelilerin daireleri olduğu için içeriye ışık az giriyordu. Bu yüzden salona 'karanlık dershane' adı verilmişti. Mustafa Kemal:

-Dershanemiz karanlık, fakat bizim yüreklerimiz aydınlıktır, dedi.

Hangi okuldan geldiğimi sordu. Moda'daki Fransız Sen Josef Lisesi'nde okuduğumu söyledim. Sustu, bir şey daha sormak istediğini, fakat tereddüt ettiğini anladım.

-Galiba, daha başka şeyler de öğrenmek istiyorsunuz.

Tereddüdü geçmişti.

-Askeri bilgi derslerinden imtihan verdiniz mi?

-Hepsinden imtihana girdim. Yalnız geometri ve cebir gibi dersleri Sen Josef te Fransızca okuduğum için bunlara ait suallerin cevaplarını Fransızca olarak vermek istediğimi söyledim. İmtihan heyeti ricamı kabul etti.

Birden elimi sıktı.

-Çok iyi, çok iyi birbirimize yardımcı olacağız. Merak ettiğim bazı Fransızca eserleri okumak için sık sık lügate başvuruyordum. Bundan sonra sizden faydalanmaya çalışacağım.

Çavuş işaretinin üzerindeki sarı şerit dikkatimi çekmişti. Neye işaret ettiğini sordum. Meğer Fransızca imtihanına girmiş, başarı kazanmış, ondan dolayı bu şeridi de ilave etmişler. O zamanlar Türk okullannda yabancı dil öğrenimi kolay değildi. Kendi kendisine çalıştığı ve büyük gayret sarf ettiği muhakkaktı. Toplamı yedi yüz elli kişiyi bulan sınıfta kendisi gibi dil bilenlerin sayısının parmakla sayılacak kadar az olduğunu söyledi.

-Ailenizde asker var mı? diye bir sual sordu.

-Ailemizin bütün erkekleri askerdir, cevabını verdim.

Memnun oldu. Biz konuşmaya devam ederken arkadan 'Fuat, Fuat!' diye birisinin seslendiğini duydum. Başımı çevirdim, Mehmet Ali ağabeyim bize doğru geliyordu. Kendisine sınıfımızın çavuşunu tanıttım. El sıkıştılar. Okulun üçüncü sınıfında olan ağabeyim:

-Mustafa Kemal Efendi'yi gıyaben tanıyorum, dedi. Manastır'dan gelen arkadaşlar onu çok methettiler.

Ertesi derslere başladım. Ben yeni geldiğim için arka sıralarda idim, Ispartalı Faik ile konuşmuş, 'Salacaklı Fuat'ı bizim sıraya alalım' demiş. Ispartalı da bu teklifi iyi karşılmış olacak ki, öğle yemeğinde yanıma gelen Mustafa Kemal:

-Bizimle beraber oturmak ister misiniz? diye sordu. Çok memnun oldum.

-Siz nasıl emrederseniz, çavuşum, cevabını verdim.

Öğleden sonra birinci sıraya geçmiştim. Şimdi sağımda Mustafa Kemal, solumda Ömer Abdülkadir Yanya vardı ve çok iyi anlaşmıştık."

Ali Fuat Cebesoy'un anlatmış olduğu bu hatıra, Mustafa Kemal'in daha öğrencilik günlerindeki farklılığını gözler önüne sermektedir.

Öğrenimine Harp Akademisi'nde devam eden Mustafa Kemal, zekâsı ve yetenekleri ile herkesin saygısını kazanmıştı. Mustafa Kemal, askerlik derslerinin yanında matematiğe, edebiyata ve güzel söz söylemeye de meraklıydı. Harbiye'de ve Harp Akademisi'nde, memleket meseleleri ve millet davası ile ilgilenmesi sebebiyle aydın ve inkılapçı bir subay olarak tanınmaktaydı. Mustafa Kemal, 11 Ocak 1905 tarihinde harp akademisinden yüzbaşı olarak mezun oldu.

2) I. DÜNYA SAVAŞI

Bu şartlar altında 1914'e gelindiğinde, Osmanlı İmparatorluğu İttihat ve Terakki Fırkası'nm şefleri sayılan Enver, Talat ve Cemal Paşa'lar tarafından yönetilmekteydi. Son iki yüz yılında sürekli toprak kaybeden Osmanlı İmparatorluğu, güç ve hazırlık bakımından böylesi bir dünya savaşma hazır değildi. Halkı uzun zamandır savaş içindeydi ve yorulmuştu. Ekonomisi ise, Düyun-ı Umumiye aracılığıyla yabancı devletlerin kontrolüne girmişti. Şartlar böyle iken, Osmanlı Devleti bir oldu bitti ile I. Dünya Savaşı'na girmek zorunda kaldı. Trablusgarp ve Balkan Savaşlan'nda görülen eksiklikleri hâlâ giderememiş olan Osmanlı İmparatorluğu'nun bu savaştan kazançlı çıkması çok zordu. Fakat o dönemin idarecileri, özellikle de Enver Paşa, Osmanlı İmparatorluğu'nu eski ihtişamlı günlerine döndürme hayalleri kuruyordu. Oldukça ihtiraslı ve ne yazık ki bir o kadar da hayalci olan Enver Paşa, I. Dünya Savaşı'nm Osmanlı'nm ve Türk milletinin aleyhine olacağını kestir emiyordu. Bu durum, Atatürk ile Enver Paşa arasında, çok sonraları soruna dönüşmüştür.

I. DÜNYA SAVAŞI'NDA KAFKAS CEPHESİ ve SARIKAMIŞ HAREKÂTI

Osmanlı İmparatorluğu, I. Dünya Savaşı'nda Almanya ve Avusturya ile ittifak hâlinde idi. Karşı blokta ise, İngiltere-Fransa-Rusya bloku yer almaktaydı. Osmanlı İmparatorluğu, tarihinin son savaşına hazırlanmaktaydı yavaş yavaş. Önce Kafkas Cephesi'nde Ruslarla karşı karşıya kalındı. Ve bu cepheden akıllarda kalan, Türk tarihi- nin en büyük dramlarından birisi sayılan Sarıkamış faciasıdır. Bu fa- cianın ve Sarıkamış Harekâtının gelişim safhasıyla ilgili olarak Türk Genelkurmayı'nm resmî görüşü şu şekildedir:

Osmanlı Devleti, Almanya ile yapılan anlaşmanın ardından I. Dünya Savaşı'na girmek zorunda kalmıştır. Ancak Balkan Savaşı'ndan yeni çıkmış olması ve yeterli hazırlıkları yapma imkânı ve zamanı olmadığından dolayı savaşın ilerleyen dönemlerinde büyük olumsuzluklarla karşı karşıya kalmıştır.

Osmanlı donanmasına bağlı Yavuz ve Midilli gemilerinin Sivas- topol'ü bombardımanının ardından, 1 Kasım 1914 günü Rus ordusu hududu geçerek baskın tarzında taarruza başlamıştır. Erzurum genel istikametinde ilerleyen Rus kuvvetleri, 7-12 Kasımda Köprüköy ve 17-20 Kasımda cereyan eden Azap Muharebelerini kaybederek geri çekilmek zorunda kalmıştır. Savaşın ilk aylarında meydana gelen bu durum, ordunun subay ve erleri üzerinde olumlu bir etki yaratmıştır. Ancak ağır zayiat veren 3'üncü Türk Ordusu, geri çekilen düşmanı takip edememiş; daha elverişli bir arazide toplanmak, takviye kuvvetlerinin gelmesini beklemek ve yeni bir Rus taarruzunu karşılamaya hazır olmak amacıyla 8-10 km kadar geri çekilmiştir.

Avrupa'da savaşın mevzi harbine dönüşmesi ve Galiçya'da AvusturyalIların Ruslar karşısında zor durumda kalmaları üzerine

Başkomutan Vekili Enver Paşa, müttefiklerin Avrupa'daki yükünü hafifletmek için "Alman Başkomutanlığının da etkisiyle" Doğu Cephesi'nde Rusların imhasını hedef alan büyük ölçüde kuşatıcı bir taarruza karar vermiştir.

Enver Paşa, icra edilecek bir taarruzla 1877-1878 Osmanlı-Rus Savaşı'nda (93 Harbi) Doğu Anadolu'da kaybedilen toprakların (Kars, Batum, Artvin ve Ardahan) geri alınmasını ve müteakiben harekâtın Kafkasya'ya aktanlmasım mümkün görüyordu.

Enver Paşa, bu amaçla 14 Aralık 1914'te İstanbul'dan Köprüköy'e gelmiştir. Taarruzun bahara bırakılmasını öneren 3'üncü Ordu Komutanı Hasan İzzet Paşa'yı görevinden alarak 3'üncü Ordu Komutanlığı'm kendi üzerine almıştır.

Bu harekâtı icra edecek 3'üncü Ordu; 9, 10, ll'inci Kolordular ve 2'nci Süvari Tümeni'nden oluşuyordu. Cephedeki Rus mevcudu 100.000, 3'üncü Ordunun mevcudu ise 120.000 idi. Türk ordusu sayıca fazla olmasına rağmen Ruslar, ağır silah, topçu ve donatım bakımından kesin bir üstünlüğe sahiptiler.

22 Aralık 1914 - 15 Ocak 1915 tarihleri arasında cereyan eden Sarıkamış Muharebeleri'nde Türk ordusunun uyguladığı plan, bir kolorduyla düşmanın cepheden tespitini, iki kolorduyla kuzey kanadından kuşatılarak, düşman cephesinin 30-35 km kadar gerisindeki Sarıkamış'ın ele geçirilmesiyle büyük düşman kuvvetlerinin imhasını öngörüyordu.

Tamamen karlarla kaplı, çok yüksek dağlık ve yolsuz bir arazi- de o günün koşulları altında kış donatımından yoksun yaya ve atlı birliklerle yapılan bu harekât çok riskli idi. Özellikle 10'uncu Kolordu birlikleri, Allahuekber Dağları'm aşarken çetin zorluklar ve kış şartları sebebiyle gerek miktar, gerekse mevcut silahlar yönünden çok zayiat vermiştir. Nitekim Türk kuvvetlerinin büyük bir kısmı soğuktan donarak ölmüştür. Sankamış'a girebilen 300 kişilik bir kuvvet de Ruslar tarafından geri atılmıştır. Bu başarısızlık karşısında Enver Paşa, 10 Ocak 1915'te 3'üncü Ordu Komutanlığı'nı Tuğgeneral Hafız Hakkı Paşa'ya devrederek İstanbul'a dönmüştür.

Bilahare 3'üncü Türk Ordusu, taarruzdan önce işgal etmiş olduğu Azap mevziine (Tutak-Narman hattı) çekilmiştir. Takviye kuvvet- ler alarak Rus taarruzlannı bu hatta karşılamaya hazırlanmıştır.

Sankamış Harekâtı ile ilgili haberler, ancak sonradan kamuoyu gündemine geldiğinden burada olup bitenler çok sonraları açıklığa kavuşturulmuştur.

Sarıkamış Kuşatma Harekâtı; düşman kuvvetlerinin arkasına düşmeyi hedef alan başanlı bir plandı. Ancak stratejinin faktörlerin- den zaman ve iklim şartlan iyi değerlendirilemediği için bu sonuç kaçınılmaz olmuştur.

Sarıkamış, Türk harp tarihinin en acı muharebelerine sahne ol- muştur. Türk ordusu, ağır koşullar altında yapılan bir muharebede kahramanca savaşmıştır. Türk ordusunun kayıplarındaki asıl etkenler, çetin arazi ve şiddetli kış şartları ile teçhizat eksikliği ve ikmal yetersizliğidir. Çok ağır koşullar altında kahramanca savaşan Türk askeri, muharebenin sonuna kadar direnmiş, vatanını korumak ve başanya ulaşmak için sonsuz gayret göstermiştir. Sarıkamış Harekâtı, Türk milletinin vatanı ve kutsal varlıkları uğruna neler yapabileceğinin bir delilidir."

I. DÜNYA SAVAŞINDA IRAK CEPHESİ ve KUTÜL-AMMARE ZAFERİ

Genelkurmay Başkanlığı tarafından yapılan açıklamada da belirtildiği üzere, Türk askeri 1. Dünya Savaşı sırasında pek çok cephede kahramanca savaşmış, yurdunu ve milletinin bekasını korumak için elinden gelen gayreti göstermiştir. Bu kahramanlık ve fedakârlık Kafkas Cephesi'nde olduğu gibi, Irak Cephesi'nde de görülmüştür. Pet- rol bölgelerini ele geçirmek için Orta Doğuyu işgale yönelen İngiliz- lere karşı Osmanlı orduları ve yerli milis kuvvetler ne yazık ki başanlı olamadı. Fakat Irak Cephesi'nin ilerleyen safhalannda, Türk tarihinin parlak sayfalarından olan Kut'ül-Ammare zaferi yaşandı.

Osmanlı ordusunun I. Dünya Savaşı'nda çarpıştığı cephelerden biri, İngilizlere karşı oluşturulan Irak Cephesi'dir. Osmanlı dönemi kaynaklarında Irak-ı Arap olarak adlandırılan bölge, Dicle, Fırat havzasında tarihteki Mezopotamya'yı (Verimli Hilal) içine alır ve Basra Körfezi'ne kadar uzanır.

Irak petrollerini ele geçirmeyi amaçlayan İngilizler, 6 Kasım 1914 tarihinde Basra Körfezi'nden Şattülarap ağzındaki Fav mevkiine asker çıkararak saldırıya geçmişler, ilerleyen aylarda bu saldırılarını kuzeye doğru genişletmişlerdir. İngilizler, 3 Haziran 1915 tarihinde Kutü'l Ammare'yi, temmuz ayı sonlarına doğru da Nasıriye'yi işgal etmişlerdir. 23 Kasım 1915'de ileri harekâta geçen Türk birli leri, General Townshend komutasındaki İngiliz ordusunu geri püskürterek Kut-ül Ammare'de çember içerisine almayı başarmışlardır. Kutü'l Ammare'yi bir kale gibi savunan General Townshend, 29 Nisan 1916 tarihinde teslim olmak zorunda kalmıştır. Türkler, Kutü'l Ammare'de İngilizlerden başta Tümen Komutanı General Townshend olmak üzere toplam 13 general, 481 subay ve 13.300 askeri esir almışlardır.

Kutü'l Ammare Zaferi, I. Dünya Savaşı'nda Osmanlı Ordusunun zor şartlar ve imkânsızlıklar içerisinde, Çanakkale'den sonra kazandığı ve bir İngiliz tümeninin bütün personeli ile birlikte esir alındığı eşsiz bir zaferdir. Halil Paşa, Kutü'l Ammare zaferinden sonra 6'ncı Ordu'ya yayımladığı mesajında şöyle demiştir:

"Arslanlar!

Bütün Türklere şeref ve şan, İngilizlere kara meydan olan şu kızgın toprağın güneşli semasında şehitlerimizin ruhları sevinçle gülerek uçarken, ben de hepinizin pak alınlarmdan öperek cümlenizi tebrik ediyorum.

Ordum gerek Kut karşısında ve gerekse Kut'u kurtarmaya gelen ordular karşısında 350 subay ve 10.000 erini şehit vermiştir. Fakat buna karşılık bugün Kut'ta 13 general, 481 subay ve 13.300 er teslim alıyorum. Bu teslim aldığımız orduyu kurtarmaya gelen İngiliz kuvvetleri de 30.000 zayiat vererek geri dönmüşlerdir.

Şu iki farka bakılınca, cihanı hayretlere düşürecek kadar büyük bir fark görülür. Tarih bu olayı yazmak için kelime bulmakta müşkülata uğrayacaktır.

İşte Türk sebatının İngiliz inadını kırdığı birinci zaferi Çanakkale'de, ikinci zaferi burada görüyoruz."

AvustralyalI araştırmacı Dr. Gaston Bodart tarafından Kutü'l Ammare Zaferi, "İngiliz prestijinin I. Dünya Savaşı'nda yediği en büyük darbe olarak yorumlanmaktadır." Halil Paşa, Kutü'l Ammare'nin teslim alındığı gün orduya bir tebrik mesajı yayımlamış ve bu günün "Kut Bayramı" olarak kutlanmasını istemiştir.

TÜRK TARİHİNDE BİR DESTAN: ÇANAKKALE ZAFERİ

Mehmetçiğin I. Dünya Savaşı boyunca gösterdiği kahramanlık bununla sınırlı değildir. Tarihe altın harflerle kazman ve Türk milleti yaşadıkça anılacak bir zafer de, Çanakkale'de kazanılmıştır.

Osmanlı Devleti 2 Ağustos 1914 tarihinde Alman İmparatorluğu ile İttifak Devletleri safında yer almak üzere bir antlaşma imzalamıştı. Ancak bu antlaşma, savaş hazırlıkları henüz başlamadığı için gizli tutulmuştu. Osmanlı Devleti'ni bu antlaşmanın hemen ertesinde seferberlik hazırlıklarına başlamıştı. Aynı zamanda Osmanlı Devleti, "silahlı tarafsızlık"ım ilan etmiştir.

Akdeniz'de Kraliyet Donanması önünden çekilen Alman *Goeben* muharebe gemisi ve Breslau ağır kruvazörünün Amiral Souchon komutasında 10 Ağustos 1914 günü Çanakkale Boğazı'm geçerek İstanbul'a gelmeleri büyük bir gerginlik yaratmıştı, çünkü Osmanlı Devleti, Boğazlar Antlaşması gereği boğazlan tüm savaş gemilerine kapalı tutmak durumundaydı. Alman Donanması'na bağlı bu gemilerin Boğazdan geçişine izin vermek savaş nedeni sayılacaktı. Ancak Osmanlı Devleti, bu gemilerin Almanya'dan satın alındığını açıklayarak gerginliği ertelemiştir. Söz konusu gemiler 16 Ağustos 1914 tarihinde Yavuz ve Midilli adlanyla Osmanlı Donanması'na katılmışlardı. Bu gemilerdeki Alman mürettebat, Osmanlı Donanması'na ait subay ve erat üniformalan giyerek gemilerdeki görevlerini sürdürmüşler, Amiral Souchon ise Osmanlı Donanması Komutanlığı'na getirilmişti. Böylece Almanya yakın gelecekte Rus limanlanna karşı kullanılmak için iki büyük silahını Akdeniz'den geçirerek Karadeniz'in hemen yakınına atmış olmaktadır. Bu silahlar Ekim 1914'de hem Rus limanlannı vurmak için, hem de Osmanlı Devleti'ni bir oldu bittiye getirerek savaşın içine çekmekte kullanılacaktı.

Yavuz ve Midilli Olayı

Yavuz ve Midilli'nin de içinde bulunduğu bir Osmanlı filosunun Amiral Souchon komutasında 27 Ekim 1914 günü Karadeniz kıyılarındaki Rus limanlarını bombalamaları ardından hem Rusya İmparatorluğu hem de Birleşik Krallık, Osmanlı Devleti'ne savaş i- lan etmiştir.

Batı Cephesi'nde 1914 yılının Eylül ayı sonlarında Alman ordu- ları, Fransız-İngiliz savunmasını yaramamışlar, tüm Batı Cephesi'nde cepheler kilitlenmişti. Bu durum Almanya açısından Batı

Cephesi'ndeki savaşın kısa sürede bitmeyeceği anlamına geliyordu. Oysa Alman savaş planı ilk adımda Batı Cephesi'nde kısa sürede Fransız-İngiliz kuvvetlerinin yenilgiye uğratılması, ikinci adımda ise tüm kuvvetlerin Doğu'ya kaydırılarak Rusya'nın savaş dışı bırakıl- ması esasına dayanıyordu. Schlieffen Plam'ndaki bu sapma ardın- dan Almanya, önce Rusya'yı savaş dışı bırakmak, Doğu'da serbest kalan kuvvetleri ile Batı Cephesi'ne yeniden yüklenmek istemişti. Osmanlı 3. Ordu'sunun bölgesindeki Kasım - 1914 ayı başlanndaki taarruzları bu planın hazırlık aşamalarından biriydi.

Sonraki gelişmeler

Avrupa cephelerindeki bu gelişmeler, İngiltere ve Fransa'yı müttefikleri Rusya'yı desteklemek zorunda bırakmıştı. Zaten Rusya, Almanya üzerinde yeterince güçlü bir baskı yapamamaktaydı. Kısıtlı endüstriyel kapasitesi dolayısıyla İngiliz ve Fransız desteğine gerek duyuyordu. Fransa ve İngiltere'nin bu desteği sağlaması için, herhangi bir Avrupa haritasından da görüleceği gibi, olası dört yol vardır. Kuzey ulaşım hatlarından ikisi imkânsızdır. Kuzey Buz Denizi, yılın çok büyük bölümünde donmuş olduğundan deniz ulaşımına imkân vermemektedir, Baltık Denizi ise Alman Donanması'nın denetimindedir. Orta ulaşım yolu olan Avrupa karayolu ise Alman denetimindedir. Olası dördüncü yol ise Osmanlı Devleti'nin denetiminde bulunan Çanakkale ve İstanbul boğazlarının oluşturduğu de- niz yoludur. Çok yakın geçmişte, Balkan Savaşı'nda, Trablusgarp Savaşı'nda ve Sarıkamış Harekâtı'nda ağır yenilgiler almış olan Osmanlı Devleti'nin askerî gücü, İtilaf Devletleri'nce zaten yetersiz olarak değerlendirilmektedir. Avrupalılarca "hasta adam" olarak görülen yaşlı Osmanlı Devleti'nin boğazlardaki bir saldırıyı kaldıramayacağı düşünülmektedir. Eğer Boğazlar askerî olarak kontrol altına alınabilirse, Rusya'nın desteklenmesi mümkündür. Gerçekten de Rusya, kasım ayı başlarında müttefiklerinden Çanakkale Boğazı'na göstermelik de olsa bir saldırı yapılmasını istemiştir. Böylece Kafkasya'da Osmanlı ordusunun baskısı hafifleyecektir.

Öte yandan Rusya direnmeyi sürdürecek olursa, Almanya'nın Batı Cephesi'nde yeni bir taarruza kalkışma imkânı da pek yoktur. Bu tesbit, özellikle İngiliz yüksek komutanlığının, Batı Cephesi'ndeki kuvvetlerin bir bölümünün burada atıl tutulup tutulmadığının sorgulanmasına yol açmıştır. Ayrıca İngiliz Donanması da yeterince etkili kullanılmamaktadır. Böylece Batı Cephesi'nden alınacak bir kısım kuvvetle donanmanın iş birliği ile daha etkili ve sonuç alıcı bir harekâta girişilmesi yolları aranmaya başlandı. Sonuçta Boğazlara yönelik bir operasyon planı üzerinde tartışılmaya başlanmıştır.

Rusya ile bağlantının bu şekilde, Boğazların kontrolünün sağlanarak sonuçlandırılması, Osmanlı Devleti'nin başkenti olan İstanbul'un da işgalini kaçınılmaz olarak gerektirmektedir. İkisi, aynı an- da gerçekleşecek sonuçlardır. Çanakkale Boğazı'ndan geçilerek İstanbul'un işgalinin İtilaf Devletleri açısından diğer stratejik sonuçları şunlardır

• Osmanlı Devleti savaş dışı bırakılmış olmakla, Almanya savaşın başlarında bir müttefikini kaybetmiş olacaktır.

• OsmanlI'nın tehdidinde olan Süveyş Kanalı, dolayısıyla İngiltere'nin Uzak Doğu ulaşım yolunun güven altına alınması sağlanmış olacaktır.

• Osmanlı Devleti'nin savaş dışı bırakılması ve Müslüman ülkeler nezdinde İtilaf Devletleri lehine oluşturacağı kazanımlar açısın- dan da önem arz etmektedir. Müslüman ülkelerin gerek Orta Doğu'da gerekse de Uzak Doğu'da İngiliz hâkimiyetine karşı direnci zayıflamış olacaktır.

• Balkan devletleri, hemen doğudaki Osmanlı Devleti'nin çökme- si ve bunu İtilaf Devletleri'nin başarması üzerine, doğal olarak İtilaf Devletleri safında savaşa katılmaları yönünde etken olacaktır. Çünkü Osmanlı Devleti'nin yıkılması, Balkan devletlerinin bölgedeki hesaplarına ulaşabilmeleri yönündeki en önemli engeli ortadan kaldırmış olacak ve bu durum, İtilaf Devletlerinin bir hediyesi sayılacaktır.

Rusya ile Karadeniz üzerinden deniz ulaşımının açılması özellikle önemlidir. Osmanlı Devleti'nin Boğazları her türlü deniz trafiğine kapatması sonucu, Rusya ile İngiltere ve Fransa arasındaki ticari ilişkiler de durma noktasına gelmiştir. Pek çok ticari gemi, Karadeniz'deki Rus limanlarında beklemektedir, Avrupa'da buğday fiyatları yükselirken ucuz Rus buğdayı ithal edilememekte, muazzam ticari kârlardan mahrum kalınmaktadır. Kısacası Boğazlann kapanması, İngiliz ve Fransız firmaları için büyük kâr kaybı getirmektedir.

3) I. DÜNYA SAVAŞI SONRASINDA ÜLKENİN DURUMU

Türk milleti için I. Dünya Savaşı, ardı ardına devam eden yorucu savaşlardan en sonuncusu fakat tahribatı en büyük olanıdır. Os- manlı İmparatorluğu, I. Dünya Savaşı'na girerken 2.850.000 kişilik bir orduya sahipti. Savaş çıktığı sırada bu sayının yalnızca 150 bini silah altındaydı. Dört yıl süren savaş sonunda ordunun 325 bini şehit düşmüş, 400 bini de yaralanmıştı. Hastalananlar ve savaşamayacak konumda olanlar da hesaba katıldığında, yaklaşık üç milyon kişilik ordudan savaşabilecek nitelikte 560 bin asker kalmıştı. Fakat bu askerler de daha sonra yapılan antlaşmalar gereği silahsızlandım mış ve ülke savunmasız kalmıştı.

I. Dünya Savaşı'nın ülkeye verdiği zarar sadece asker kaybı ile sınırlı değildir. Aynı zamanda, ekonomik bir yıkım da bu savaşın ardından ortaya çıkan sonuçlar arasındadır. Osmanlı İmparatorluğu, I. Dünya Savaşı'nı finanse edebilmek amacıyla ağır borçların altına girmiş, şehirleri ve köyleri harap olmuş, tarım nüfusundaki kayıplardan ötürü büyük ekonomik sıkıntılar doğmuştur.

Osmanlı Devleti'nin savaşta Almanya'nın yanma itilmesinin planlı bir tercih olduğu, daha sonradan ortaya çıkan kimi gizli antlaşmalarla anlaşılmıştır.

Bu sebeple I. Dünya Savaşı'nda Osmanlı Devleti'ni ilgilendiren bir diğer siyasi olayın da topraklarının İtilaf Devletleri tarafından paylaşılması olduğu anlaşılmaktadır. Osmanlı Devleti'nin savaşa girmesi, İtilaf Devletlerinde bu imparatorluğun yıkılma zamanının geldiği düşüncesini güçlendirmişti. Ancak, topraklarının paylaşılması anlaşmazlıklara neden olabileceğinden, önceden bu konuda aralarında bazı anlaşmalar yaptıkları zamanla anlaşıldı. Bunun yanında, savaşı uyum içinde götürmek, savaştan çekilmeleri (Rusya gibi) önlemek ve bazı devletlerin savaşa girmesini (İtalya gibi) sağlamak da hedefler arasındaydı. Gizli anlaşmaların ilki boğazlarla ilgili idi. 1915 İstanbul Antlaşması ve Boğazların Rusya'ya Verilmesi (10 Nisan 1915)

İngiltere ve Fransa'nın üstün deniz ve kara kuvvetleriyle Çanakkale'ye saldırmaları, devletlerarası bazı gelişmelere yol açtı. Rusya, İngiliz ve Fransızların İstanbul'a yerleşerek, buradan çıkmayacaklarından endişe etmeye başladı. Bu arada da Yunanistan'ın savaşa girmesi görüşmeleri yapılıyordu. Boğazların bu durumu Rusya'da İngiltere'ye karşı bir güvensizlik doğurdu. Diğer taraftan Almanya ile Rusya arasında gizli olarak görüşmeler yapılıyordu. İngiltere ve Fransa, Rusya'yı yanlarında tutabilmek amacıyla onun bütün istek- lerini kabul ederek Boğazlar ve çevresi, Trakya'nın bir kısmı ile Marmara kıyılarının Rusya'da kalmasını kabul ettiler.

Londra Antlaşması (26 Nisan 1915)

İtalya ile İngiltere Fransa ve Rusya arasında yapıldı. Bu

anlaş- mayla İtalya'ya Osmanlı topraklarından de pay verildi. Antalya iline yakın yerler İtalya'ya verilecek, On iki ada üzerindeki İtalyan hâkimiyeti kabul edilecekti. Ayrıca Trablusgarp'da Osmanlı Devleti'ne ait kalan hak ve ayrıcalıklar İtalya'ya geçecekti.

Sykes-Picot (İngiliz-Fransız Antlaşması (3 Ocak 1916)

Rusya'ya Boğazlar ve çevresinin verilmesi, ayrıca Doğu Anadolu'dan isteklerde bulunması İtalya'ya Güney Anadolu'dan pay ayrılması İngiltere ve Fransa'yı harekete geçirerek Osmanlı İmparatorlu- ğu'nun geri kalan topraklarını aralarında bölüşmek üzere birtakım anlaşmalar yapmaya sevk etti. Buna göre,

- Adana, Antalya bölgesi, Suriye kıyıları v.e Lübnan Fransa'ya;

Musul hariç, Irak İngiltere'ye bırakılıyordu.

- Suriye'nin diğer bölgeleri, Musul ve Ürdün'ü kapsayan bir Arap krallığı kurulacak, ancak bu Fransız ve İngiliz koruyuculuğu altında bulunacaktı.

Petrograd Sözleşmesi (Mart 1916)

İngiltere ve Fransa'nın yapmış olduğu ikili antlaşmanın Rusya tarafından kabul edilmesi şartıyla Mart 1916'da Rusya'yla Petrograd protokolü yapıldı. Buna göre. Boğazlar bölgesine ek olarak Trabzon'a kadar Doğu Karadeniz kıyılan ile Erzurum, Van ve Bitlis Rusya'ya bırakılacaktır.

Saint-Jean de Maurienne Antlaşması (19 Nisan 1917)

İngiltere, Fransa, Rusya arasında yapılan bu gizli antlaşmalar, İtalya tarafından öğrenilince Roma'da tepki meydana geldi. İtalya, bu devletlere bir nota vererek bazı isteklerde bulundu.

İngiltere ve Fransa İtalya'nın isteklerini de dikkate alarak bir antlaşma yaptılar.

Buna göre İtalya, Mersin dışında, Antalya, Konya, Aydın ve İzmir'i alıyordu. İngiltere ve Fransa İzmir'de birer serbest liman kurabilecekti. İtalya'nın da Mersin, İskenderun, Hayfa ve Akka da serbest limanları olacaktı.

Ancak bu antlaşma, görüşmelere katılmamış olan Rusya'nın onayını aldıktan sonra kesinleşecekti. Fakat bu sıralarda Rusya'daki iç gelişmeler, bu onayın gerçekleşmemesine neden oldu. Bu da, İngiltere ve Fransa tarafından antlaşmanın yürürlüğe konulmamasını bahanesi oldu ve İtalya ile bu iki devlet arasında anlaşmazlıklara yol açtı.

KARA BİR GÜN: MONDROS ATEŞKES ANTLAŞMASININ İMZALANMASI

30 Ekim 1918 tarihinde, Limni Adası'nm Mondros Limam'nda Bahriye Nazırı Hüseyin Rauf Orbay'm Başkanlığı'm yaptığı Osmanlı Heyeti ile İngiliz Amiral Calthorp'un Başkanı olduğu İtilaf Devletleri Heyeti arasında imzalanan Mondros Mütarekesi ile silahlı çatışma sona ermiştir. 1. Dünya Savaşı'nı bitiren bu Antlaşma, aslında çok ağır şartlar taşıyordu. Mondros Mütarekesi aslında Osmanlı Devleti'nin yıkılışını öngörmekte; İtilaf Devletleri'ne Osmanlı İmparatorluğu'nun herhangi bir bölgesine, güvenliklerini tehdit edecek bir durum nedeni ile işgal hakkını tanımakta idi.

Mustafa Kemal'in o zaman ifade ettikleri üzere; Osmanlı Hükü- meti bu mütareke ile kendini kayıtsız şartsız düşmana teslim etmeye muvafakat etmiştir. Yalnız muvafakat etmiş değil, düşmanların memleketi istilası için onlara muaveneti (yardımı) de vadeylemiştir. Bu Mütareke olduğu gibi tatbik edildiği takdirde memleketin baştan sona kadar işgal ve istilaya maruz olacağı şüphesizdir.

Mondros Ateşkes Antlaşması ile İtilaf Devletleri, barış antlaşmasının imzalanmasını beklemeden, Türk topraklarının taksimine giriştiler. Ateşkes Antlaşması'nm 7. maddesi gereğince, bütün bir memleketin işgali için İtilaf Devletleri'ne imkân veriyordu

Mondros Ateşkes Antlaşması'nm başlıca hükümleri:

1- Çanakkale ve İstanbul Boğazlarının açılması, Karadeniz'e ser- bestçe geçişin temini ve Çanakkale ve Karadeniz istihkâmlarının İtilaf Devletleri tarafından işgali sağlanacaktır.

2- Osmanlı sularındaki bütün torpil tarlaları ile torpido ve kovan mevzilerinin yerleri gösterilecek ve bunları taramak ve kaldırmak için yardım edilecektir.

3- Karadeniz'deki torpiller hakkında bilgi verilecektir.

4- İtilaf Devletlerinin bütün esirleri ile Ermeni esirleri kayıtsız şartsız İstanbul'da teslim olunacaktır.

5- Hudutların korunması ve iç asayişin temini dışında, Osmanlı ordusu derhal terhis edilecektir.

6- Osmanlı harp gemileri teslim olup, gösterilecek Osmanlı liman- larında gözaltında bulundurulacaktır.

7- İtilaf Devletleri, güvenliklerini tehdit edecek bir durumun ortaya çıkması hâlinde herhangi bir stratejik yeri işgal etme hakkına sahip olacaktır.

8- Osmanlı demir yollarından İtilaf Devletleri istifade edecekler ve Osmanlı ticaret gemileri onların hizmetinde bulundurulacaktır.

9- İtilaf Devletleri, Osmanlı tersane ve limanlarındaki

vasıtalardan istifade sağlayacaktır.

10- Toros tünelleri, İtilaf Devletleri tarafından işgal olunacaktır.

11- İran içlerinde ve Kafkasya'da bulunan Osmanlı kuvvetleri, işgal ettikleri yerlerden geri çekilecekler.

12- Hükümet haberleşmesi dışında, telsiz, telgraf ve kabloların denetimi, İtilaf Devletlerine geçecektir.

13- Askeri, ticari ve denizle ilgili madde ve malzemelerin tahribi önlenecektir.

14- İtilaf Devletleri kömür, mazot ve yağ maddelerini Türkiye'den temin edeceklerdir. (Bu maddelerden hiçbiri ihraç olunmayacaktır.)

15- Bütün demir yolları, İtilaf Devletlerinin zabıtası tarafından kontrol altına alınacaktır.

16- Hicaz, Asir, Yemen, Suriye ve Irak'taki kuvvetler en yakın İtilaf Devletlerinin kumandanlarına teslim olunacaktır.

17- Trablusgarp ve Bingazi'deki Osmanlı subayları en yakın İtalyan garnizonuna teslim olacaktır.

18- Trablusgarp ve Bingazi'de Osmanlı işgali altında bulunan li- manlar İtalyanlara teslim olunacaktır.

19- Asker ve sivil Alman ve Avusturya uyruğu, bir ay zarfında Os- manlı topraklarını terk edeceklerdir.

20- Gerek askeri teçhizatın teslimine, gerek Osmanlı ordusunun terhisine ve gerekse nakil vasıtalarının İtilaf Devletlerine teslimine dair verilecek herhangi bir emir, derhâl yerine getirilecektir.

21- İtilaf Devletleri adına bir üye, iaşe nezaretinde çalışacak bu devletlerin ihtiyaçlarını temin edecek ve isteyeceği her bilgi kendisine verilecektir.

22- Osmanlı harp esirleri, İtilaf Devletlerinin nezdinde kalacaktı

23- Osmanlı Hükümeti, merkezi devletlerle bütün ilişkilerini kesecektir.

24- Altı vilayet adı verilen yerlerde bir kargaşalık olursa, vilayetle- rin herhangi bir kısmının işgali hakkını İtilaf Devletleri haiz bulunacaktır.

25- Müttefiklerle Osmanlı Devleti arasındaki savaş, 1918 yılı Ekim ayının 31 günü mahalli saat ile öğle zamanı sona erecektir.

MONDROS ATEŞKES ANTLAŞMASININ TÜRK TARİHİ AÇISINDAN ÖNEMİ

Mondros Ateşkes Antlaşması, Çar Nikola'nm 1853'te "Hasta Adam" dediği Osmanlı İmparatorluğu'nun tarihe karışmasını doğuran bir nitelik taşımaktadır. Çünkü, bu bir ateşkesten ziyade, bir paylaşım ve teslim alma belgesi idi. Yaklaşık sekiz yıl savaştan sonra, bir zamanların muhteşem Osmanlı Devleti, perişan bir şekilde yenilmiş, orduları dağılmış, morali çökmüş, savaşlarda büyük insan kayıplanna uğramış, kaynakları tükenmiş, galiplerin kendisi hakkında vereceği karara razı ve kadere boyun eğmiş bir görünümdeydi. Ordu dağılıyor, silah, cephane ve ulaşım yollan ile tüm haberleşme araçları ve liman, tersaneler İtilaf Devletlerinin denetimine bırakılıyordu. İtilaf Devletlerine, 7. maddeye dayanarak, ülkenin herhangi bir yerini işgal hakkı tanınıyor. Doğu Anadolu'da bir *Ermeni Devleti* kurulması için imkân hazırlanıyor ve İtilaf Devletlerine işgallerine yardımcı olunacağı belirtiliyordu.

İtilaf Devletleri, özellikle İngiltere, savaştan yenik çıkmış olan Almanya, Avusturya ve Bulgaristan'a Osmanlı Devleti'ne uyguladık- ları paylaşma politikasını izlemiyorlardı. Almanya, Avusturya ve Bulgaristan'ın topraklarına ateşkes imzaladıkları tarihte İtilaf Devletleri askerlerince girilmişti. Oysa Osmanlı Devleti ateşkes imzaladığı tarihte ülkesine düşman askeri girmemişti. İngiltere, Mondros'un imzalanmasından sonra Türk Ulusu'na *doğu ulusu* gözüyle bakıyor, Türk Ulusu'nu padişahın buyruğu altında bir *sürü* olarak görüyor ve padişah elde edilince tüm ulusun da avuç içinde olacağını düşünüyordu. Lloyd George'un planı, Yunanistan'ı yeter derecede güçlendirmek ve Güney Kafkasya'da Rusya ile Osmanlı Devleti arasında kalmış olan hükümetlere yardım edip, Osmanlı Devleti'ni doğudan ve batıdan istila ve baskı altına almaktı. Avrupa'nın hasta adamı ölmüş ve mirasını paylaşmak birinci derecede İngiltere'nin sonra Fransa ve diğerlerinin eline kalmıştı. Rusya savaştan çekilmiş olduğu için *Doğu Sorununu* İngiltere ve Fransa'nın diledikleri gibi çözebileceklerdi.

Avrupa'yı pasta dilimleri gibi, ulusal sınırlara bakmaksızın bö- len, II. Dünya Savaşı'nm tohumlarını daha o zaman eken İtilaf Devletleri tüm Orta Doğu'yu, yani Osmanlı Devleti'nin topraklannı yağ- ma edebilecek şekilde ele geçirmişlerdi. 1878'den beri Osmanlı Devleti ile ilgili politikasını değiştirmiş bulunan İngiltere, Osmanlı Devleti'nin artık yaşayamayacağına karar vermişti. Yüzyıllardır güneye inmek isteyen Rusya'nın Balkanlar üzerinden Boğazlara ve Kafkasya üzerinden ise İskenderun ve Basra Körfezleri'ne ilerleyişinin ve buraları ele geçirmesinin Osmanlı Devleti tarafından durdurulamayacağım gören İngiltere, 1. Dünya Savaşı sonunda, kendi politikasını uygulama imkânı bulduğundan Kafkasya'daki Rus ilerleyişini durdurmak için *Ermenistan* ve Balkanlar'da ilerleyen Rus tehlikesine karşı da Ege Denizi'ne egemen. Batı Anadolu'yu hatta Kıbrıs'ı da içine alan güçlü bir *Yunanistan* yaratmak ve İngiltere'nin desteğinde bu devletleri Rusya'ya karşı tampon olarak kullanmak, bu sayede İngiltere'nin sömürge yollarının güvenliğini sağlamak istiyordu. Bu yüzdendir ki Mondros Ateşkes Antlaşması, İngiltere'nin çıkarlarını gözeten ve Türklere hayat hakkı tanımamayı amaçlayan bir antlaşmaydı.

MONDROS ATEŞKES ANTLAŞMASININ SONUÇLARI

13 Kasım 1918'de İtilaf donanmalarına mensup bir filo, ateşke- sin 1. maddesi uyarınca Çanakkale ve İstanbul boğazlarındaki askeri tesisleri işgal etti. Aralık 1918 ve Ocak 1919'da Fransız ve İngiliz birlikleri, 10. ve 16. maddeler uyarınca Antakya, İskenderun, Adana, Tarsus, Kilis ve Antep'e girdiler.

11-26 Kasım 1918 tarihleri arasında Türk ordusu Batum, Arda- han, Ahıska ve Kars'ı tahliye etti. Bu yerlerde Türk direniş örgütleri- nin denetiminde, Sovyet modelinden esinlenen millî şûra hükümetleri kuruldu.

İtalya, Fransızların Kilikya (Adana) bölgesine girmesini, kendi çıkarlarına yönelik bir tehdit sayarak protesto etti. 22 Mart 1919'da anlaşmanın 7. maddesini gerekçe göstererek tek taraflı olarak Antal- ya'yı işgal etti. Bu olay Paris'teki barış konferansında diplomatik bir krize yol açtı. Nisan ayında İtalya bir ay süreyle barış konferansını terk etti.

Bu olaylar dışında anlaşmanın ilk altı ayı önemli gerilimler olmadan geçti. İstanbul'daki İtilaf temsilcileri ile Türk Hükümeti arasındaki en ciddi sorunlar, eski İttihat ve Terakki yöneticilerinin savaş ve tehcir suçları nedeniyle yargılanması ve tutuklanması konusundan doğdu.

Anlaşmanın nisbi sessizlik dönemi Mayıs 1919 başlarında sona erdi. Bu tarihte Paris Barış Konferansı, Mondros'ta verilmiş sözlere aykırı olarak, İzmir'in Yunanlılarca işgali kararını aldı. Aynı günlerde Osmanlı Devleti'nin birçok köşesi İtilaf Devletlerince işgal edildi; Kars ve Batum millî şûra hükümetleri İngilizler tarafından dağıtıldı. Aynı günlerde ilan edilmesi beklenen barış antlaşması belirsiz bir geleceğe ertelendi.

İZMİR'İN İŞGALİ

Mondros Ateşkesi'nin imzalanmasından beri Yunanlılar, İzmir'de yoğun bir propagandaya girişmişlerdi. Bir yandan İzmir ve çevresine yeni Rum göçmenleri yerleştirilirken, diğer yandan Levantenleri de elde etmeye çalışıyorlar ve Yunanistan'dan askerî eşya ve malzeme taşıyorlardı. İzmir'de kurulan "Abluka ve Seyrüsefer Komutanlığı" ve İngiliz, Fransız, İtalyan ve Yunan siyasi temsilcilerinin varlığı da, İzmir'in Türklerin elinden alınacağı kuşkusunu yaratıyor- du. I. Dünya Savaşı'nm son yıllarında, Akdeniz'den yapılması olası bir saldırıya karşı Aydm'a komutan olarak atanan Nurettin Paşa, Ateşkes'ten sonra karargahını İzmir'e taşıdı ve daha sonra İzmir Valisi atandı. Nurettin Paşa, ulusal örgütlerin kurulmasını gerekli görüyordu. Ocak 1919'dan itibaren İzmir'in Yunanlılara verileceği haberi artık İzmir basınında bile yer alıyordu.

Paris Barış Konferansında Venizelos, İzmir ve çevresinde Rum nüfusunun çokluğunu ve tarihî Yunan haklarından söz ederek, buraların Yunanistan'a verilmesini istiyordu. İddiaları ABD ve İtalya tarafından çürütülmüş idi. Fakat İzmir'in İtalyanlar tarafından ele geçirilmesi endişesinde bulunan İngiltere Başbakanı Lloyd George, düşlediği büyük Yunanistan için, İzmir'in Yunanistan'a verilmesini istiyordu. Rumlar, İzmir ve çevresinde Türklerin Rumları katlettiği uydurma haberleriyle 1919 Ocak'tan itibaren Paris Barış

Konferansına başvurdular. Diğer yandan Nurettin Paşa'nm görevden alınmasını istiyorlardı. Çünkü Nurettin Paşa'nm İzmir Valisi bulunması kendileri için büyük bir engeldi. Osmanlı Dışişleri ise İzmir'in Yunanistan'a verilmesine İtalyanların izin vermeyeceği düşüncesindeydi. Padişah, 19 Mart 1919'da İzmir'den gelen İzmir Heyetine güven verici konuşma yapıyordu. Oysa aynı tarihte Paris Barış Konferansında İzmir ve çevresinin Yunanlılara verilmesi kararlaştırılıyordu. Osmanlı Hükümeti, Rumlarca, işgale engel olarak görülen Nurettin Paşa'yı 22 Martta görevinden aldı. Limanda bulunan Yunan gemisindeki askerlerin karaya çıkarak olaylar çıkartması karşısında da "Nasihat Heyetleri" aracılığı ile sükûnet önerildi. Nurettin Paşa'nm yerine Valiliğe Kambur İzzet ve Kolordu Komutanlığı'na da Ali Nadir Paşa atandı. İzmir milliyetçilerine baskı yapan yeni vali, işgal haberlerini de yalanladı.

Barış Konferansı'nda İngiltere, Fransa ve ABD tarafından isteklerinin dikkate alınmamasına kızan İtalya'nın 24 Nisanda Konferansı terk etmesinden yararlanan üç büyükler, İzmir'e Yunan askeri çı- kartılmasını uygun buldular. 5 Mayıs 1919'da Lloyd George yaptığı açıklamada, İtalyanların doğudaki tüm davranışlarının kuşku verici olduğunu ve Batı Anadolu'yu her an ele geçirebileceklerini, onları oradan çıkartmanın ise çok güç olacağını belirttikten sonra, Rumlar öldürüldüğü için Yunan askerinin İzmir'i işgaline izin verilmesini ve Italyanlar Paris'e dönmeden bu sorunun çözülmesini istedi. 6 Mayısta da, İzmir'deki Rumları korumak için Yunanlıların İzmir'e 2-3 tümen çıkarmasına izin verilmesini yineledi. Clemenceau ve Wilson da isteği kabul ettiler. Savaşın galibi üç büyük devlet yöneticisi bü- yük bir tarihî hata işleyerek Türk vatanını haksız entrikalarla, İngiltere'nin çıkarları uğruna Yunanistan'a veriyorlardı. İstanbul'da bulunan Amiral Calthrope 7 Mayıs 1919'da İzmir'in işgal edileceğini öğrendi. 12 Mayısta hazırlıklarını tamamlayıp

İstanbul'dan ayrıldı. İngiliz, Fransız, ABD ve Yunan savaş gemileri ise 7 Mayıstan itibaren İzmir Limanı'nda toplanmaya başlamışlardı. Amiral Calthrope, 14 Mayısta 17. kolordu Komutam Ali Nadir Paşa'ya Mondros Ateşkesi'nin 7. Maddesi gereğince İzmir istihkamları- nın ve çevresinin işgal edileceğini ve İstanbul Hükûmeti'nin de bil- gisi olduğunu bildirdi. Ali Nadir Paşa İzmir ve çevresindeki, askerî birliklere, işgale karşı konulmamasını ve silah ve teçhizatın müttefik kuvvetlere teslim edilmesi emrini verdi. Aynı gün Foça ve Urla'yı Fransızlar, Kösten Adası'nı İngilizler, Yeni Kale'yi de Yunanlılar işgal ettiler. İtalyanlar 13 Mayısta Kuşadası'na asker çıkarmışlar ve Selçuk'a doğru ilerliyorlardı.

İzmir Valisi ise İzmir'in işgal edileceği haberini yalanlıyordu. Vali Ingilizlere başvurarak işgalin Yunanlılar tarafından değil, İngilizler tarafından yapılmasını istediyse de, İstanbul'un kayıtsız kalışı karşısında, çaresizlik içinde boyun eğdi. İzmir aydınlarının 14 Mayıs gecesi yaptıkları "Maşatlık Mitingi" de etkili olamadı. İzmir'in çevresini işgal etmiş olan İtilaf Devletlerinin donanmalarının koruyuculuğu altında, 15 Mayıs 1919'da Yunan askeri yüzyıllardır Türk olan "Güzel İzmirî'e asker çıkardılar. İzmir Rumları Kordon'da Yunan askerini çoşkun sevgi gösterileriyle karşılıyordu. Başpiskopos Hrisostomos gemilerden inen Yunan askerlerini kutsuyor ve karaya çıkan askerler silah çatarak hora tepiyorlardı. Sabah saat 9'da üç Yunan alayı karaya çıkmış bulunuyordu. Saat 10'da Yunan askerleri İzmir'i, Rumların gösterileri arasında şehri işgal etmek için yürüyüşe geçtiler. Asker'ı Otelin önüne geldikleri sırada, "Hasan Tahsin" adında bir Türk ateş açtı. Fakat derhâl öldürüldü. Başka bir genç ise Yunan bayrağını taşıyan askeri vurdu. Yunan askerleri, bu olay karşısında çevreye yaylım ateşe başladılar. Karşılarında çatışacak silahlı birlik bulunmamasına rağmen yaylım ateş, özellikle askerî kışlada bulunan silahsız Türk askerine karşı yarım saat sürdü. Türk askerlerinin teslim olmasına rağmen Yunanlılar bir süre daha ateşe devam ettiler. Esir alınan çevredeki Türkler toplanarak esir gemisine götürüldüler. Bu sırada otuz kadar Türk Yunanlılar tarafından öldürüldü. Saldırganlıkların çoğunun İzmirli Rumlardan gelmesi yabancı gözlemciler tarafından da izleniyordu. Türk asker ve subaylan dipçiklenerek, süngülenerek öldürülüyor, üzerlerindeki kıymetli eşyalar zorla alınıyordu. İşgale karşı boyun eğmiş bulunan Ali Nadir Paşa yerde sürüklenerek tekmeleniyordu. Türk subayları "Zito Venizelos" diye bağırmaya zorlanıyor, ağır hakaretlere uğruyorlardı. Bağırmayı reddedenler ise süngüleniyordu. Reddedenlerden Albay Fethi Bey de süngülenerek şehit edildi. Şehrin diğer yerlerinde de olaylar, daha doğrusu yağma, öldürme ve tecavüz olayları başladı.

Türklere ait evler ve işyerleri Rumlar tarafından yağmalanıyor, canını, malını, namusunu korumak isteyen Türkler öldürülüyordu. Bütün bu olaylar "uygar ulusların temsilcilerinin" gözleri önünde, "uygar devletlerin" izniyle yapılıyordu. Lord Curzon'un 18 Nisan 1919 tarihli bildirisinde "Selanik kapılarının 5 mil dışında asayişi sağlayamayan Yunanistan'ın Aydın Vilayeti'nde (İzmir o tarihte Aydın Vilayeti içinde idi.) barış ve güvenlik sağlamakla görevlendirilmesini" uygun görmediğini açıkladığı Yunanlılar ilk gün 400 Türk öldürmüşlerdi. Çevre köy ve kazalardaki olaylarla bir iki gün içinde 5.000 kadar Türk öldürüldü.

Yunanlılar daha başlangıçtan, geçici bir işgal için değil, kalıcı bir ilhak için Batı Anadolu'yu Ege 'nin her iki yakasında kurulacak Büyük Yunanistan'a katmak ve böylece "Megalo idea" (Büyük İdeal) yani Hristiyan Bizans İmparatorluğu'nun geçmiş ihtişamının yeniden canlandırılmasına ulaşmak için geldiklerini açığa vurdular. Türk Ulusu'nun içine düştüğü durumdan yararlanan Yunanlılar yüz yıllık ihtiraslarıyla Anadolu'ya, daha ilk günden kan ve ölüm saça- rak geliyorlardı. Bazı Yunanlı subaylann, "Anadolu'ya gitmeyelim, Anadolu mezanmız olur" uyarılarına rağmen Anadolu macerası bu biçimde başladı. Anadolu gerçekten de mezalan oldu. Fakat bu me- zan kendileri kazdılar, kazma ve küreği ise ellerine İngiltere tutuş- turmuştu. Yunanlıların böyle davranmalarının, akıtılan kanların ve üç yıl sürecek savaşın sorumluluğunu başta İngiltere olmak üzere Fransa ve ABD'ye ait idi. Eğer amaç barış ve güvenliğin sağlanması olsaydı, İzmir'i İtilaf Devletleri askerleri işgal edebilirdi.

İZMİR'İN İŞGALİNE TEPKİLER

İzmir'in işgali yabancı gazeteler aracılığı ile dünya kamuoyuna duyuruldu. Fransa'nın büyük gazeteleri, "Türkiye'nin parçalanışı", "Türk İmparatorluğu ömrünü doldurdu", "Hasta Adam'm cenaze töreni" başlıklı haberler verirken, Batı Anadolu'da Ermeni çıkarları- nın bundan sonra ne olacağı tartışılıyordu. Yunan propagandası ile ilk gün haberlerinde, tam zamanında girişilen işgal ile artık İzmir'de sükûnetin hâkim olduğu ve Hristiyanlann katliamdan kurtarıldığı bildiriliyordu. Amerikan gazeteleri de İzmir'in işgalini duyururken, Türklere Anadolu'da küçük bir bölge bırakılabilir diyor, Amerikan mandasından söz ediyorlardı. Bazı gazetelerde ise "nankör ve samimiyetten yoksun Rum ve Ermeniler için cesur ve namuslu Türklerin haklarının çiğnendiği ve Türklerin İzmir'de katledildikleri" haberleri yer alıyordu. Yunanlılann İzmir ve çevresinde yaptıkları katliam kısa süre sonra anlaşılınca, İngiliz Parlamentosu'nda bile ağır eleştirilere yol açtı. İngiliz Genelkurmay Başkanı Wilson, anılarında "Bütün yapılanlar deliliktir, fenalıktır" diyor, Standart Baker isimli İngiliz yazarı ise işgali, "iğrenç bir entrika" olarak değerlendiriyordu.

Lloyd George, Clemanceau ve Wilson'dan oluşan Yüksek

Konsey, L. George'un davetiyle Anadolu'da asayişsizliğini hüküm sürdüğünü ve Hristiyan halkın tehlikede olduğunu bahane ederek, 15 Mayıs 1919'da Yunan ordusunun İzmir'e çıkmasına izin vermiş. Yunan kuvvetleri vali ve kolordu komutanının pasif tutumlarının da yardımıyla kenti işgal etmişlerdi. Yerli Rumlar Yunanlıları bayraklarla karşılamışlardı. İzmir Metropoliti Chrisostomos ilk gelen kuvveti takdis etmiş, papazlardan biri de "Türkleri öldürün" diye bağırmaya başlamıştı. Askerlik şubesi başkanı Süleyman Fethi Bey süngülenerek öldürülmüş, Türk subayları binlerce yerli Rumun taşlı sopalı saldırısına uğramıştı. Bazılarının kafatasları kırılarak öldürülmüş, bazı yaralılar ölmeden denize atılmıştı. Kahvehanelerde bira içen kadınlı erkekli Rum grupları önlerinden geçen Türkler üzerinde atış talimleri yapmışlardı. Elleri bağlı Türk esirleri Yunan Başbakanı Venizeolos'un olayları soruşturmakla görevlendirdiği Albay Mazarakis'in bile kudurmuş olarak nitelendirdiği Rumlar tarafından parçalanarak öldürülmüşlerdi.

Uygar dünyanın gözü önünde işlenen bu cinayetler kuşkusuz Türk milletinin üzüntü ve nefretini bir kat daha artırmıştı. 16 Mayısta hükümet istifa etmiş, yeni hükümeti kurma görevi tekrar Damat Ferit Paşa'ya verilmişti. Mustafa Kemal Paşa Samsun'dan Şadaret'e çektiği bir telgrafla İzmir'in Yunanlılar tarafından işgalinin ordu ve milletçe kabul edilemeyeceğini bildirmişti. İstanbul'da işgali kınayan mitingler yapılmış, Yıldız Sarayı'nda cemiyet ve parti temsilcilerim katıldığı Saltanat Şûrası adıyla istişariî yetkileri olan bir meclis toplanmıştı. Yurdun dört bir yanında coşkulu mitingler düzenlenmiş, İstanbul'daki resmî makamlara protesto telgrafları yağdırılmıştı.

İzmir'in işgaline tepkiler, özellikle böyle bir işgal tehlikesi altında bulunan Orta ve Doğu Karadeniz kıyılarında daha bir etkili bulunan ilhak anlamına gelmediğini anlatmak için özel bir kurul gönderilmişti. Giresunlular 17 Mayısta Belediye Reisi Osman Ağa'nın (Topal Osman) başkanlığında büyük bir protesto mitingi düzenlemişlerdi. Bölge basını da işgali büyük bir tepki ile karşılamıştı. Gire- sun'da siyah çerçeveler içinde "İzmir Faciasını unutmayınız" hitabı ile yayımlanmakta olan Işık gazetesi, işgalin etkisini şöyle ifade etmişti: "Göklerden yıldırımlar yağsa, dağlardan kanlı volkanlar fışkırsa, denizler taşsa da araziyi tufanlara boğsa idi Türklüğe, alem-i İslamiyete belki o kadar tesir göstermezdi."

İşgalin gerek Trakya'da gerekse Doğu ve Güneydoğu Anadolu'daki tepkileri de bundan farklı olmamıştı. Trakya'nın birçok ye- rinde düzenlenen mitinglerin en önemlisi Trakya-Paşaeli Müdafaa Heyet-i Osmaniyesi'nin Edirne'de düzenlediği Sultan Selim mitingiydi. Siirt'te heyecana gelen halk her gün insan dalgaları hâlinde ilçe, bucak ve köylerden sancak merkezine akarak mitingler yapmıştı. 23 Haziranda yapılan mitinge 58.000 kişi katılmıştı. 17 Mayısta Hasankale'den padişaha, Silvan'dan 30.000 nüfus adına Sadaret'e işgali kınayan telgraflar çekilmişti. İzmir'in işgalinin içteki bu büyük tepkileri yanında dış tepkileri de olmuştu.

Bazı İngiliz yetkilileri işgali, doğuracağı tepkiler açısından delice bir hareket olarak nitelendirmişlerdi. İngiliz Genelkurmay Başkanı General H. Wilson, daha işgal öncesinde bunu büyük bir yanlışlık olarak değerlendirmişti. Fransa'da bir tepki görülmemiş, Sadece Pierre Loti ve Claude Farrere gibi Türkleri tanıyan yazarlar işgali eleştirmişlerdi. İzmir'in işgali, İtalya'da öfkeyle karşılanmıştı. Kuşkusuz bu öfke, işgalin haksızlığından değil, İzmir'in daha önceki paylaşma projelerinde İtalya'nın payı olarak belirlenmesindendi. Amerikan halkı da Wilson ilkelerinin bir yana atılmasını hoş karşılamamıştı.

4) ATATÜRK ve MİLLÎ MÜCADELE DÖNEMİ

Türkiye Cumhuriyeti'nin tarihindeki önemli olaylardan biri Atatürk'ün Samsun'a ayak basışıdır. Türk milleti, I. Dünya Savaşı sonrasında kötüleşen koşullar içinde kurtuluş çareleri ararken büyük bir lider Mustafa Kemal Atatürk ortaya çıktı ve Samsun'a ayak basarak "Kurtuluş" yolunu açtı. Dolayısıyla Atatürk'ün 16-19 Mayıs 1919'da İstanbul'dan başlayan yolculuğu bir kurtuluş dönemini simgeler.

Samsun işgal kuvvetleri için önemli noktalardan biriydi. Stratejik bakımdan büyük öneme sahipti ve Karadeniz'den Orta Anadolu'ya açılan en rahat ve güvenilir bir kapıydı. İngilizler 9 Mart 1919 tarihinde Samsun'a askerî birlik çıkarmışlardı. Buna tepki olarak Türk Makineli Tüfek Birliğin'den Hamdi adındaki bir teğmenin askerlerini alarak dağa çıkması dikkatleri bu bölgeye çekti ve İngiliz Yüksek Komiserliği'nin de Türk halkının silahlandığı konusundaki şikayetleri üzerine bu bölgeye güvenilir bir kumandanın olağanüstü yetkilerle gönderilmesine karar verildi. Bu kumandan Mustafa Kemal Atatürk'tü ve Atatürk uzun zamandan beri ülkenin içinde bulunduğu bu umutsuz duruma üzülüyor ve bir şeyler yapmak için Anadolu'ya geçmek istiyordu. Bu O'nun için bulunmaz fırsattı.

1919 yılı başlarında İngilizler, Türklerin Pontusçulara karşı geliştirmiş oldukları direnişlerden rahatsız olmaya başlamışlardı. Damat Ferit Paşa, Sadrazam olduktan sonra sorunun çözümü için yollar aramaya başlamıştı. 30 Nisan 1919'da 9. Ordu Müfettişliği'ne atanan Mustafa Kemal, Samsun'a, görev bölgesindeki iç huzuru sağlamak, silah ve cephaneleri toplamak, vatandaşlara silah dağıtılma- sını engellemek ve bunu yapan kuruluşları ortadan kaldırmak üzere gönderildi. 16 Mayıs 1919'da Samsun'a hareket eden Mustafa Ke- mal, 19 Mayıs 1919'da Samsun'a çıktı. İngilizlerin denetiminde olan Samsun'da millî mücadele hareketi için istediklerini gerçekleştiremeyeceğini anlayan Mustafa Kemal, 25 Mayısta Havza'ya geçti.

Samsun'a çıkışını Mustafa Kemal, Nutuk'ta şu şekilde anlatmıştır:

"1919 yılı Mayısının 19'uncu günü Samsun'a çıktım. Genel durum ve manzara: Osmanlı Devleti'nin içinde bulunduğu durum, Dünya Savaşı'nda yenilmiş, Osmanlı ordusu her tarafta zedelenmiş. Şartları ağır bir Ateşkes Antlaşması imzalamış, Büyük Harbin uzun yılları boyunca, millet yorgun ve fakir bir hâlde. Milleti ve memleketi Dünya Savaşı'na sokanlar, kendi hayatları endişesine düşerek memleketten kaçmışlar. Saltanat ve hilafet makamında bulunan Vahdettin, soysuzlaşmış, şahsını ve yalnız tahtını emniyete alabileceğini hayal ettiği alçakça tedbirler araştırmakta. Damat Ferit Paşa'nın başkanlığındaki hükümet aciz, haysiyetsiz, korkak, yalnız Padişahın iradesine tâbi ve onunla beraber şahıslarını koruyabilecek herhangi bir duruma razı, ordunun elinde silahları ve cephanesi alınmış ve alınmakta. İtilaf Devletleri, Ateşkes Antlaşması'nın hükümlerine uymaya lüzum görmüyorlar. Birer vesileyle itilaf donanmaları ve askerleri İstanbul'da Adana vilayeti Fransızlar, Urfa, Maraş, Gaziantep İngilizler tarafından işgal edilmiş. Antalya ve Konya'da İtalya askerî birlikleri, Merzifon ve Samsun'da İngiliz askerleri bulunuyor. Her tarafta yabancı subay ve memurlar ve ajanlar faaliyette. Nihayet başlangıç kabul ettiğimiz tarihten dört gün önce 15 Mayıs 1919'da İtilaf Devletlerinin uygun görmesiyle Yunan ordusu İzmir'e çıkartılıyor. Bundan başka, memleketin her tarafından Hris- tiyan azınlıklar gizli, açık millî emel ve maksatlarını gerçekleştirmeye, devletin bir an evvel çökmesine, çalışıyorlardı."

MUSTAFA KEMAL PAŞA İLE SAMSUN'A ÇIKANLAR

1. Kurmay Albay Kâzım Dirik Müfettişlik Kurmay Başkanı
2. Kurmay Albay Mehmet Arif Ayıcı Kurmay Başkanı Yardımcısı
3. Kurmay Binbaşı Hüsrev Gerede Birinci Şube Müdürü
4. Binbaşı Kemal Doğan Müfettişlik Topçu Kumandanı
5. Dr. Albay İbrahim Tali Öngören Ordu Sıhhiye Başkanı
6. Dr. Binbaşı Refik Saydam Sıhhiye Başkan Yardımcısı
7. Yüzbaşı Cevat Abbas Gürer Müfettişlik Başyaveri
8. Üsteğmen Muzaffer Kılıç Müfettişlik ikinci Yaveri
9. Yüzbaşı Ali Şevket Öndersev Müfettişlik Emir Subayı
10. Üsteğmen Hayati, Kurmay Başkanı Emir Subayı
11. Yüzbaşı Mümtaz Tünay
12. Yüzbaşı İsmail Hakkı
13. Yüzbaşı Mustafa Süsoy Karargâh komutanı
14. Üsteğmen Abdullah, İaşe Subayı
15. Birinci Sınıf Katip Faik Aybars Şifre Kâtibi
16. Dördüncü Sınıf Katip Memduh Şifre Kâtibi Yardımcısı
17. 3. Kolordu Komutanı Kurmay Albay Refet Bele

18. Üsteğmen Hikmet Gerçekçi Alb. Rafet Bey'in yaveri

MONDROS SONRASI CEMİYET VE DERNEKLER

A) ZARARLI CEMİYETLER

Mondros Ateşkes Antlaşması sonrasında Türkiye'de çeşitli ör- güt ve dernekler ortaya çıkmıştır. Bir kısmı azınlıklar, bir kısmı da Türkler tarafından kurulan bu cemiyet, dernek ve örgütler, farklı amaçlar için çalışmaktalardı. Bu cemiyetlerin amaç, faaliyet ve çalış- malarını sınıflandırmak mumkündür.

Birinci grup azınlıkların kurduğu "azınlık cemiyetleri"dir. Bunlar faaliyet yürüttükleri bölgeyi Osmanlı Devleti'nden kopararak buralarda bağımsız devletler kurmayı ya da başka bir devletin yönetimi altına girmeyi hedeflemişlerdir. Uluslararası kamuoyunun desteğini de kazanmak için bu isteklerini Wilson İlkelerine dayandırmışlardır.Azınlık cemiyetleri işgalci itilaf devletleri tarafından desteklenmiş zaman zaman da kullanılmışlardır.

İkinci grup zararlı cemiyetler ise Osmanlı yönetimindeki Müslümanlar tarafından kurulan "Millî Varlığa Düşman Cemiyetlerdir. Bu kişiler işgalleri engellemenin mümkün olmadığını bu nedenle direniş yapılmaması gerektiğini savunmuşlardır. Direniş hareketleri yerine İtilaf Devletleri ile iyi geçinerek tavizler koparmaya çalışılma- sı gerektiğini savunmuşlardır. Bu ikinci gruba giren cemiyetler ulusal kurtuluş düşüncesine karşı çıkmışlardır.

1) Azınlıkların Kurdukları Cemiyetler:

Mavri Mira Cemiyeti: İstanbul'daki Rum Patrikhanesi tarafından yönetilen bu cemiyet Yunan Hükûmeti'nin istekleri doğrultusunda faaliyet yürütmekteydi. Bu cemiyetin amacı Trakya

İstanbul Marmara bölgesi ve Batı Anadolu'yu Yunanistan'a bağlayarak "Megola İdea"yı yani Büyük Bizans'ı yeniden kurma idealini gerçekleştirmekti. Bu amaçla bu bölgelerdeki Rumları silahlandırmışlar ve Batı Anadolu da Yunan ordusunun işgallerinde yardımcı olmuşlardır. Yunan Kızılhaç Cemiyeti, Yunan Göçmenler Komisyonu, Rum İzci Kuruluşlan ile Anadolu'daki Rum Kiliseleri Mavri Mira Cemiyeti'ne destek vermişlerdir.

Pontus Rum Cemiyeti: İstanbul'daki Rum Patrikhanesi'ne bağlı hareket eden bu cemiyetin amacı Doğu Karadeniz'de 1461'de Fatih Sultan Mehmet tarafından Osmanlı yönetimine katılan "Trabzon Rum İmparatorluğu"nu yeniden kurmaktı. Bölgedeki otorite bulunduğundan da yararlanan cemiyet Rumları silahlandırarak amacına ulaşmaya çalıştı. Bunun için bölgeye yurt dışından da Rum getirmişlerdir.

Etnik-i Eterya Cemiyeti: Yunan subayları tarafından 1894'te kurulan bu cemiyet daha önce kurulmuş olan Rum cemiyetlerinin amaçlarını daha da genişletmiştir. Rumların yaşadığı bütün toprakların Yunanistan'a katılmasını gerçekleştirmeye çalışmıştır. Girit Yunanistan'a bağlanmasında önemli faaliyet gerçekleştirmiş olan bu cemiyet Mavri Mira ve Pontus Rum cemiyetine her konuda destek vermiştir.

Kardos Cemiyeti: Anadolu da faaliyet gösteren Rum asıllı cemiyetler için gönüllü Rum nüfusunu bulup Anadolu'ya geçmelerini sağlamak için çalışmıştır.

Taşnak ve Hinçak Cemiyetleri: Ermeniler tarafından kurulmuş olan bu cemiyetler Doğu Anadolu ve Çukurova bölgesini de içine alan bağımsız bir Ermenistan kurmayı amaçlamışlardır. Oluşturdukları silahlı çeteler ile Doğu ve Güneydoğu Anadolu'da katliamlar yapmışlardır. Bu bölgelerde Ermenilerin çoğunlukta olduklarını iddia ederek Wilson ilkelerinden yararlanmayı ve bu sayede uluslararası kamu oyununda desteğini sağlamayı amaçlamışlardır. TBMM'ye bağlı olarak hareket eden XV. Kolordunun başarılı mücadeleleri ve Gümrü Antlaşmasının imzalanmasıyla ayrılıkçı Ermenilerin kurduğu bu cemiyetler Anadolu'daki amaçlarına ulaşamamıştır.

Alyans Israilit ve Makkabi Cemiyetleri: Museviler tarafından kurulan bu cemiyetler Orta Doğu da bağımsız bir devlet kurmayı amaçlamışlardır. Bu amaçlarına ulaşabilmek için Anadolu'daki diğer azınlık cemiyetlerine maddi destek sağlamışlardır.

2) Millî Varlığa Düşman Cemiyetler

Sulh ve Selamet-i Osmaniye Fırkası: Ülkenin kuruluşunun pa- dişahın emrine sıkı sıkıya bağlı kalınarak sağlanabileceğini savunan kişiler tarafından kurulmuştur. Hürriyet ve İtilaf Fırkası ile birlikte hareket ettikleri için İstanbul Hükümeti üzerinde etkili olmuşlardır.

Hürriyet ve itilaf Fırkası: 1911'de kurulmuş olan bu fırka, 1919'dan itibaren aşırı bir İttihat ve Terakki düşmanlığı yaparak kendisine destek sağlamaya çalışmıştır. İttihat ve Terakki'nin devamı olarak gördükleri Millî Mücadele hareketine karşı en sert muhalefeti yapmış ve TBMM'ye karşı çıkan bazı isyanları da desteklemiştir.

İslam Teali Cemiyeti: Ülkenin korunmasının dinî kurallara uy- makla mümkün olabileceğinin savunan bu cemiyet 1919 yılında medrese hocaları tarafından kurulmuştur.Hürriyet ve İtilaf fırkasını destekleyerek Anadolu'daki ulusal direnişe karşı çıkmıştır.

Kürt Teali Cemiyeti: Wilson İlkeleri'ne dayanarak Doğu Anadolu'nun bir kısmında bağımsız bir devlet kurmayı amaçlamıştır. Amerikalılar ve İngilizlerle sıkı bir ilişkiye girmiştir. Doğu Anadolu Müdafa-i Hukuk Cemiyeti'ne katılmayı reddetmiş bunun da etkisiyle halktan büyük oranda destek alamamıştır.

İngiliz Muhipleri Cemiyeti: Sömürgelerinde milyonlarca Müslü- man barındıran İngiltere ile Osmanlı halifelik ve padişahlığı arasında samimiyeti kuvvetlendirmek amacıyla kurulmuştur. İngilizlerden aldıkları destekle Anadolu'da ulusal direnişe karşı çıkan isyanları desteklemişlerdir.Bu şekilde ortaya çıkacak olan otorite boşluğu sayesinde ülkede İngiliz manda yönetimini kurmayı hedeflemişlerdir.

Wilson İlkeleri Cemiyeti: Amerikan manda yönetimini isteyenler tarafından 1919'da kurulmuştur. Bu sayede ülkenin İtilaf Devletleri arasında parçalanmasını önlemeyi ve Milletler Cemiyeti içine diğer devletlerle eşit haklara sahip olunmasını sağlamaya çalışmıştır.

B) MİLLÎ CEMİYETLER

İşgaller sırasında İstanbul Hükûmeti'nin tepkisiz kalması üzerine halkın sesini duyurmak amacıyla yine halk arasından çıkan aydınlar tarafından kurulan cemiyetlerdir. Birbirlerinden bağımsız olarak kuruldukları için önceleri ortak bir faaliyet alanına sahip değillerdi. Temel amaçları bulundukları bölgelerin işgalini önlemekti.

Bu cemiyetlerden bazıları ve amaçları şunlardır:

Trakya-Paşaeli Müdafa-i Hukuk Cemiyeti: Mondros Ateşkes Antlaşmasından hemen sonra kurulan bu cemiyetin amacı Doğu Trakya'nın Yunanistan'a verilmesini engellemektir. Bu amaçla Lüleburgaz ve Edirne'de bölgesel kongreler düzenleyerek silahlı bir direnişi teşkilatlandırma kararı almıştır. Sivas Kongresi ile yurdun tamamındaki direniş cemiyetlerini tek çatı altında toplayan, "Anadolu ve Rumeli Müdafa-i Hukuk Cemiyeti" bünyesine girmiştir.

İzmit Müdafa-i Hukuk Cemiyeti: Mondros Ateşkes Antlaşmasından hemen sonra İzmir ve çevresinin Yunanistan'a verileceği söylentilerine karşı tepki olarak kurulmuştur. Bölgenin Türklere ait olduğunu belirten yayınlar yaparak işgali önlemeye çalışmıştır. Ancak 15 Mayıs 1919'da başlayan Yunan işgalini engelleyemedikleri için bu tarihten itibaren etkinlikleri azalmıştır.

Redd-i İlhak Cemiyeti: İzmir'in işgalinden önce kurulmuştur. Balıkesir ve Alaşehir'de bölgesel kongrelerde Yunan işgaline karşı silahlı direnişi teşkilatlandırıp yönetme karan almıştır. Böylece Batı Cephesi kurulmuştur. Yine ilk kez bu cemiyetin çalışmalanyla Kuvayı Milliye birlikleri batı Anadolu'da Yunan İşgaline tepki olarak kurulmuş ve kısa sürede Yunan ordusuna karşı önemli başarılar elde etmiştir.

Kilikyalılar Cemiyeti: Adana ve çevresinde Fransız işgali ve Ermeni saldırılarına karşı halkın haklarını savunmak amacıyla kurulmuştur.

Trabzon Müdafaa-i Hukuk-u Milliye Cemiyeti: Doğu Karadeniz'de Pontus Rum devletinin kurulmasını engellemek amacıyla faaliyet yürütmüştür. Silahlı mücadele kararı alarak direnişe geçmiştir. Erzurum Kongresi'nin toplanmasına yardım eden cemiyet bu kongrede kurulan, "Doğu Anadolu Müdafaa-i Hukuk

Cemiyeti" bünyesine girmiştir.

Millî Kongre Cemiyeti: İstanbul'daki yazar ve aydınlar tarafından kurulan bu cemiyet Anadolu'daki bütün işgallerin haksızlığını basınyayın yoluyla dünya kamuoyuna duyurmayı amaçlamıştır. İşgallere karşı Avrupa'daki kamu oyunun da desteğini çekebilmek için Fransızca eserler hazırlatmıştır. Bölgesel silahlı direniş grupları için, "Kuvayı Milliye" (Millî Kuvvetler) ifadesini ilk kullanan cemiyet olmuştur.

Doğu Anadolu Müdafaa-i Hukuk Cemiyeti: Doğu Anadolu'da Ermenilerin çalışmalarını engellemek amacıyla kurulmuştur. Doğu Anadolu'da Ermenilerin çoğunlukta olmadığını ispatlayan nüfus sayımları yapmış ve Ermenilerin iddialarının asılsızlığını ortaya koymuştur. Doğu illerindeki işgallere karşı organize olabilmek amacıyla bölgedeki direniş cemiyetlerinin de katıldığı Erzurum Kongresinin toplamıştır. Bu kongreye başkan seçilen Mustafa kemal Paşa Cemiyetleri birleştirme yolunda ilk adımı bu kongrede atarak Doğu Anadolu'daki bütün direniş cemiyetlerini, "Doğu Anadolu Müdafaa-i Hukuk Cemiyeti" adı altında toplamıştır.

AMASYA GENELGESİ

İlk kez *ulusal egemenlikten* bahsedilmiştir. Bir ihtilal bildirisi niteliği taşımaktadır. Çünkü İstanbul Hükûmeti'ni hiçe saymakta, hükümetin düşman devletlerin esiri olduğunu söylemekte ve milleti yine milletin kendisinin *azmi ve kararlılığının* kurtaracağını söylemektedir. Maddenin yorumu Kurtuluş Savaşı'nın amacı ve yönetim şeklinin halk tarafından yapılması ve seçilmesidir. Mustafa Kemal kendisinin hazırladığı Amasya Tamimi'ni, 9. Ordu Müfettişi sıfatı ile imzalamıştır.

Sivas'ta bir kongre toplanacağı, Amasya Genelgesi'nde belirtil- miştir (her ilden halkın güvenini kazanmış 3 delege acil olarak Sivas'a gönderilecektir.)

Esaslar, Mustafa Kemal tarafından yaveri Cevat Abbas Bey'e *İl- il* Haziran 1919 gecesi Amasya'da dikte edilmiştir.

Mustafa Kemal tarafından Cevat Abbas Bey'e dikte edilen temel esaslar şunlardır:

1. Vatanın bütünlüğü milletin bağımsızlığı tehlikededir.

2. İstanbul Hükümeti aldığı sorumluluğun gereğini yerine getirememektedir. Bu durum milletimizi yok olmuş gösteriyor.

3. Milletin bağımsızlığını, yine milletin azim ve karan kurtaracak tır.

4. Milletin içinde bulunduğu durum ve şartların gereğini yerine getirmek ve haklannı gür sesle cihana duyurmak için, her türlü baskı ve kontrolden uzak millî bir heyetin varlığı zaruridir.

5. Anadolu'nun her bakımdan en güvenilir yeri olan Sivas'ta hemen millî bir kongre toplanması kararlaştmlmıştır.

6. Bunun için bütün illerin her sancağından milletin güvenini kazanmış üç temsilcinin mümkün olan en kısa zamanda yetişmek üzere yola çıkılması gerekmektedir.

7. Her ihtimale karşı bu mesele millî bir sır olarak tutulmalı ve temsilciler gereğinde yolculuklarını kendilerini tanıtmadan yapmalıdırlar.

8. Doğu illeri adına 23 Temmuzda Erzurum'da bir kongre toplanacaktır. O tarihe kadar öteki illerin temsilcileri de Sivas'a gelebilirlerse Erzurum Kongresi'nin üyeleri de Sivas genel kongresine katılmak üzere hareket ederler.

Nutuk'un aynı bölümünde ifade edilir ki, aslında bu taslak,

dört maddelik bir müsvedde olarak dikte edilmiştir. Amasya Genelgesi'nin sonuç bildirgesi bu taslak doğrultusunda gerçekleşmiştir. Bu taslak metnin sonunda, Mustafa Kemal'in, Kurmay Başkanı Albay Kâzım Bey'in, kurmay heyetinden tebliğ işlerinden sorumlu memur Hüsrev Bey'in, askerî makamlara şifre yayan diğer bir yaver Muzaffer Bey'in ve sivil makamlara şifreleyen fakat Nutuk'ta adı açıklanmayan bir sivil memurun imzalan vardır, ve Nutuk'ta ifade edildiğine göre bunlardan başka imzalar da vardır.

Hazırlanan bildirideki bu diğer imzalar, bahsi geçen ilk imzalardan sonra müsveddede yerini almıştır. Atatürk'ün Nutuk'ta, isimlerinden bahsetmediği bu imzaların sahipleri; İstiklal Savaşı'm başlatan diğer komutanlar olan ve fakat Millî Mücadele sonrasında Terakkiperver Cumhuriyet Fırkası adlı muhalefet partisi kurmak istedikleri için "gözden düşen" Hüseyin Rauf Orbay, Refet Bele ve Ali Fuat Paşa'dır

Bildiri, Erzurum'da 15. Kolordu Komutanı Kâzım Karabekir'e ve Cemal (Mersinli) Paşalara da sunuldu. Onlann onayının alınmasından sonra, bildiri, 22 Haziran 1919'da ülkenin en batısındakinden en doğusundakine kadar tüm mülki amir ve askerî komutanlara telgrafla Abdurrahman Rahmi Efendi tarafından ulaştmldı.

Amasya Genelgesi, İstiklal Mücadelesi'nin başına Mustafa Ke- mal'in geçtiğinin resmen ilanıdır bir anlamda. Aynca bu genelge. Kurtuluş Mücadelesi'nin gerekçe ve yöntemlerini içeren bir program özelliği taşımaktadır. Yine Amasya Genelgesi'nde millî bağımsızlık ve millî egemenlik fikri vurgulanmıştır.

ERZURUM KONGRESİ (23 Temmuz - 7 Ağustos 1919)

Anadolu'da Millî Mücadele Birliği'nin kurulmasının ikinci adımı Erzurum Kongresi ile atıldı. Amasya Genelgesi'nden sonra İstanbul ve askerlikle ilişkisi kesilen Mustafa Kemal'e, başta Kâzım

Karabekir olmak üzere Anadolu'daki komutan ve mülki amirlerin büyük bir çoğunluğu verdikleri desteği sürdürmeye devam ettiler. Amasya Genelgesi'nde yer aldığı gibi, Mustafa Kemal bu dönemde millî bir kongre toplayarak, millî mücadele ile ilgili tüm faaliyetleri birleştirmeyi planlıyordu. Kâzım Karabekir, millî bir kongreden önce doğu illeri için bölgesel bir kongre toplanmasının faydalı olacağı görüşündeydi. Mustafa Kemal, bölgesel bir kongreye karşı olmasına rağmen, Kâzım Karabekir ve Doğu Anadolu Müdafaa-i Hukuk Cemiyeti'nin ısrarları karşısında bir kongre toplanmasını ve kongreye katılmayı kabul etti. Kongre, 10 Temmuzda toplanması kararlaştırılmış olmasına rağmen, 23 Temmuzda bir okul salonunda 54 delege ile çalışmalarına başladı. Mustafa Kemal'in davetli olarak katıldığı bu kongreye asil üye olabilmesi için, Erzurum delegesi Cevat Dursunoğlu istifa ederek, kendi yerine Mustafa Kemal'in seçilmesini sağladı. İlk gün, Mustafa Kemal kongre başkanlığına seçildi. Millî bir hâl alan kongrede, genel değerlendirmeler yapıldı ve doğu illerinin durumu görüşüldü. Millî mücadelenin temelleri açısından önemli kararlar alındı. Erzurum Kongresi'ne katılanlar, 17 çiftçi ve tüccar, 5 emekli subay, 4 emekli memur, 5 öğretmen, 4 gazeteci, 5 hukukçu, 2 mühendis, 1 doktor, 6 din adamı, 3 eski milletvekili, 1 general ve 1 eski bakan olmak üzere 54 delegeden oluşmuştu.

Alınan Kararlar

1. Millî sınırlar içinde vatan bölünmez bir bütündür; parçalanmaz.

2. Her türlü yabancı işgal ve müdahalesine karşı millet topyekûn kendisini savunacak ve direnecektir.

3. Vatanı korumayı ve istiklali elde etmeyi İstanbul Hükümeti sağlayamadığı takdirde, bu gayeyi gerçekleştirmek için

geçici bir hükümet kurulacaktır. Bu hükümet üyeleri millî kongrece seçilecektir. Kongre toplanmamışsa, bu seçimi Temsil Heyeti yapacaktır.

4. Kuvayı Milliyeyi tek kuvvet tanımak ve millî iradeyi hâkim kılmak temel esastır.

5. Hristiyan azınlıklara siyasi hâkimiyet ve sosyal dengemizi bozacak ayrıcalıklar verilemez.

6. Manda ve himaye kabul edilemez.

7. Millî Meclis'in derhâl toplanmasını ve hükümet işlerinin Meclis tarafından kontrol edilmesini sağlamak için çalışılacaktır.

9. Millî irade padişahı ve halifeyi kurtaracaktır.

SİVAS KONGRESİ (4-11 EYLÜL 1919)

Sivas Kongresi, Amasya Genelgesi ile millî bir kongre olarak öngörülmüştü. Erzurum Kongresi'nden sonra kongre ile ilgili çalışmalar yapılıyordu. Bu arada, Fransızlar Sivas Kongresi'ne karşı bazı önlemler alıyordu. Fransız Binbaşı Brunot, kongrenin toplanması hâlinde Sivas Valisi Reşit Paşa'ya şehrin işgal edileceğini söylemişti. Hatta, Elazığ Valisi Ali Galip, kongreyi basmakla görevlendirilmişti. Tüm engellemelere rağmen, kongre 4 Eylül 1919'da bugün lise olarak kullanılan binada saat 15:00'te toplandı. (Katılanlar) Mustafa Kemal'in Kongre başkanlığına seçilmesine kimi üyelerden itirazlar geldi. Ancak yapılan seçimde kongre başkanlığına Mustafa Kemal Paşa getirildi. Kongre ilk günlerinde, İttihat ve Terakki Cemiyeti ile ilişkisi olup olmadığını tartıştı. Daha sonra manda sorunu gündeme geldi. Sivas Kongresi, ilk millî kongre niteliğinde olduğu için kararlar da bu doğrultuda alınmıştır. Erzurum Kongresi'nde alınan kararların tümü kabul edilmiştir. Yurtta ayrı ayrı bölgesel olarak çalışan tüm cemiyetlerin birleştirilmesi ve tek yönetim altına alınması sağlandı. Yeni bir Temsil Heyeti oluşturuldu ve bu heyetin başına Mustafa Kemal getirildi.

Sivas Kongresi Kararları

1. Millî sınırları içinde vatan bölünmez bir bütündür; parçalan maz.

2. Her türlü yabancı işgal ve müdahalesine karşı millet topyekûn kendisini savunacak ve direnecektir.

3. İstanbul Hükümeti, harici bir baskı karşısında memleketimizin herhangi bir parçasını terk mecburiyetinde kalırsa, vatanın bağımsızlığını ve bütünlüğünü temin edecek her türlü tedbir ve karar alınmıştır.

4. Kuvayı Milliye'yi tek kuvvet tanımak ve millî iradeyi hâkim kılmak temel esastır.

5. Manda ve himaye kabul olunamaz.

6. Millî iradeyi temsil etmek üzere, Meclis-i Mebusan'm derhal toplanması mecburidir.

7. Aynı gaye ile millî vicdandan doğan cemiyetler, "Anadolu ve Rumeli Müdafaa-i Hukuk Cemiyeti" adı altında genel bir teşkilat olarak birleştirilmiştir.

8. Genel teşkilatı idare ve alman kararları yürütmek için kongre tarafından Temsil Heyeti seçilmiştir.

TÜRKİYE BÜYÜK MİLLET MECLİSİNİN AÇILMASI

Son Osmanlı Meclisi'nin kapanmasından sonra Anadolu'da Millî Mücadele'yi yürütecek bir meclis kurma çalışmaları hızlanmıştı. Bu Meclis'e yetki verilerek. Millî Mücadele bir şekilde sürdürül- meliydi.

19 Mart 1920'de yayımlanan bir bildiri ile olağanüstü yetkiler taşıyan bir meclisin Ankara'da toplanacağı ilan edilmiştir. Dağılan Osmanlı Meclisi'nin üyeleri de meclisteki çalışmalara katılabilecekti. İllerde seçilen ve Osmanlı Meclisi'nin bir kısım üyeleri Ankara'ya gelip toplantılara katıldılar. Ankara'nın o günlerde Meclis'in toplanacağı büyüklükte bir binası yoktu ve sonunda, İkinci Meşrutiyet döneminde, İttihat ve Terakki Cemiyeti kulübü olarak yapılmış tek katlı bir bina uygun görüldü. Eksik kalmış yapı tamamlandı, okullardan toplanan ve halkın katkısıyla sağlanan eşyalarla donatıldı. Büyük Meclis sonunda açılmaya hazırdı.

23 Nisan 1920 Cuma sabahı erken saatlerde, Ankara'da bulunan herkes Meclis Binası çevresinde toplandı. Halk, kendi kaderine sahip çıkmanın coşkusu içindeydi. Hacı Bayram Camii'nde kılınan öğle namazından sonra. Meclis binası girişinde gözleri yaşartan muhteşem bir tören yapıldı. Saat 13.45'te, Ankara'ya gelebilen 115 milletvekili Meclis salonunda toplandı. Türkiye Büyük Millet Meclisi, 24 Nisan 1920 günü yaptığı İkinci toplantısında Mustafa Kemal Paşa'yı, başkanlığa seçti.

Mustafa Kemal Paşa, kendi öncülüğünde kurulan Türkiye Büyük Millet Meclisi'nin başkanlığını Cumhurbaşkanı seçildiği gün olan 29 Ekim 1923 tarihine kadar sürdürdü.

Türkiye Büyük Millet Meclisi, açılışından iki gün sonra, sadece yasama değil, yürütme gücüne de sahip olacak hukuki ve siyasi yapışım düzenleme çalışmalarına başladı. Bu düzenlemeler, Türkiye Büyük Millet Meclisi'nin tam bir güçler birliği ilkesini benimsediğini göstermişti. 2 Mayıs 1920'de Bakanlar Kurulu'nun seçilmesi hakkındaki yasa çıkarıldı. 11 Bakandan oluşan "Meclis Hükümeti", 5 Mayısta Türkiye Büyük Millet Meclisi, Başkanı Mustafa Kemal Paşa'ının başkanlığında ilk toplanasını yapa.

Türkiye Büyük Millet Meclisi'nin açılışı ile birlikte, millî egemenliğe dayalı yeni Türk Devleti doğmuş oluyordu. Birinci Türkiye Büyük Millet Meclisi'nin iki temel hedefi, kesin zaferi kazanmak ve yeni devletin otoritesini güçlendirmek, kalıcılığını gerçekleştirmekti. Öncelikle, ülke topraklarının yabancı işgalinden kurtarılması gerekiyordu.

Türkiye Büyük Millet Meclisi'nin açılışı ile artık siyasi irade fiilen Padişah'tan ve Osmanlı Meclis-i Mebusam'ndan çıkmış Anadolu'ya geçmiş oluyordu. Daha sonra **23 Nisan Ulusal Egemenlik ve Çocuk Bayramı olarak çocuklara armağan edilecektir. Meclis çalışmalarına başlayıp 29 Nisan 1920'de Hiyanet-i Vataniye kanununu çıkartarak vatana ihanet edenleri en ağLr biçimde cezalandırılmasını ön görmüştür.**

Meclis açıldıktan bir gün sonra Mustafa Kemal Paşa'nm Meclis'e verdiği şu önerge kabul edilmiştir.

Hükümet kurmak zorunludur.

Geçici hükümet başkanı ya da padişah vekili atamak doğru değildir

Meclis'ten seçilecek bir kurul hükümet işlerine bakar.

Meclis başkanı hükümetin de başkanıdır.

Yasama ve yürütme gücü Meclis'e aittir. Türkiye Büyük Millet Meclisi'nin üstünde bir güç yoktur.

Mecliste ortaya çıkan millet iradesi yurt kaderine el koymuştur.

Padişah ve halifenin durumunu ülke işgalden kurtulduktan sonra Meclis belirleyecektir.

Bu kararlar ile Meclis'in sürekli olacağını, İstanbul Hükûmeti'nin yok sayıldığını, millet egemenliğine dayalı yeni bir yönetimin kurulduğunu göstermektedir. **İlk Türkiye Büyük Millet Meclisi, gücünü halktan alan bir halk meclisidir. Çok farklı**

düşünceye sahip milletvekillerinden oluşmuştur. Meclis'teki ortak düşünce ülkenin işgalden kurtarılması olmuştur. Gerçekten ilk meclis her türlü düşüncenin boy gösterdiği, her türlü politik akımın olduğu bir Meclis'ti ama ortak sorun vatanın bir an önce işgalden kurtulması olmuştur.

Türkiye Büyük Millet Meclisi'nin açılması oldukça önemli bir gelişmeydi. Mutlakıyet ve ardından kısa bir süre meşrutiyet ile yönetilen Türk milleti, kendi kendini yönetme fırsatını ilk kez elde ediyordu. Üstelik de bu fırsata. Milli Mücadele sırasında kavuşuyordu. Millî Mücadele'yi bir meclisle yürütme fikri, Mustafa Kemal'in tasarladığı devlet anlayışının da ipuçlarını vermekteydi aslında. Fakat her ne olursa olsun, varkk-yokluk mücadelesinde böylesi bir teşebbüste bulunmak, tam da Mustafa Kemal Atatürk'ten beklenebilecek bir işti. Mustafa Kemal'in hem Kurtuluş Savaşı'nda, hem de sonrasında yol arkadaşı olan İsmet İnönü bu durumla ilgili olarak şöyle söylemekteydi:

"**(Atatürk'ün)** Siyasi vasıfları hakikaten çok yüksektir. Millî Mücadele'nin askerî safhada idaresi kadar siyasi idaresi de nazikti. Hatta daha nazikti denilebilir. Atatürk siyasi safhanın idaresinde de aynı derecede maharetli olmuştur. Mesela benim kanaatimce Millî Mücadele'nin, bir Millet Meclisi kurularak onunla beraber yürütülmesi son derece güç, fakat harikûlade isabetli bir karar olmuştur. Padişah idaresi, saltanat idaresi bütün tarihten gelen mekanizma hayati bir mücadelede karşı tarafta bulunuyor. Bunun karşısında Millet Meclisi kurulabiliyor ve Millet Meclisi'nde ihtilalciler bir hükümet teşkil ederek mücadeleyi devam ettirebiliyorlar. Askeri sahada, idari sahada, iç ve dış siyaset sahasında bu, harikûlade bir buluştur. Emsali de hemen hemen yok gibidir."

O günleri anlayabilmek için en doğru kaynak, bizzat Mustafa Kemal'in Nutuk'udur. Mustafa Kemal o günleri şöyle anlatmakta:

"Efendiler, Meclis'in açıldığı ilk günlerde, Meclis'e, içinde bulunduğumuz durum ve şartları açıklayarak takip edilmesini ve uygulanmasını yerinde bulduğum görüşlerimi arz ettim. Bu görüşlerin başlıcası Türkiye'nin, Türk milletinin takip etmesi gereken siyasi ilke ile ilgiliydi.

Bilindiği gibi, Osmanlılar zamanında, çeşitli siyasî ilkeler takip edilmiş ve edilmekteydi. Ben, bu siyasi ilkelerin hiçbirinin, yeni Türkiye'nın siyasi şekillenmesinde ilke olarak kabul edilemeyeceğine inanmıştım. Bunu Meclis'e anlatmaya çalıştım. Bu nokta üzerinde daha sonra da çalışmaya devam edilmiştir. Bu hususla ilgili olarak, öteden beri söylediklerimin ana noktalarını, burada hep birlikte hatırlamayı yararlı bulurum.

Efendiler, bilirsiniz ki, hayat demek, mücadele ve müsademe demektir.Hayatta başarı kazanmak, mutlaka mücadelede başarı kazanmaya bağlıdır. Bu da maddi ve manevi güç ve kudrete dayanır bir husustur. Bir de, insanların uğraştığı bütün meseleler, karşılaştığı bütün tehlikeler, elde ettiği başarılar, toplumca yapılan genel bir mücadelenin dalgaları içinden doğa gelmiştir. Doğulu kavimlerin Batılı kavimlere taarruz ve hücumu tarihin belli başlı bir safhasıdır. Doğu milletleri arasında, Türklerin başta geldiği ve en güçlüsü olduğu bilinmektedir. Gerçekten de Türkler, İslamlıktan önce ve İslamlıktan sonra Avrupa içerisine girmişler, saldırılar, istilalar yapmışlardır. Batı'ya saldıran ve İspanya'yı zaptederek Fransa sınırlarına kadar uzanan Araplar da vardır. Fakat Efendiler, her saldırıya, daima bir karşı saldırı düşünmek gerekir. Karşı saldırı ihtimalini düşünmeden ve ona karşı güvenilir bir tedbir bulmadan saldırıya geçenlerin sonu, yenilmek, bozguna uğramak ve yok olmaktır.

Batı'nın Araplara yaptığı karşı saldırı, Endülüs'te acı ve ibret alınmaya değer bir tarihi felaketle başladı. Fakat orada bitmedi. Kovalama Kuzey Afrika'ya kadar sürüp gitti.

Attilâ'nın Fransa ve Batı-Roma topraklarına kadar yayılmış olan imparatorluğunu hatırladıktan sonra, bakışlarımızı, Selçuklu Devleti'nin yıkıntıları üzerinde kurulmuş olan Osmanlı Devleti'nin, İstanbul'da Doğu Roma İmparatorluğu'nun taç ve tahtına sahip olduğu devirlere çevirelim. Osmanlı hükümdarlan arasında Almanya'yı, Batı Roma'yı zaptederek çok büyük bir imparatorluk kurma teşebbüsünde bulunmuş olanı vardı. Yine, bu hükümdarlardan biri, bütün İslam dünyasını bir merkeze bağlayarak yönetmeyi düşündü. Bu amaçla Suriye'yi ve Mısır'ı zaptetti. "Halife" unvanını takındı. Diğer bir sultan da hem Avrupa'yı zaptetmek, hem de İslam dünyasını hüküm ve idaresi altına almak gayesini güttü. Batı'nın sürekli karşı saldırısı, İslam dünyasının hoşnutsuzluk ve isyanı ve bu şekilde bütün dünyayı ele geçirme tasavvur ve emellerinin aynı sınırlar içine aldığı çeşitli unsurların uyuşmazlıkları, sonunda, benzerleri gibi, Osmanlı İmparatorluğu'nu da tarihin sinesine gömdü.

Efendiler, dış siyasetin en çok ilgili bulunduğu ve dayandığı te- mel, devletin iç teşkilatıdır. Dış siyasetin iç teşkilatla uyarlı olması gerekir. Batı'da ve Doğu'da, başka başka karaktere, kültüre ve ülkü-ye sahip biri birinden farklı unsurlan tek sınır içinde toplayan bir devletin iç teşkilatı, elbette temelsiz ve çürük olur. O hâlde, dış siyaseti de köklü ve sağlam olamaz. Böyle bir devletin iç teşkilatı özellikle millî olmaktan uzak olduğu gibi, siyasi ilkesi de millî olamaz. Buna göre, Osmanlı Devleti'nin siyaseti millî değil, belirsiz, bulanık ve kararsızdı.

Çeşitli milletleri, ortak ve genel bir ad altında toplamak ve bu çeşitli unsurlardan oluşan kitleleri eşit haklar ve şartlar altında bu-lundurarak güçlü bir devlet kurmak, parlak ve çekici bir siyasi görüştür. Fakat aldatıcıdır. Hatta, hiçbir sınır tanımayarak, dünyadaki bütün Türkleri bile bir devlet hâlinde birleştirmek, varılması imkânsız bir hedeftir. Bu, yüzyılların ve yüzyıllarca yaşamakta olan insanların çok acı, çok kanlı olaylarla meydana koyduğu bir gerçektir. Panislamizm ve Panturanizm siyasetinin başarıya ulaştığına ve dünyayı uygulama alanı yapabildiğine tarihte tesadüf edilememektedir. Irk ayrılığı gözetmeksizin, bütün insanlığı içine alan tek bir dünya devleti kurma hırslarının sonuçları da tarihe yazılmıştır. İstilacı olmak hevesleri konumuzun dışındadır. İnsanlara her türlü şahsi duygu ve bağlılıklarını unutturup, onları tam bir kardeşlik ve eşitlik içinde birleştirerek, insancı bir devlet kurma teorisinin de kendine göre şartları vardır.

Bizim, kendisinde açıklık ve uygulama imkânı gördüğümüz siyasi ilke, millî siyasettir. Dünyanın bugünkü genel şartlan, yüzyılların dimağlarda ve karakterlerde yerleştirdiği gerçekler karşısında hayalci olmak kadar büyük yanılgı olamaz. Tarihin ifadesi budur, ilmin, akim, mantığın ifadesi böyledir.

Milletimizin, güçlü, mutlu ve istikrarlı yaşayabilmesi için, devletin bütünüyle millî bir siyaset izlemesi, bu siyasetin iç teşkilatımıza tam olarak uyması ve ona dayanması gerekir. Millî siyaset dediğim zaman kastettiğim anlam ve öz şudur : Millî sınırlanınız içinde, her şeyden önce kendi kuvvetimize dayanmakla varlığımızı koruyarak, millet ve memleketin gerçek saadet ve refahına çalışmak... Genellikle milleti uzun emeller peşinde de yorarak zarara sokmamak... Medeni dünyadan, medeni, insani ve karşılıklı dostluk beklemektir."

MİLLÎ MÜCADELEDE IÇ KARIŞIKLIKLAR ve AYAKLANMALAR

Mustafa Kemal'in Nutuk'ta üzerinde çok sık durduğu olaylar arasında, Millî Mücadele sürerken ortaya çıkan ayaklanmalar da vardır. Bir yanda Millî Mücadele yürüten bir kesim varken, diğer yanda düşmanın amaçlarına hizmet eden Türklerin olması şaşırtıcıdır. Fakat bu karışıklıklar ve ayaklanmalar, Mustafa Kemal ve silah arkadaşlarının yerinde ve kararlı mücadeleleriyle bastırılmıştır. Millî Mücadele'de çok baş ağrıtan ve düşmanın işini kolaylaştırmaya yönelik o ayaklanmaları burada anmakta fayda var. Bu ayaklanmaları ve zorlukları bilmek, Millî Mücadele'nin hangi şartlar altında ve hangi engelleri aşmak suretiyle gerçekleştiğini ortaya koymaktadır.

Ali Batı Ayaklanması (11 Mayıs-18 Ağustos 1919)

Midyat bölgesinde aşiret reisi olan Ali Batı, Mondros Mütarekesinden sonra Cizre, Nusaybin, Savur, Mardin dolaylarında İngilizlerden aldığı destekle bir Kürt devleti kurmak için harekete geçti. Bölgedeki bazı aşiretleri de hâkimiyetine alan Ali Batı 11 Mayısta Nusaybin'e geldi. Kaymakam ve 24. Alay Komutanı kendisine yaptığı işin yanlış olduğunu söyleyerek nasihatte bulundular. Ancak nasihatleri dinlemeyen Ali Batı hapishanedeki tuktukluları serbest bıraktı, halktan para toplamaya başladı.

Nasihatlarla yola gelmeyen Ali Batı üzerine kuvvet gönderildi. Yapılan çarpışmada Ali Batı öldürüldü ve isyan bastırıldı. (18 Ağustos 1919)

Bilinci Bozkır veya Zeynelabidin Ayaklanması (27 Eylül-4 Ekim 1919)

Konya'da İkinci Ordu müfettişi olarak görev yapan Mersinli Cemal Paşa'nm Konya'dan ayrılması üzerine, Konya valisi Cemal Bey, İstanbul Hükûmeti'nin bir valisi olarak Millî Mücadele'ye karşı tavır alarak hapishanedeki eşkıya ve katilleri serbest bırakarak silahlandırmış ve İtalyan işgal kuvvetleriyle de temasa geçerek Millî Mücadele'ye destek veren halkı sindirmeye çalışmıştır.

Valinin bu tutumu üzerine Heyet-i Temsiliye adına Mustafa

Kemal Paşa, Albay Refet Bey'i Konya'ya gönderme kararı aldı. Konu ile ilgili olarak Mustafa Kemal Paşa Nutuk'ta şu bilgileri vermektedir.

"Konya'da vali bulunan Cemal Bey, Ferit Paşa kabinesinin Anadolu'da önemli bir dayanak noktası hâline geldi. Konya'da ordu müfettişi olan Cemal Paşa'nın İstanbul'a gidip gelememesi, orada bulunan Kolordu Komutanı Selahattin Bey'in kararsızca davranışları ve en sonunda habersiz İstanbul'a çekilip gitmesi, Konya ve dolaylarını Vali Cemal Bey'in hükmü altında bırakmıştı. Oraya, gayeyi yakından anlamış olan bir kimsenin gönderilmesine ihtiyaç vardı. Sivas'ta yanımızda bulunan Refet Bey'in gönderilmesi uygun görüldü."

Konya halkı bu haberi duyunca Vali Cemal Bey aleyhine hare- kete geçti. Hayatının tehlikede olduğunu anlayan vali, 27-28 Eylül 1919 gecesi İstanbul'a kaçtı. Halk Mehmet Vehbi Efendi'yi vali vekili seçti.

Konya'da bu gelişmeler olurken Millî Mücadele'ye karşı ilk kıpırdanma hareketlerinden biri Bozkır'da meydana geldi. Bozkır'da ortaya çıkan olayın tertipleyicisi Bozkırlı Zeynelabidin ve arkadaşlarıdır. Bu şahıs hem Vali Cemal Bey hem de İngiliz Muhipleri Cemiyeti'nin kurucularından olan İngiliz papazı Frew (Fru) ile yakın temas halindeydi. Bunların kışkırtmaları sonucunda 27 Eylül 1919'da Kürtoğlu Musa, Bademli Hacı Halil, Güzel Çavuş etraflarına topladıkları insanlarla Bozkır'a girerek jandarmaların silahlarını aldıktan sonra askerlik şubesinin depolarındaki silah ve cephaneleri de almışlardır. Asilerle çarpışma 28 Eylül günü Seydişehir'deki süvari bölüğünden gelen askerlerle gerçekleşmiş ve mevcut kuvvetlerin yetersiz olması sebebiyle asiler duruma hâkim olmuşlardır. Bunun üzerine asilere nasihat heyeti gönderilmiş ve Bozkır'a millî kuvvetlerin gönderilmeyeceği garantisi verilerek isyancıların dağılmaları sağ- lanmıştır. 4 Ekim 1919'da asiler dağılmışlardır.

Bozkır'da İkinci Zeynelabidin Ayaklanması (20 Ekim-4 Kasım 1919)

Zeynelabidin'in teşviki ile yapılan Bozkır'daki birinci ayaklanmanın bastırılmasından 16 gün sonra, Zeynelabidin yetmiş kadar silahlı ve iki yüz kadar silahsız insanla ayaklanarak Bozkır yakınlarına geldi. Kaymakamdan millî kuvvetlerin Bozkır'a gelmemesini istedi.

Bozkır kaymakamı durumu valiliğe bildirince; valilik bunların dağılmasını istedi. Zeynelabidin vilayetin isteğini yerine getirmeyerek Bozkır'a girdi. Telgraf hatlarını kesen asiler memurları da ilçe dışına çıkardılar. Yarbay Arif Bey'in komutasındaki kuvvetlerle asiler arasında Kızılkuyu'da, Apa'da, Dinek'te çarpışmalar meydana geldi. Asiler yenilgiye uğrayarak dağlara kaçtılar.

Birinci Anzavur Ayaklanması (1 Ekim-25 Kasım 1919)

Sivas Kongresi'nden sonra millî cemiyetlerin birleştirilmesi ve Temsil Heyeti'nin başına Mustafa Kemal Paşa'ının seçilmesi hem İngilizlerin hem de İstanbul Hükûmeti'nin Millî Mücadele aleyhine olan faaliyetlerini hızlandırdı. Millî hareketi söndürmek ve harekete destek veren halkı sindirmek amacıyla Ahmet Anzavur Biga'da harekete geçirildi. Aslen Bigalı olan Anzavur binbaşılıktan emekli olmuş saray ve hilafete bağlı, onlann dediğini yapan bir kukla idi.

Aznavur, Ayvalık bölgesinde Yunanlılarla savaşıldığı bir sırada İngilizlerin isteği ile Biga, Gönen, Manyas bölgesinde yaşayan Çer- kezleri ayaklandırmak için harekete geçti.

Anzavur 12 Kasım 1919'da Susurluk'a geldi. Yunanlılarla sava- şacağını söyleyerek kışladaki silah ve cephanlere el koydu. Anza- vur'un bu ihaneti üzerine 61. Tümen komutanı Albay Kâzım Bey, Demirkapı sırtlarında Anzavur kuvvetleriyle çarpıştı ve onu yenilgiye uğrattı.

15 Kasım 1919'da yenilgiye uğrayan Anzavur'u bölgeden tamamen temizlemek için Çerkez Ethem Bey görevlendirildi. Gönen'e kaçan Anzavur'u takip eden Ethem Bey 25 Kasım 1919'da Gönen'e gelince Aznavur, Bayramiç köyüne buradan da Manyas tarafına çekildi. Anzavur ihanetine 1920 yılı başlannda da devam edecektir.

Şeyh Eşref Ayaklanması (26 Ekim-24 Aralık 1919)

Şeyh Eşref Bayburt bölgesinde isim yapmış ve kurduğu tarikat vasıtasıyla Erzurum ve Sürmene bölgesine kadar etkisini genişletmiştir. Bayburt'un Hart köyünde oturan Şeyh Eşrefi Erzurum valiliği kaymakam yoluyla Erzurum'a çağırmış; ancak Şeyh, hükümetin bu emrine uymamış müritlerini silahlandırarak halka korku ve dehşet saçmaya başlamıştır.

Şeyh "Şeriat sahibi olduğunu, Allah tarafından gönderildiğini ve bütün kainatla harp edeceğini" etrafa dağıttığı bildirilerle ilan ed- er ve Cuma günü de adına hutbe okutur. 24 Aralık 1919 tarihinde, Hart'a askerî kuvvet gönderildi. Şeyh ve ailesi çarpışmalarda ölünce diğer asiler teslim oldular.

İkinci Anzavur Ayaklanması (16 Şubat-16 Nisan 1920)

Millî Mücadele'ye karşı ihanet odaklamam faaliyetleri 1920 yılında da devam etti. Özellikle Osmanlı Mebusan Meclisi'nde alman "Misak-ı Millî" kararlan İngilizler başta olmak üzere İtilaf Devletlerini harekete geçirdi ve İstanbul işgal edildi, Meclis dağıtıldı. Millet- vekillerinin bir kısmı tutuklanarak Malta Adası'na sürgün edildi, bir kısmı da Ankara'ya geldi. Mustafa Kemal Paşa'nm Temsil Heyeti Başkanı olarak Millî Mücadele'nin yürütülmesindeki kararlı tutumu millî hareket aleyhine olanları harekete geçirdi ve isyanlar tekrar başlatılarak hem kardeş kardeşe düşürüldü; hem de millî kuvvetlerin teşkilatlanması önlenmek istendi. Bu amaçla Ahmet

Anzavur tekrar harekete geçirildi.

Bu arada Biga kaymakamı Köprülü Hamdi Bey Fransız askerleri korumasında olan Gelibolu Yarımadası'ndaki Akbaş cephaneliğini basarak silah ve cephaneleri Yenice'ye taşıtmıştı. Biga'da Millî Hareketi bilinçlendirmeye çalışan Hamdi Bey; halka baskı yapanlara da fırsat vermiyordu. Mesela halktan zorla para toplayan Kara Ahmed'i ve adamlarını tutuklayıp cezaevine koymuştu.

Millî kuvvetleri güçlendirmek için Hamdi Bey gönüllü gençler- den birlikler oluşturmaya çalıştı. Kendisine destek için emrine 190. Alayın 2. Taburu da verildi. Millî kuvvetlerin ihtiyaçlarının gideril- mesi için halktan para toplanması isteğine Pomaklar karşı çıktılar. Bundan istifade eden İngilizler de hemen ihanet şebekeleriyle temasa geçtiler. Özellikle Ahmet Anzavur'u tekrar Millî Kuvvetler aleyhine harekete geçirdiler.

Aznavur, Çerkez köylerini dolaşarak halkı isyana çağırdı. Bu propagandaların sonunda Pomaklann başına geçen Gâvur İmam; Çerkezlerin başına geçen Şah İsmail, topladıkları silahlı, baltalı, bıçaklı bin iki yüz kadar kişiyle 16 Şubat 1920'de Biga'ya saldırdılar. Kışlayı basan asilere karşı fazla direnemeyen Pomak asıllı askerleri dağılınca Biga kolayca isyancıların eline geçti. Biga'daki olaylan duyan Anzavur 17 Şubat 1920'de buraya gelerek isyanın başına geçti. Asiler Hamdi Bey'in yakın arkadaşı ve destekleyicisi Kani Bey'i, Yüzbaşı İsmail Hakkı Bey'i ve Üsteğmen Rıza Bey ile üç eri şehit ettiler.

Kaymakam Hamdi Bey, Yenice'deki cephaneliğin isyancılann eline geçmesini önlemek için Yenice köyüne hareket etti. Eminoba köyüne geldiğinde köylülerce tanınan Hamdi Bey Biga'ya götürülürken yolda öldürüldü. Hamdi Bey ile öldürülen diğer vatanseverlerin cesetlerini Belediye binasının bahçesine attılar ve buraya gelen İngiliz subaylarına gösterdiler.Yaptıklan ihanetin karşılığını almak için Şah İsmail, İngiliz subaylarıyla birlikte İngiliz gemisine gider ve 5.000 İngiliz altını ile geri gelir.

İsyanın bastmlması için Balıkesir'de bulunan 61. Tümen komutanı Albay Kâzım Bey, Müdafaa-i Hukuk Cemiyeti ile birlikte topladığı gönüllüleri ve Demirci Efe kuvvetleri Çerkez Ethem emrine verildi. Ethem Bey isyanı bastırmakla görevlendirildi.

Susurluk-Gönen hattında Yahyaköy mevkiinde yapılan çarpış- malarda Anzavur yenilerek Karacabey'e, oradan da İngilizlere sığın- dı ve İstanbul'a kaçtı (19 Nısan 1920).

Kuvayı İnzibatiye Harekâtı

16 Mart 1920 tarihinde, İtilaf Devletleri tarafından İstanbul res- men işgal edilmiş ve işgali takiben Damat Ferit Paşa tekrar sadrazamlık makamına getirilerek hükümeti kurmakla görevlendirilmişti. Damat Ferit iktidara geçer geçmez Millî Mücadele aleyhindeki var olan tutumunu daha da hızlandırmış ve İngilizlerden aldığı destekle düzenli bir askeri birlik kurmuştur ki bu kuvvet "Kuvayı İnzibatiye" adıyla tarihe geçmiştir. Kuvayı İnzibatiye'nin kuruluş amacı, 18 Nisan 1920 tarihli İstanbul Hükûmeti'nin çıkardığı kararnamede şöyle belirtiliyordu: "Devlet yasalarını uygulayan hükümet memurlarını zor kullanarak görevini yapmaya engel olan ve Kuvayı Millîye adını taşıyan eşkiyaları tepelemek için Kuvayı İnzibatiye, devletin silahlı kuvvetidir. Bu kuruluş Harbiye ve Dâhiliye Bakanlıklanna bağlı olacaktır."

Kuvayı İnzibatiye kuvvetinin idaresi de Sadrazam Damat Ferit tarafından yürütülüyordu.

Kuvayı inzibatiye kuvvetlerinin başına Süleyman Şefik Paşa ile Ahmet Anzavur getirilmişlerdi. 17 Mayıs 1920 günü Aznavur, Gey- ve istasyonuna hücum etti. Ali Fuad Paşa komutasındaki millî kuvvetlerden darbe yiyen Anzavur kuvvetleri dağılarak İzmit'e çekildiler. Anzavur, kuvvetlerine harcayacak parası kalmadığını ileri sürerek İstanbul'a döndü.

Ali Fuad Paşa, Kuvayı İnzibatiye kuvvetlerini yakın takibe aldığından 14 Haziran 1920'de Hereke ve Gebze üzerine kuvvet gönderdi. Kuvayı İnzibatiye kuvvetleri yenilgiye uğratıldı. Bölgedeki İngiliz askerleri de Millî Kuvvetlerle bir çatışmayı göze alamadı.

Neticede Millî Kuvvetleri yok etmek amacıyla kurulan Kuvayı İnzibatiye kuvvetleri başarıya ulaşamadı ve Harbiye Nezareti 25 Ha- ziran 1920'de Kuvayı İnzibatiye birliklerini dağıtmak zorunda kaldı.

Birinci Düzce Ayaklanması (13 Nisan-31 Mayıs 1920)

Marmara bölgesinde ortaya çıkan ayaklanmalarda İngilizlerle İstanbul hükümetinin tertipleri ve kışkırtmaları etkili olmuştu. Millî hareket aleyhine yapılan bu ayaklanmaları çıkaranlar yıllarca Türk milletiyle birlikte yaşayan ve Çarlık Rusyası'nın baskılan sonucunda Türkiye'ye göç etmiş olan Kafkas kökenli Çerkezler ve Abazalardı. Müslüman Türk halkını birbirine kırdırmak isteyen iç ve dış ihanet odakları bu isyanları tertiplemişlerdi. Düzce'ye hâkim olan asiler Berzek Sefer'i Düzce kaymakamı, Maan Ali'yi jandarma komutanı, Koç Bey'i Belediye Başkanı yaptılar. Düzce, Beypazarı, Göynük, Gerede, Hendek, Safranbolu gibi yerlerde etkili olan isyancıların sloganları da Millî Mücadele'ye karşı tavır aldıklarım gösteriyordu. İşte kullandıkları sloganlardan bazıları:

"Ahali ve Padişah nerede ise biz de oradayız".

"İstanbul'un ve padişahın emirlerini dinlemeyen Ankara'yı dinlemeyiz."

"Padişahımızın fermanı olmadan silah altına asker alınamaz.

"İslam'ın İslam'a karşı kavgaya sürüklenmesine razı olamayız."

"Biz padişahı isteriz."

İsyancılar 18 Nisan 1920'de Bolu'yu da işgal ettiler. İsyanın genişlemesi üzerine Ankara Hükümeti Trabzon Milletvekili Hüsrev (Gerede) Bey başkanlığında bir nasihat heyetini Bolu'ya gönderdi. Ancak asiler tarafından rehin alındılar. Asiler hareketlerine devam ettiler.

İsyanın bastırılması için Çerkez Ethem, Binbaşı Nazım, Kaymakam Arif, Binbaşı İbrahim, Ali Fuat Paşa ve Refet Bey emrindeki bir- likler isyan bölgesinde asilerle mücadeleye başladılar. 25 Nisanda Beypazarı, 2 Mayısta Göynük alındı.

İsyancılara moral vermek isteyen Sadrazam Damat Ferit Paşa ise İzmit'e geldi.

Diğer taraftan isyanı bastırmakla görevli Kuvayı Millîye kuvvet- lerinden Çerkez Ethem emrindeki kuvvetler 23 Mayısta Sapanca ve Adapazarı'nı alarak asilerin ileri gelenlerini cezalandırdı. Çerkez Et- hem kuvvetleri 26 Mayısta Düzce'ye girdi. Ayaklanmayı çıkaranlar ve yönetenler idam edilerek Düzce isyanı bastırılmış oldu.

Yenihan'da (Yıldızdı) Postacı Nazım ve Zile Ayaklanması 14 Mayıs-12 Haziran 1920

Yıldızeli-Sivas posta nakliyat işlerini yürüten Postacı Nazım, işinde iflas etmiş ve adını değiştirerek bölgenin köylerinde dolaşmaya başlamıştır. Çerkez Kara Mustafa'yı da yanına alan Postacı Nazım yedi yüz kadar taraftarıyla halkı isyana kışkırtmıştır. İsyana halkın katılmasında yapılan yalan yanlış propagandanın da tesiri olmuştur.

Mesela Anzavur ayaklanmasının bastırılması sırasında birçok Çerkez köyünün yakılıp yıkıldığı haberi Millî Mücadele'ye düşman İstanbul basını tarafından yalan haber olarak yayılmış ve bu haberler halkın Kuvayı Milliye aleyhine hareket etmesinde etkili olmuştur. 14 Mayıs 1920'de Yenihan'da başlatılan ayaklanma Zile'ye geçmiştir. 6 Haziran 1920'de Zile'yi basan asiler jandarmalara saldırdılar. Zile müftüsü de isyana destek verince Yenihan olayı Zile ayaklanmasına dönüştü. İsyan kısa zamanda çevre köylere de yayıldı. Kuvayı Milliye'yi destekleyen Müdafaa-i Hukuk Cemiyeti'nin üyesi olan vatansever milliyetçilerin evlerini yağmalayan asiler müftüyü kaymakam yaptılar. İsyanın bastırılması için 5. Tümen görevlendirildi.

Yarbay Cemil Cahit, 11 Haziran 1920'de askeri kuvvetlerle Zile'ye geldi. İsyancıların teslim olmaları için saat on ikiye kadar müddet verdi. Asiler teslim olmayınca çarpışma başladı ve bir gün sonra Millî Kuvvetler Zile'ye girdi. Asiler büyük kayıplar verdiler. İsyanı çıkaranlardan 22 kişi idam edildi. Ayaklanmayı çıkaran Postacı Nazım kaçtığı Samsun köylerinde yakalanarak idam edildi.

Cemil Çeto Ayaklanması (20 Mayıs-7 Haziran 1920)

İngiliz ve Fransızların kışkırtması ve desteklemesi sonucunda Kürt Teali ve Teavün Cemiyeti, bölgedeki Kürt aşiretlerini ayrı bir devlet kurmak için devamlı olarak kışkırtıyor, Fransızlar ve İngilizlerin Mustafa Kemal Paşa hükümetini ortadan kaldıracakları propagandasıyla isyana teşvik ediyordu. Bu kışkırtmalar sonucunda Bahtiyar aşireti reisi Cemil Çeto Garzan'da 300 kadar silahlı adamıyla harekete geçti. Cemil Çeto üzerine 20 Mayıs 1920'de 13'üncü Kolordu'dan ikinci tümen gönderilmiş ve on beş gün kadar devam eden çarpışma sonucunda Cemil Çeto ve dört oğlu 7 Haziran 1920'de teslim olmuştur.

Yozgat'ta ÇapanoğuUan Ayaklanması (15 Mayıs-27 Ağustos 1920)

Yozgat ve çevresinde ayaklanma çıkaran ÇapanoğuUan,

Halife'ye ve Osmanlı Hükûmeti'ne bağlılıklarını açıklamışlardı. Çapanoğulları gibi düşünen Yozgat Mutasarrıfı Necip Bey, Heyeti Temsiliye tarafından verilen görevleri yapmayarak "Allah'tan ve padişahtan ve onların kanunlarından başka bir şey tanımadığını" ilan edince görevden alınmış ve yerine muhasebeci Arif Bey getirilmişti. Meydana gelen bu değişiklikleri Kuvayı Millîye aleyhine kullanan Çapanoğlu Edip ve Celal ise Millî Mücadele'ye karşı olan Hürriyet ve İtilaf Fırkası'nm üyesiydiler. ÇapanoğuUan Yozgatta etkili olan bir aileydi. Bunlar İstanbul'un işgalinin padişahın isteği ile olduğunu, Yunanlıların da geçici olarak işgallerde bulunduğunu propaganda ile Ankara'da toplanacak Meclis için mebus seçiminin kanuna aykırı olduğunu ve böyle bir hâlin padişaha karşı bir ayaklanmadan başka bir şey olmadığım söylüyorlardı. Çapanoğlu Celal, otuz imza ile Meclis toplanmasının padişahın isteklerine ve kanunlara aykırı olduğunu Ankara'ya çektiği telgrafla da bildirerek ayaklanmanın ilk sinyallerini vermiş oluyordu.

Hürriyet ve İtilaf Fırkası üyesi olan ÇapanoğuUan Yozgat'ta yapılan at yanşlanna çevreden gelen kişileri de Kuvayı Milliye aleyhine teşkilatlandmyor ve bu insanlar köylerinde, kasabalannda isyan için halkı kışkırtıyorlardı. Yozgat Mutasarrıfı da Çapanoğulları'na destek verenler arasındaydı.

Ethem Bey'e Genelkurmay Başkanlığınca 19 Haziran 1920 tari- hinde asilerin dağıtılması ve kışkırtıcılann cezalandmlması görev ve yetkisi verildi. 20 Haziranda Ankara'dan hareket eden Ethem Bey, 23 Haziran sabahı Yozgat'a gelerek asilerle çarpışmaya başladı ve akşama doğru şehre hâkim oldu. Millî Kuvvetlere karşı savaşan Ermenileri de cezalandıran Ethem Bey Alaca'ya yürüdü. 25 Haziranda Alaca'dan asiler temizlendi.

Yozgat'ta çıkan ayaklanma böylece bastırıldı. Batı cephesinde Yunan saldırıları ilerleyince Ethem Bey Yozgat'tan geri çağrıldı.

İkinci Yozgat İsyanı (5 Eylül-30 Aralık 1920)

Yozgat'ta Çapanoğulları tarafından çıkarılan isyan bastırılmış ve isyana katılanlardan bir kısmı affedilmelerini istemişlerdi. Affedilen bu insanlardan beş yüz kişilik bir "Akdağmadeni Alayı" kurulmuştu. Akdağmadeni Alayı adıyla gönüllülerden kurulan bu alay, Batı Cephesi'nde Yunanlılarla savaşmaya gönderilmek üzere Ankara'ya çağrıldı. Ankara'ya gitmek üzere Yozgat'a gelen Alaydan 49 kişi, 5 Eylül gecesi Kuvayı Milliye emrinde savaşmak istemedikleri için kaçtı ve Zile ve Erbaa çevresinde yeniden ayaklandı. Zile'ye bağlı Ortaköy bucağını, Amasya-Tokat arasındaki Çengelhan'ı yağmaladılar, Akdağmadeni ve Kırşehir çevresinde de ayaklanma belirtileri görüldü. Ayaklanmanın tehlikeli hâl alması üzerine Eskişehir bölgesinde bulunan İkinci Kuvvei Seyyare, isyanı bastırmak üzere Yozgat'a gönderildi. Asilerle Akdağmadeni civarında yapılan çarpışmada isyancılar yenilgiye uğratıldı ve 30 Aralık 1920'de tamamen yok edildi.

Milli Aşireti Ayaklanması (1 Haziran-8 Eylül 1920)

Güneydoğu Anadolu'da Fransa, İngiltere ve Ermeni faaliyetleri- nin artması, bölgede yaşayan Kürt aşiretlerini de kışkırtmaları sonucunda Milli aşireti de ayaklanmıştır. Aşiret liderlerinden Mahmut, İsmail, Halil ve diğer şahıslar Fransız ve İngilizlerle temasa geçerek Siirt'ten Tunceli'ye kadar olan bölgeyi idareleri altına almak için harekete geçtiler.

Milli aşiretinin ayaklanmasının bastırılması için 13. Kolordu görevlendirildi. 18 Haziran 1920'de asilerle çarpışma başladı. Viranşehir bölgesine kadar saldıran asilere nasihat heyetleri gönderilmiş ise de olumlu bir netice alınamadı. Fransız işgali altındaki bölgeden aldıklan "üç bin atlı ve develi ile bin kadar piyadeden ibaret bir kuvvetle", 25 Ağustos 1920'de Viranşehir asiler tarafından işgal edildi. Atatürk Nutuk'ta konuyu şöyle açıklar. "Asiler, aman dilemek maksadıyla geldiklerini söyleyerek ve o bölgedeki komutanlarımızı kandırarak tedbir almakta ihmale şevkettiler. Bu sırada, o civarda dağınık hâlde bulunan müfrezelerimize hücum ederek Viranşehir'i işgal ettiler. Haberleşme ve bağlantımıza engel olmak üzere de, o bölgedeki bütün telgraf hatlarını kestiler."

Viranşehir'i işgal eden asiler, devlete bağlı olan Karakeçili aşireti mensuplarını öldürdükleri gibi, askerlerin, subayların mallarını da yağma ettiler.

Asilerin temizlenmesi için 13. Kolordu'dan Beşinci Tümen görevlendirildi. Devlete bağlı vatansever aşiretlerin de desteği ile isyancılar yenilerek güneye, çöl tarafına kaçtılar.

İkinci Düzce Ayaklanması (19 Temmuz-23 Eylül 1920)

Bolu ve Düzce'de çıkarılan ayaklanmalar bastmlmış ve huzur sağlanmıştı. Ancak bu sırada Yozgat'ta Çapanoğulları ayaklanınca, Ethem Bey ile Binbaşı İbrahim Çolak emrindeki kuvvetler Yozgat'a gönderildi. Diğer taraftan Yunan kuvvetleri de Uşak ve Bursa yönünde ilerleyerek, Bursa'yı işgal ettiler. Yunan kuvvetlerinin ilerlemesi üzerine Düzce-Bolu bölgesindeki Binbaşı Nazım Bey emrinde-ki kuvvetlerin önemli bir bölümü de cepheye gönderildi. Batıda Yunan saldırısı devam ettiği sırada dört yüz kadar Abaza ve Rum harekete geçerek Nuhveren (Nüfren) ve Efteni çevresinde bazı olaylar çıkardılar ve Abazalar 8 Ağustos 1920'de Düzce'ye girerek kaymakam vekilini, jandarma komutanını, Düzce bölük komutanını, su bay ve erleri tutukladılar. Asiler Düzce'ye hâkim oldular. Kadı Kemalettin'i kaymakam vekili yaptılar.

İsyanın bastırılması için Düzce'ye kuvvet gönderildi. İsyanın Bolu'ya sıçramaması için de önlem alındı. Diğer taraftan Ali Fuat Paşa, Abaza ileri gelenlerine aracılar göndererek ayaklanmadan vazgeçmelerini ve kan dökülmemesini istedi. Görüşmelerden olumlu sonuç alındı ve Abaza reisleri hükümetin emirlerine itaat edeceklerini bildirerek af dileğinde bulundular. 40 elebaşı tarafından imzalanan anlaşma metni, 2 Eylül 1920'de Ankara'ya gönderildi. Ayaklanma, daha fazla kan dökülmeden 23 Eylül 1920'de sona erdi.

Konya'da Delibaş Mehmet Ayaklanması (2 Ekim-15 Kasım 1920)

Bozkır'da Zeynelabidin tarafından daha önceleri çıkarılan ayaklanmalar, Konya ve çevresinde bir huzursuzluk ortamı oluşturmuş- tu. Bozkır olaylarının yatışması, Büyük Millet Meclisi tarafından gönderilen nasihat heyetleri, Konya halkı üzerinde Kuvayı Milliye aleyhindeki tavırları ortadan kaldırmıştı. Ancak İtilaf Devletleri ve İstanbul Hükümeti, Kuvayı Milliyye aleyhindeki tavırlarını devam ettirdiklerinden Konya'daki bu huzur ortamını bozmak için tekrar harekete geçtiler. İngiliz Muhipler Cemiyeti üyesi Sait Molla ve Teali İslâm Cemiyeti üyesi Zeynelabidin Efendi, Konya'da isyan çıkarmak için harekete geçtiler. İsyanda Rum ve Ermenilerle de işbirliği yapılması fikrini kabul ettiler. Zeynelabidin ve Molla Sait halka Millî Kuvvetler ve Meclis aleyhine propagandaya başlayarak Kuvayı Milliye'nin İttihatçılardan oluştuğunu söyleyerek şunları söylemişlerdir:

"Bugün Ankara'da türeyenler, kendilerine millet ve memleket hadimi ve halaskârı süsünü verenler, dün bütün varlığımızı eriten, kanımızı iliğimizi emen, İttihatçılardan başka kimseler değillerdir. Bunlar kendi keselerini dolduracaklar. O, bitmez tükenmez varlıklı yedi düvele, hiç bizim karşı koyacak kuvvetimiz var mı? Karşı geldikçe başımıza bu felaketler gelmektedir. Başımızda yedi evliya kuvvetinde bir Hakan, altı yüz senelik şerefli bir varlığa dayanan koskoca bir sultan var. O dilediğini ferman eder, bildiğini işler, bize böyle dikbaşlılık etmek, ileri geri sözler söylemek değil, elbette ki, o mübareğin her buyruğuna baş eğmek düşer. Bu Allah'ın emridir."

Diğer taraftan Hürriyet ve İtilaf Fırkası üyesi olanlar da Kuvayı Milliye'nin köyleri soyduğunu, İzmir ve batı vilayetlerini işgal eden ordunun Yunan ordusu olmadığım, burayı işgal eden kuvvetlerin Halife ordusu olduğu propagandasını yaptılar. Bu propagandalarla ortamı hazırlayan vatan hainleri, Delibaş Mehmed ile temasa geçerek ayaklanmanın onun tarafından yapılmasını sağladılar.

Delibaş tarafından çıkartılan ve Konya çevresinde de yayılan ayaklanmanın bastırılması için Kolordu Komutanı Derviş Paşa ve İçişleri Bakanlığı görevini de yapan Albay Refet Bey görevlendirildiler. Asilerle yapılan çarpışmadan sonra 6 Ekim 1920'de şehre girilrek şehir asilerden temizlendi.

Pontus Faaliyetleri

Türkiye'yi parçalamak için yapılan faaliyetlerden birisi de Pontus devleti kurma çalışmalarıdır. Samsun'dan Trabzon'a kadar Karadeniz bölgesinde Pontus Rum Devleti kurmayı amaçlayan bu faali- yetin gelişmesinde Merzifon'da bulunan Amerikan Koleji, büyük rol oynamıştır. Kolej müdürünün desteği ile 1904 yılında "Pontus Cemiyeti" kuruldu. Bu cemiyeti destekleyen bir diğer Rum cemiyeti de "Mukaddes Anadolu Rum Cemiyeti" idi. Bu cemiyetler Ermenilerle birlikte çalışıyorlar ve Türklere karşı müşterek hareket ediyorlardı. Ermeni ve Rum çeteleri Amerikan Koleji tarafından organize ediliyordu. Kolej müdürü Amerikalı White tarafından kaleme alınan mektup, Müslüman Türk milletinin ortadan kaldırılması için neler yapılması gerektiğini de açıklıyordu. İşte mektuptan parçalar:

"Hristiyanlığın en büyük rakibi Müslümanlıktır. Müslüman devletlerin en kuvvetlisi de Türkiye'dir. Bu hükümeti ve memleketi yıkmak için Ermeni ve Rum dostlarımızı yalnız bırakmamalıyız. Hristiyanlık için. Ermeni ve Rum dostlarımız tarafından birçok Hristiyan feda edildi. Bunlardan birçoğu Müslümanlara karşı yapılan savaşlarda şehit oldular. Unutmayalım ki kutsal hizmetimizin sonuna kadar daha pek çok böyle şehit verilecek, Hristiyan kanı akıtılacaktır.

Alevilere de mezhep hususunda serbestlik tanırsak onlar da bize katılacaklardır. Bizim görevimiz bu fırsatı kaçırmamak, gerektiği gibi uygun hareket eylemektir.

Hristiyanlara şimdiye kadar görmüş oldukları zulümlere karşı, onların zekâtını ödeyecek bir ruh aşılamalıyız. Biz bunu şimdiye kadar yaptık ve başarılı da olduk."

I. Dünya Savaşı sırasında Rum çeteleri Bafra bölgesinde Boyalı, Türkmenler, Kasnakçı, Kuşkapanı, İnözü, Kuşaca, çiniler köylerini tamamen yaktılar.

Mondros Mütarekesi'nin imzalanmasından sonra, ordunun terhis edilmesiyle birlikte hükümet otoritesi, birçok yerde âdeta yok olmuştu. Karadeniz bölgesinde de İngiliz kuvvetleri yer yer işgal hareketlerine başlamıştı. Bu fırsattan istifade eden silahlı Rumlar, Türk köylerini yakıp yıkmaya devam ettiler. Samsun bölgesinde yüzlerce Türk'ü öldürdüler, birçok kadına tecavüz ettiler, binlerce hayvanı gasp ettiler, yüzlerce köyü yakıp, yağma ettiler. Çarşamba, Terme, Amasya bölgesinde de katliamlarına, yağmalarına devam ettiler. Rum ve Ermeni çetelerinin yağmalama ve öldürme faaliyetleri Merzifon, Vezirköprü, Ladik, Gümüşhacıköy, Havza, Tokat, Erbaa bölgelerinde devam etti.

Mustafa Kemal Paşa Nutuk'ta konuyla ilgili şu bilgileri verir: "Muhterem Efendiler, umumi konuşmamın başında bir Pontus meselesinden bahsetmiştim. Bu mesele, bütün vesikaları ile herkesçe bilinmektedir. Ancak bizi de çok uğraştırdığından burada onunla ilgili bazı noktalara temas edeceğim.

1840 senesinden beri; yani üç çeyrek yüzyıldan beri, Rize'den İstanbul Boğazı'na kadar Anadolu'nun Karadeniz Bölgesinde, Eski Yunanlılığın diriltilmesi için çalışan bir Rum topluluğu vardı. Amerikalı Rum göçmenlerinden Rahip Klemeatios adında biri, ilk Pontus toplantı binasını İnebolu'da bugün halkın Manastır dedikleri bir tepede, kurmuştu. Bu teşkilat mensupları zaman zaman birbirinden ayrı eşkıya çeteleri hâlinde, faaliyette bulunuyorlardı. Dünya Savaşı sırasında dışarıdan gönderilip dağıtılan silah, cephane, bomba ve makineli tüfeklerle Samsun, Çarşamba, Bafra ve Erbaa Rum köyleri âdeta bir silah deposu hâlini almıştı. Ateşkesten sonra bütün Rumlar, Yunanlılık millî davası ile her tarafta şımardığı gibi Ethniki Etairia Cemiyeti propagandacıları ve Merzifon'daki Amerikan müesseseleri tarafından manevi bakımdan yetiştirilen ve yabancı hükümetlerin silahlarıyla, maddi bakımdan desteklenen ve cesaret verilen bu bölgedeki Rum kitlesi de bağımsız bir Pontus hükümeti kurmak emeline düştü. Bu maksatla, umumi bir ayaklanma hazırladılar. Dağlara çekildiler ve Amasya, Samsun ve çevresi Rum Metropoliti Permanos'un idaresinde düzenli bir prog- ramla çalışmaya başladılar. Samsun'daki Rum komitecilerin reisi, reji fabrikası müdürü Tokamanidis, bir taraftan da İç Anadolu ile haberleşme sağlamaya çalışıyordu. Bazı yabancı hükümetler, Pontus hükümetinin kurulmasına yardımcı olacaklarını vaatettiler ve Samsun ve çevresindeki Rum nüfusunu arttırmak için de Rusya'daki Rum ve Ermenileri Batum'da topladılar. Onları, Türk Kafkas ordularından alınıp Batum'da depo edilen silahlarla donatarak sahillerimize çıkarmaya başladılar. Çetecilik etmek üzere sahillerimize çıkarılabilecek birkaç bin Rum'u Sohum'da,

Haralambos isminde bir adamın başına topladılar. Batum'da toplananların da Haralambos'un etrafında toplananlara katılmaları sağlanıyordu. Bunlar, memleketimiz içinde Samsun'daki bazı yabancı devlet temsilcileri tarafından korunuyor ve silahlandırılıyordu. Sahillerimize çıkan bu çeteciler, göçmenlerin beslenmesi maskesi altında yabancı hükümetler tarafından yedirilip içiriliyor ve giydiriliyordu. Yabancıların Kızılhaçları arasında gelen subay heyetlerininde teşkilat yapmakla, askeri öğretim ve eğitimle uğraşmakla, gelecekteki Pontus hükümetinin temelini kurmakla vazifelendirildikleri anlaşılıyordu.

4 Mart 1919 tarihinde, İstanbul'da 'Pontus' adıyla çıkmaya başlayan bir gazetenin başmakalesinde 'Rum cemiyetinin kurulmasına çalışmak maksadiyle yayımlandığı' ilan olunmuştu.

Sayıları 25.000'i bulan Rum çetelerinin katliamlarını önlemek ve silahlı Rumları etkisiz hâle getirmek için Merkez Ordusu görevlendirildi. Merkez Ordusu, Rum çetelerinden silahlarını teslim etmesini istedi ve Rumlardan silah toplanmasına başlandı. Pontusculuk hareketinin lider kadroları, 31 Ocak 1921' den itibaren tutuklandı ve ilk tutuklama işine Samsun'da başlandı. Pontusculuğun en yoğun olduğu bölge olan Samsun'da, başta Metropolit olmak üzere birçok Rum tutuklanarak İstiklal Mahkemesi'ne gönderildiler. Şubat 1921' de Merzifon Amerikan Koleji'ne yapılan baskında birçok harita, plan, kitap ve Türkiye aleyhtarı her türlü belge ve bilgi ele geçirildi. On bir bin civarında silahlı Rum çeteci yakalandı, çarpışmalar- da birçok Rum öldü. Pontuscularla olan mücadele 6 Şubat 1923 yılına kadar devam etti ve bu tarihte Rum çeteleri kesin olarak ortadan kaldırıldı."

Demirci Mehmet Efe Ayaklanması (1-30 Aralık 1920)

Nazillik olan Mehmet Efe babasıyla demircilik yaptığından

"Demirci" unvanı ile anılmıştır. Millî Mücadele'nin başında Yunanlılara karşı önemli hizmetlerde bulunmuş olan Demirci Mehmet Efe, düzenli orduya geçişte Çerkez Ethem'in kışkırtmasıyla problem çıkarmıştır. Düzenli ordunun kurulmasında Batı Cephesi ikiye aynldı. Güney Cephesine Albay Refet Bey atandı. Albay Refet Bey İsparta'da bulunan Demirci Mehmed Efe'yi, merkezi Konya'da bulunan Atlı Takip Kuvvetleri Komutanlığı'na atayarak, orduya katılmasını istedi. Emrindeki kuvvetlerden 300 atlı ile bir süvari alayı kurulacaktı. De- mirci Mehmet Efe, önce bu teklifi kabul etmiş, ancak daha sonra bunu reddetmiştir. Bunda da Çerkez Ethem'in rol oynadığı ifade edilmektedir. Çünkü Batı Cephesi Komutanlığı ile arası açılmış olan Ethem Bey kendine destek için Demirci ile temasa geçmiş ve onu birleşmeye çağırarak emrindeki adamlara ayda kırkar lira maaş vereceğini belirtmiştir. Demirci Efe, kuvvetlerini İsparta çevresinde topladı. Albay Refet Bey Mustafa Kemal Paşa'mn olurunu aldıktan sonra, Demirci üzerine kuvvet gönderdi. 18 Aralık 1920 tarihine kadar Demirci'nin efelerinden yedi yüz kişi yakalandı. Demirci seksen kadar adamıyla Acıpayam tarafına oradan Tavas dolaylarına çekildi. Demirci Efe ile temas kuran yüzbaşı Nuri Bey, onu teslim olmaya ikna etti. Demirci yanındaki kuvvetlerle 30 Aralık 1920'de teslim oldu.

Ethem Bey ve Kardeşlerinin Ayaklanması (Ocak 1921)

Kuvayı Milliye'ye dâhil olan Ethem Bey, hem Yunanlılara karşı yaptığı mücadelede hem de iç ayaklanmaların bastırılmasında oynadığı rollerle giderek gurur ve kibire kapılmış, Mustafa Kemal Paşa ve Fevzi Paşa'ya karşı saygısız bir tavır içine girmişti. Yozgat ayaklanmasını bastırdıktan sonra, valinin teslimine engel olan Mustafa Kemal Paşa'ya karşı sert bir tavır takınmış ve "Ankara'ya geldiğimde Mustafa Kemal'i Meclis kapısına asacağım" diyecek kadar küstahlaşmıştır.

Reşit, Tevfik ve Ethem kardeşler "Kuvvei Seyyare" kuvvetinin başında bulunarak yukarda belirttiğimiz gibi birçok ayaklanmayı bastırmakla önemli rol oynadıklarından zamanla kendilerini daha da güçlü hissetmeğe başlayarak âdeta zaptedilemez olmuşlar. Türkiye Büyük Millet Meclisi'nin otoritesini de tanımamaya başlamışğlar- dı. Yozgat'ta Çapanoğulları'nm isyanı bastırıldıktan sonra Ankara'dan Eskişehir'e dönen Kuvvei Seyyare hiç kimseye sormadan istedikleri evleri boşaltıp sahiplerini kovmuşlar ve kendileri yerleşmişlerdir.

Ethem ve kardeşleri Meclis'te ve dışında düzenli ordunun aleyhinde konuşmaya başladıkları gibi; İsmet Paşa'nm da Batı Cephesi komutanlığına atanmasını kabullenememişler, "Yeşil Ordu" cereyanının da başında bulunarak ateşli bir şekilde çalışmışlardır.

Mustafa Kemal Paşa Nutuk'ta bu hususu şöyle izah eder:

"Batı cephesinde, orduda ve halk arasında ve hatta Meclis'te bu cereyan etrafında yapılan propaganda, o kadar kuvvetli ve tesirli bir hâle geldi ki, ordudan fayda yoktur, dağılsın Hepimiz Kuvayı Milliye olalım sözleri her tarafta kulakları doldurmaya başladı.

Batı Cephesi birlikleri arasında, Kuvayı Milliye hâlinde, bir bölge ve bir cepheye sahip bulunan Ethem Bey müfrezesinin adamları, âdeta, müstesna ve ordu erlerinden üstün imtiyazlı görülmeye başlandı, gıpta edilir hâle geldi. Ethem Bey ve kardeşleri herkes üzerin- de bir çeşit otorite ve hâkimiyet kurmaya başladılar."

Ethem Bey ve kardeşleri Batı Cephesi haberleşmelerine "Kuvvei Seyyare Komutanlığı" olarak yasak getirmiş ve "Umum Kuvvei Seyyare ve Kütahya Havalisi Komutanlığı" adını kullanarak niyetini ve hâkim olma düşüncesini açığa vurmuştur. Bu arada Karacaşehir'de kurduğu "Karakeçili Müfrezesi"nin Batı Cephesi komutanlığınca denetlenmek istenmesine de karşı çıkmıştır.

Mustafa Kemal Paşa, Ethem Bey ve kardeşlerini ikna etmek için Reşit Bey'in de katıldığı bir toplantı yaparak durumu şöyle açıklar:

"Hakikat şudur ki, önümüzde yenilip mutlaka denize dökülmesi lazım bir Yunan ordusu vardır. Bu büyük neticeyi alabilmek için ise, büyük, ciddi ve kati tedbirlere ihtiyaç vardır.

Benim askerliğime itimat buyurursanız ki arkadaşlarınım bu güveni sakınmayacaklarını zannederim, bu büyük iş ancak muntazam, bir ucundan öbür ucuna ve en büyük kitlesinden son erine kadar disiplinli mükemmel bir ordu ile başarılabilir. Batı ordusunda bir süreden beri başlanılan çalışma, işte bizi bu gayeye götürmeyi amaç edinen gayret ve himmetlerden teşekkül ve terekküp etmiş bulunuyor. Amaç bundan ibaret olduğuna göre Kuvvei Seyyare başında bulunan arkadaşlarımın da bu hakikati anlamaları, onu sadece takdir ve teslim etmeleri lazımdır. Bu takdir ve teslim yapıldıktan sonra ortada hallolunamayacak mesele kalmaz."

Ethem Bey ve kardeşleri Mustafa Kemal Paşa'nın vatan ve millet için birlik olunmasını değerlendirememişler, duyguları ve nefisleri doğrultusunda hareket etmişlerdir. İstanbul Hükûmeti'yle de temas hâlinde bulunan Ethem Bey, 2 Ocak 1921'de İstanbul'a çektiği telgrafta şunları yazmıştır:

"Ankara'da tutuklanan İstanbul Hükûmeti'ne mensup kabine arkadaşlarının İstanbul'a geri gönderilmeleri için Ankara Meclis Başkanına protesto çektiğimi, şimdiki hâlde Millet Meclisi kuvvetlerinin taarruzu karşısında bulunduğunu, kuvvetinin savunmaya ve hatta taarruza bile yeterli olduğunu, Yunanlılarla temasta bulunduğunu ve durumdan Yunan komutanlığına da haber verildiğini, buna Sadrazamlığın yüksek izinlerinin katılmasının birçok bakımdan gerektiğini bildirmiş, haberleşmeyi devam ettirmek ve Sadrazamlık emirlerinin gelmesini beklemek için Akhisar-Gördes telgraf hattının onarılması ve düzeltilmesi" isteğinde bulunmuştur.

Ethem Bey'in Yunanlılarla temas hâlinde olduğuna dair bir başka belge de Yunanlıların tutukladığı İnegöl kaymakamının verdiği rapordur. Rapora göre Çerkez Ethem, Yunan komutanlığına başvurmuş ve Anadolu Hükûmeti'ne karşı birlikte savaşmayı teklif etmiştir.

Eskişehir ve Gediz bölgesinde, Yunan uçaklan tarafından atılan bildirilerde Çerkez Ethem adı ve imzası vardı ki bu bildirilerle asker savaştan vazgeçirilmeye çalışılıyordu.

Kütahya bölgesinde bulunan Ethem ve kardeşleriyle görüşmeler devam etti. Ethem Bey Batı Cephesi komutanlığında bazı komutanların değişmesini istemiştir. 27 Aralık 1920'de heyet görüşmelerle ilgili bilgiyi Büyük Millet Meclisi Başkanlığı'na yani Mustafa Kemal Paşa'ya sundu. Mustafa Kemal Paşa kardeş kanı dökülmemesi için uzlaşma yollannı aradı. Bu doğrultuda Bakanlar Kurulu, 2 Ocak 1921 tarihinde Ethem ve kardeşleri komutadan çekilirlerse affedilecekleri kararını aldı ve karar Ethem Bey'e bildirildi. Ethem'in anlaşma yerine ayaklanmayı seçmesi üzerine kuvvet gönderildi. 5 Ocak 1921'de Gediz, Ethem kuvvetlerinden temizlendi. Ethem ve kardeşleri TBMM yerine Yunanlılan tercih ettiler ve anlaşmak için 3 Ocak 1921'de bir adamını Yunanlılara gönderdiler. Yunan ordusuna giderek Yunanlılarla 7 Ocak 1921'de bir protokol imzalandı. Protokole göre; Ethem birlikleriyle Yunan tarafına girecek ve silahlar teslim edilecek. Teslimden sonra isteyenler ailelerinin yanına dönebilecekler. Terhis olanların yiyeceklerini Yunan Hükümeti sağlayacak.

Ethem ve yanındakilerden 725 kişi Yunanlılara sığınır (7 Ocak 1921) ve Ethem olayı böylece sona erer

Çerkez Ethem'in bu hareketi de Yunanlılara cesaret verdi ve Yunan kuvvetleri İnönü cephesinde taarruza geçtiler.

Koçkiri Ayaklanması (6 Mart - 17 Haziran 1921)

Koçkiri aşireti, Hafik (Koçhisar), İmranlı, Suşehri, Refahiye, Kemah, Divriği, Kangal, Zara, ilçeleri ve köylerinde yaşamaktaydı. Aşiret mensuplan Kürtçe konuşmakla birlikte Türkçe de biliyorlardı. Aşireti meydana getiren insanlann soyadları arasında Oğuz Türklerine ait isimler de vardı. Selçuklular ve Osmanlı Devleti zamanından beri bu bölgelerde yaşamaktaydılar. Mondros Mütarekesi'ni takiben Doğu Anadolu' da Ermenistan ve Kürdistan devletleri kurulması gündeme gelince; Ermeni Boğos Paşa ile Kürt Şerif Paşa bölgede Ermenistan ve Kürdistan devletlerinin kurulması hususunda anlaşmaya vararak Paris Barış Konferansı'na müracaatta bulundular. Bu arada "Kürt Yükseltme ve Yardımlaşma Cemiyeti" kuruldu. Koçkiri aşireti reisi Haydar Bey de bu cemiyete girmiş ve bulunduğu bölgede cemiyetin bir kolunu kurmuştu. Derneğin yayın organı olan "Jepin" gazetesinde Kürt devleti kurulması için yazılar yayın- lanmakta olduğundan. Haydar Bey de bu yayınların etkisi altında bulunmaktaydı.

Bu sırada Sivas Yıldızeli bölgesinde çapulculuk yapan Zalim Çavuş grubu üzerine kuvvet gönderilince, çapulcular İmranlı tarafına kaçmışlar ve burada saklanmışlardır. 14 Şubat 1921'de asker kaçaklarım ve Zalim Çavuş'u yakalamak için asker İmranlı'ya gelince, Kör Rifat ve Karmanlı Nuri, Alay Komutam'na kasabayı terk etmesini ve Zara'ya gitmesini söyler. İmranlı'yı kuşatan isyancılar Alay Komutanı Binbaşı Halis'i ve askerlerin bir kısmını şehit ettiler, bir kısmını da esir aldılar. Bucak müdürü olan Haydar Bey, isyancılara karşı tedbir almadığı gibi, onları yönlendirmiş, diğer kabilelerden İmranlı'ya kuvvet göndermelerini istemiştir.

Kan dökülmesini önlemek için Hükümet bölgede tanınan ve Danıştay üyeliği de yapmış bulunan Şefik Bey'i Zara'ya isyancılara gönderdi. Bundan da bir sonuç alınamayınca 10 Mart 1921'de Elazığ, Erzincan ve Sivas bölgesinde sıkıyönetim ilan edildi.

İsyanın bastırılması için Merkez Ordusu Komutanı Nurettin Paşa, 13 Mart 1921' de Hükümet tarafından görevlendirildi.

Koçkiri aşireti tarafından başlatılan isyan hareketinde asiler, Türkkeşlik köyünde, İmranlı'da birçok Türk'ü öldürdüler Kemah ve Erzincan bölgesindeki bazı Türk köylerini de yaktılar.

26 Mart 1921' de Koçkiri aşireti reislerinden Alişan, Kürdistan bağımsızlığının Avrupa devletleri tarafından tanındığını, Pülümür aşiretlerinin reislerine yazdığı mektuplarla bildirerek onları da isyana davet etti; ancak bundan olumlu bir netice alamadı. Koçkiri isyancılarıyla Kemah, Erzincan, Refahiye, Zara bölgelerinde askerî kuvvetlerle, isyana karşı olan halk arasında çarpışmalar devam etti. İsyanın bastırılması için Giresun Müfrezesi'nin başında bulunan Osman Ağa (Topal Osman) da büyük gayret gösterdi.

17 Haziran 1921' de isyanın elebaşlarından Haydar Bey' in kar- deşi Alişan ve 32 isyancı ileri geleni ile beş yüz asi teslim oldu ve böylece isyan sona erdi.

Koçkiri ayaklanması Yunanlılarla batıda savaşın devam ettiği bir sırada çıkarılmıştı. Amaç Türkiye'yi parçalama ve kardeşi kardeşe düşürmek ve kardeşliği ortadan kaldırmaktı. Millî Mücadele'nin devam ettiği bir sırada ortaya çıkarılan Kürtçülük hareketi, bu yönüyle önemliydi. Ancak İtilaf Devletleri ve onların maşaları olan aşiret reisleri amaçlarına ulaşamadılar.

MİLLÎ MÜCADELEDE SAVAŞLAR DÖNEMİ

I. İNÖNÜ SAVAŞI

Yunanlılar, Bursa ve Uşak mıntıkalarından Eskişehir ve Afyon istikametlerinde 6 Ocak 1921'de ileri harekâta geçtiler. Yunan harekâtı üç koldan ilerleyerek İnönü önünde birleşiyordu. Yunanlılar, üç günlük yürüyüşten sonra 9 Ocak günü İnönü mevzilerinin önüne gelmişlerdi. Asıl savaş, 10 Ocak günü sabah saat 6.30'da Yunanlıların taarruza geçmesi ile başladı. Saldırısı kırılan düşmana karşı savaş, 10 Ocak 1921'de kazanıldı. Savaşın İnönü bölgesinde yapılması bir tesadüf değildi. İnönü Savaşlarının zamanını Yunanlılar, fakat savaş alanını Türkler seçmişlerdi. Türk ordusunun savunma planına göre. Bursa ve Kocaeli yönünden gelecek bir düşman taarruzu İnönü'de karşılanacaktı. 11 Ocak 1921'de o güne kadar fazla kayıp vermiş ve çok hırpalanmış olan düşman, daha fazla ilerlemeye kendisinde kudret göremeyerek, tekrar Bursa civarındaki eski mevzilerine çekilmek zorunda kaldı. Böylece dinamik bir sevk ve idare sistemiyle düşmanın iki misli kuvvetlerine karşı, zayıf kuvvetlerle yoğun bir savunma yapılmış ve düşman ordusu, üç gün içinde yenilerek geri çekilmeye mecbur bırakılmıştır.

I. İnönü Zaferi sonunda Albay İsmet Bey, 1 Mart 1921'de generalliğe yükseltildi. Kazanılan bu zaferin tarihî önemi. Batı Cephesi'nde kazanılan ilk zafer oluşu ve Sevr tatbikçilerine millî teşkilatın ne demek olduğunu göstermesidir. I. İnönü Savaşı'yla

Kuvayı Milliye devri son bulmuş, Büyük Millet Meclisi Hükûmeti'nin ve ordusunun içerde ve dışarıda itibarı birden yükselmiş, ordunun ve Meclis'in otoritesi artmıştır.

II. İNÖNÜ SAVAŞI

Londra Konferansının bir sonuç vermemesi, Sevr projesini uygulamak için İtilaf Devletlerini yeni bir çabaya yöneltmiş ve bu amaçla Yunan işgal ordusunu savaşa teşvik etmişlerdi. Bundan faydalanan Yunanlılar, 23 Mart 1921'de Bursa'dan İnönü istikametine ilerlemeye başladılar. Türk ordusunun yüksek azim ve imanla savaşması, 31 Mart 1921 akşamına kadar süren kanlı çarpışmalar sonunda düşmanı İnönü'de ikinci defa perişan etti. Yaptıkları iki saldırının da püskürtülmesi üzerine Yunan kuvvetleri, 31 Mart gecesinden itibaren çıkış mevzilerine çekilmeye başladılar, çekilen düşman, süvari birliklerimizle izlenmiş ve düşmana çekilirken de kayıplar verdirilmiştir.

Fevzi Paşa'nın (Çakmak) Meclis'te bu savaştan bahsederken söylediklerinden anlaşıldığına göre, Yunan ordusunun amacı mutlaka yenmekti. Başkumandanları Papulas, bu sebeple Karaköy'e gelmiş ve alaylarını bizzat birbiri ardınca savaşa sokmuştur. Düşman bir taraftan kesin olarak Türk ordusunu yenmek ve dört beş günde Eskişehir'e, bir ayda da Ankara'ya gelerek Sevr Antlaşması'nı kabul ettirmek amacındaydı. Düşmanın hareketlerinden amacını anlayan kumandanlık, lazım gelen önlemleri almıştı. İsmet Paşa bir taraftan da düşmana umduğu yerde değil, bizim istediğimiz yerde savaşı yaptırmak suretiyle, düşmanın savaş planını başarısızlığa uğratmıştır. Millî Kurtuluş Savaşı'nda kazanılan bu zafer, Mustafa Kemal'in güzel ifadesiyle, milletin "makûs talihini" (tersine dönmüş talihini) de yenen bir zafer olmuştu.

KÜTAHYA-ESKİŞEHİR SAVAŞLARI

İnönü Savaşlarında savunma taktiği uygulamak zorunda kalan Türk ordusu, Aslıhanlar- Dumlupınar çarpışmalarında ise henüz saldırı gücü olmadığını göstermişti. Bu durumdan yararlanmayı dü- şünen Yunan Genelkurmayı yeni bir plan hazırladı. Daha güçlü birliklerle, İnönü, Eskişehir, Afyon ve Kütahya arasındaki çizgide bu- lunan mevzilerimize yüklenerek buraları işgal etmek ve gerekirse Ankara'ya kadar ilerlemek düşüncesindeydiler. Yunanlılar bu amaçla, yeni birliklerle iyice güçlendiler ve 10 Temmuzdan itibaren saldırıya geçtiler. Zayıf birliklerle tutulan Kütahya güneyine yüklendikten sonra, cephe boyunca ilerlemeye başladılar. 20 Temmuza kadar yaptıklan saldırılarla kuvvetlerimizi geri çekilmeye zorladılar. Cephe durumu ile ilgilenen Mustafa Kemal Paşa, kuvvetlerimizin Sakarya'nın doğusuna kadar çekilmesini gerekli gördü. Böylece zaman kazanılacaktı. Bu plan uygulanırken, 21 Temmuzda tekrar saldırıya geçen Yunan kuvvetleri, büyük fedakârlıklarla yavaşlatıldı ve 25 Temmuzda Sakarya'nın karşı kıyısına geçildi.

Bu savaşlar sonucunda Eskişehir, Kütahya, Afyon gibi büyük stratejik merkezler elden çıktı. Savaş gücü azaldı ve yurtta büyük bir hayal kırıklığı belirdi. TBMM'de moral bozukluğu başladı ve sert tartışmalar oldu. Aslında, Yunan kuvvetleri büyük ateş ve silah üstünlüklerine rağmen, ordumuzu yok edememişlerdi. Ordumuz, Sakarya'nın doğusunda, güvenlik altındaydı. Buna rağmen savaşın kaybedilmesi cephe gerisinde büyük bir felaket haberi gibi etki yapmıştı.

SAKARYA SAVAŞI

Beklenenden daha hızlı bir şekilde ilerleyen Yunan ordusu lojistik sıkıntılar başladığı için Sakarya Irmağı'nın batısında geçici olarak durmuş ve bir süre beklemeye başlamıştır. Bu bekleyiş sırasında Yunan ordusunun amacı son saldırıyı yapmak için İzmir limanından gelen lojistik yardımı almak ve Türk ordusunu ağır bir yenilgiye uğratarak Ankara'yı ele geçirmektir. Bu sırada Türk ordusunun toparlanma ihtimalini de göze alan Yunan ordusu yaklaşık 100 km'lik geniş bir alana yayılarak Türk ordusunun gücünü bölmeyi amaçlamıştır. 14 Ağustosta yeniden ilerlemeye başlayan Yunan birlikleri Sakarya Irmağımın doğusuna geçince Türk ordusuyla karşılaşmışlardır.

Sakarya Savaşı bir ölüm kalım savaşı olarak nitelendirilebilir.Çünkü bu savaş kaybedilecek olursa Ankara işgal edilecek ve TBMM çok zor bir duruma düşecektir. Bu nedenle ordu komutanları Türk askerlerini yüreklendirmeye çalışmışlardır. Türk ordusu ile Yunan ordusu arasındaki güç dengesi Yunan ordusu lehine idi. Bu fark ancak Türk askerinin yiğitlik ve kahramanlığı ile kapatılabilirdi. Mustafa Kemal Paşa, durumun önemini komutanlara çektiği telgraflarla anlatmıştır. Bu muharebelerde Mustafa Kemal Paşa'nm uyguladığı harp taktiği çok dikkat çekicidir. Bu taktik Yunan generalleri tarafından çözülememiş ve Yunan ordusunun mağlup edilmesinde etkili olmuştur.Mustafa Kemal Paşa'nm komutanlara çektiği telgraftaki: "Hattı müdafaa yoktur, sathı müdafaa vardır; o satıh bütün vatandır" şeklindeki emri bu taktiği özetler niteliktedir.

Sakarya Muharebesi 22 gün 22 gece sürmüştür. Düşman saldırısını durdurmayı başaran Türk ordusu, 11 Eylülde büyük bir karşı saldın başlatarak 13 Eylülde Yunan cephesinin bozularak dağılmasını sağlamıştır. Böylece Türk ordusu tam bir zafer kazanmıştır. Bu zafer TBMM'nin hem iç politikada hem de dış politikada otoritesini arttırmıştır.

Sakarya Meydan Muharebesi'nin sonuçları:

Avrupalı devletler karşısında 1683'teki II. Viyana

kuşatmasından beri süregelen geri çekilme **Sakarya Zaferi** ile sona ermiştir. Sakarya savaşı Türk ordusu adına Kurtuluş Savaşı'ndaki son savunma savaşı olmuştur. Türk ordusu bu savaştan sonra taarruza geçmiştir.

Azerbaycan Gürcistan ve Ermenistan devletleriyle 13 Ekim 1921'de Kars Antlaşması imzalanmış, böylece Kafkas sınırımız kesinlik kazanmıştır.

İtilaf Devletleri arasındaki görüş ayrılıkları artmıştır. Bunun sonucu olarak Fransa ile 20 Ekim 1921'de Ankara Antlaşması imzalanmıştır.

22 Ekim 1921'de İngiltere ile "Esir Değişimi Antlaşması" imzalanmıştır. Uluslararası eşitlik ilkesine uygun bir şekilde imzalanan bu antlaşmayla daha önce Malta'ya sürgün edilmiş olan Türk esirlerinin Anavatan'a dönmeleri sağlanmıştır. 2 Ocak 1922'de Ukrayna ile "Dostluk" antlaşması imzalanmıştır.

II. İnönü Savaşı sonrasında başlayan İtalyan ordusunun Anado- lu'dan çekilmesi Sakarya Muharebesi'nden sonra tamamlanmıştır.

Mustafa Kemal Paşaya TBMM tarafından Gazilik unvanı ile "Mareşallik" rütbesi verilmiştir.

Yunan ordusu İtilaf Devletlerinden aldığı desteği kaybetmiştir. İtilaf Devletleri TBMM'ye barış yapma teklifinde bulunmuşlar fakat TBMM Misak-ı Millî'ye uymayan bu teklifi imzalamayı kabul etmemiştir.

Sakarya Savaşı'ndan sonra yaklaşık bir yıl boyunca Yunan or- dusuyla büyük bir savaş yapılmamıştır. Türk ordusu bu zaman dilimini çok iyi değerlendirerek Tekalif-i Milliye emirlerini bü- tün yurt çapında uygulayarak, ordunun taarruz gücüne kavuş- masını sağlamıştır.

Yunan ordusu **Sakarya Savaşı'ndan** sonra yeni bir saldırı yapmaktan vazgeçmiştir. Ele geçirmiş olduğu yerleri kaybetmemek amacıyla savunma önlemleri almaya başlamıştır.

Ankara Antlaşması (20 Ekim 1921)

Güneydoğu Anadolu'da Kuvayı Milliye güçlerine karşı üstünlük sağlayamayan Fransa Sakarya Savaşı'nm Türk ordusu tarafından kazanılması üzerine TBMM ile Ankara Antlaşması'm imzalamıştır.

Ankara Antlaşması'ıun bazı maddeleri:

Bu antlaşma ile iki taraf arasındaki silahlı çatışmalar sona erecektir. İki taraf da karşılıklı olarak ellerindeki esirleri serbest bırakacaktır. Hatay (Antakya) ve İskenderun, özerklik verilmesi koşuluyla Fransa yönetimindeki Suriyc'ye bırakılacaktır.

Antlaşmanın Önemi:

Güney Cephesi kapanmıştır. Buradaki birlikler Batı Cephesi'ne aktarılmıştır.

Fransa TBMM'yi ve Misak-ı Millî'yi tanıyan ilk itilaf devleti olmuştur.

İtilaf Devletleri arasındaki fikir ayrılıkları daha da artmıştır. Bu durum Anadolu'daki direniş gücünü arttırmıştır.

Hatay'ın Fransa yönetimindeki Suriye'ye bırakılmasıyla Misak-ı Millî'den ikinci taviz verilmiştir.

itilaf Devletlerinin Barış Teklifleri

Türk ordusunun Sakarya Muharebesi'nde başarılı olması, Yu- nanistan dışındaki diğer İtilaf Devletlerini de tedirgin etmiştir. Türk ordusunun daha da üstün duruma geçmesi İtilaf Devletlerinin yapmayı düşündüğü barış antlaşmasını tehlikeye düşürecekti. Bu nedenle İtilaf devletleri Türk ve Yunan hükümetlerine ateşkes yapmaları teklifinde bulunmuştur. Bu teklif zaten zor durumda olan Yunan Hükümeti tarafından hemen kabul edilmiştir. Türk Hükümeti ise tam bağımsızlığı sağlamak istediğini belirterek teklifi reddetmiştir.

TBMM'ye sunulan ateşkes önerisinde şu temel esaslar yer almıştır:

Türk ve Yunan orduları arasındaki silahlı çatışmalar sona erecek ve iki taraf arasında tarafsız bir bölge oluşturulacak

Türk ve Yunan birlikleri İtilaf Devletlerinin kontrolüne verilecek.

Bu tarihten itibaren her iki ordu da asker ve silah alımını durduracak.

Bu maddeler TBMM'nin bağımsızlık düşüncesine aykırı olması ve asıl olarak TBMM'yi engellemesi nedeniyle kabul edilmemiştir.

Buna rağmen İtilaf Devletleri, 26 Mart 1922'de Paris'te yapılan bir toplantı sonunda TBMM'ye banş teklifi olarak bir metin sun- muşlardır. Sevr Antlaşması'nm hafifletilmiş şeklinden başka bir şey olmadığı görüldüğü için bu teklifler de reddedilmiştir.

Sakarya Meydan Savaşı'm Takip Eden Siyasi Olaylar
Kars Antlaşması (13 Ekim 1921):

TBMM Hükümeti ile Sovyet Rusya'ya bağlı Kafkas Cumhuriyetleri (Azerbaycan, Ermenistan ve Gürcistan) arasında imzalandı. Antlaşmaya göre;

Doğu sınırımız kesin olarak çizildi.

Moskova Antlaşması, Kafkas Cumhuriyetleri tarafından da benimsendi.

Ardahan Türkiye'ye bırakıldı.

Batum'un Gürcistan'da kalması kesinleşti (Misak-ı Millî'den ilk taviz).

Ankara Antlaşması (20 Ekim 1921)

TBMM Hükümeti ile Fransa arasında imzalandı (Fransa, Güneydoğu Anadolu'da Türk direnişiyle karşılaşmış, insan ve prestij kaybına uğramış, daha fazla zarar görmeden Anadolu'dan çekilmek istemiş, I. ve II. İnönü Savaşlarından sonra da Türk Hükûmeti'nin başarılı olacağını biliyordu; Sakarya Savaşı'yla bu görüşleri pekişmiş, Ankara ile ilk anlaşan olup bazı avantajlar elde etmek istemiş tir.

Bu antlaşma ile;

Türk-Fransız savaşı hukuki olarak sona erdirilmiştir.

Fransa işgal ettiği topraklardan İskenderun ve Antakya (Hatay) hariç çekilecektir.

Türkiye-Suriye sının Hatay dışında bugünkü durumunu almıştır.

İskenderun ve Antakya'da özel bir yönetim kurulacak. Bölgede yaşayan Türklere geniş haklar verilecek. Hatay'da Türkçe, resmî dil olarak kalacak, Türk parası geçerli olacaktır.

Fransa Suriye'den çekilirse Hatay halkının kendi geleceğini kendisinin belirlemesi için halk oylamasına gidilmesine karar verileceltır.

önemi:

Hatay dışında Suriye sının çizildi.

İtilaf cephesi parçalandı, İngiltere yalnız kaldı.

Fransa TBMM Hükûmeti'ni ve Misak-ı Millî'yi tanıdı.

Güney cephesindeki birlikler Batı'ya kaydırıldı.

Hatay ve İskenderun özel bir statüye sahip olsa da (şimdilik kaydıyla) Misak-ı Millî'nin dışında kaldı.

MiLLi MÜCADELENİN SON DARBESi BÜYÜK TAARRUZ

Sakarya Savaşı'ndan sonra Yunanlılar Eskişehir-Afyon çizgisinde kuvvetli bir savunma hattı oluşturdular. Bu cepheleri gören bir İngiliz Kurmay Subayı "Türkler bu mevzileri dört beş ayda işgal ederlerse bir günde susturduklarını iddia edebilirler" demişti. Bu cepheyi böylesine güçlendiren Yunanlılar diğer yandan, İtalyanlann boşalttığı Söke ve Kuşadası'm (21 ve 30 Nisan 1922) işgal ettiler. Bu davranışlarıyla Anadolu'da kalmaya kararlı olduklarını gösteriyorlardı. Ege yöresinin Rumlarını da silah altına alarak birlikler oluşturuyorlardı. Türkiye'ye gözdağı vermek. Yunan halkının moralini yükseltmek ve Türk savaş gemilerince esir alınan "Enosis" isimli gemilerinin intikamını almak için 7 Haziran 1922'de Samsun'u bombardıman ettiler. 5 Haziranda Yunan ordusunun başına Lloyd George'un "Bir çeşit deli" dediği Hacı Anesti'nin getirilmesi ile

Yunanlı- lar, Trakya ve Anadolu'da sivil halka karşı baskı ve katliama giriştiler. Haziran sonunda başlatılan faaliyetler sonucu, 30 Temmuzda İyonya (İzmir ve kuzey bölgesi) muhtariyetini ilan etti. Bu hareketeri Ankara ve İstanbul tarafından protesto edildi. 29 Temmuzda da İngiltere'ye bir nota vererek, Türkleri barışa zorlamak için İstanbul'u işgal etmek zorunda olduklanm bildirdiler ve hemen arkasından iki tümenlik bir kuvveti Anadolu'dan İstanbul'a taşımak için hazırlıklara başladılar. Bunun üzerine İstanbul'daki Türk Gizli Teşkilatı önemli yerlere top yerleştirirken, şehrin savunması için binlerce kişi hazırlandı. Diğer yandan Fransa enerjik bir tutum izledi. General Pelle'ye verilen emirle Yunanlılara engel olması, gerekirse kuvvet kullanması bildirildi. İngiliz General Harrington da Lloyrd George'un politikasına aykırı olarak Fransızlara yardım ederek Çatalca hattına asker gönderdi. İtalya da aynı enerjik tutuma girince Yunanlılar bu girişimlerden vazgeçtiler.

Yunanistan bu politikayı ve hazırlıklarını sürdürürken, ordusu- nun ve Yunan halkının morali çok kötü idi. Sakarya'daki ağır yenilgi ve kayıpların açıklanması, çok kötü etki yaptı. Yunan askeri, Anadolu'da boşu boşuna savaştığını düşünmeye başladı. Ordu Kralcı ve Venizelosçu çatışması içinde eğitim ve disiplinini yitirmişti. Siyasi ve askerî çöküntü yanı sıra ekonomik bunalım da üst düzeye çıkmış ve dış yardım kapıları kapanmıştı. Yabancı devlet adamlan ve askerî gözlemcilerin, Yunanlıların Anadolu'yu terk etmeleri yolunda uyarılarına da aldırmıyorlardı. Büyük Yunanistan'ı gerçekleştirmek için ellerine geçirdikleri tarihî fırsatı kaçırmak istemiyorlardı. Ordularının yeterli kuvvette oldukları karaşındaydılar.

Sakarya Savaşı'ndan sonra, Yunan ordusunun hazırlık

yapmasına fırsat bırakmadan, taarruz yapılması istenmiş, fakat ordunun buna hazır olmaması yüzünden vazgeçilmişti. Daha sonra yağışların başlaması dolayısıyla taarruz ertelendi, fakat her an taarruz yapılacakmış gibi hazırlık yapıldı. 1921 Eylül'de seferberlik ilan edilmiş olduğundan, ordunun er ihtiyacı büyük ölçüde giderildi. Sakarya Savaşı'nda, yiyecek, giyecek, cephane yokluğu yüzünden artan firar olayları kalmadı. Ordunun ihtiyacı olan malzeme, silah, cephane çeşitli yollardan sağlanırken, eğitim ve disiplin mükemmel duzeye getirildi. Ordu içinde emir-komuta zinciri sağlandı. Cephe gerisinde de güvenlik önlemleri alındı. Ordunun komuta heyeti, uzun savaş yıllarında yetişmiş, tecrübeli komutanlardan oluşuyordu. Yeni getirilen erlerle ordunun sayısı 200.000'e ulaştı. Yiyecek, giyecek, cephane yeterli düzeye getirildi. Birkaç meydan savaşı yapılması olasılığı düşünülerek, ona göre hazırlık yapıldı. Türk ordusu vatan topraklarını kurtarmak için Başkomutan'm taarruz emrini bekliyordu.

Tarafların Kuvvetleri

Türk ordusu bütün güçlüklere rağmen, malzeme ve silah bakımından Yunan ordusuna yakın duruma gelebildi. Başkomutan daha Ocak 1922'den itibaren taarruz planlannı hazırlamıştı. Sık sık cepheye giderek hazırlıkları yakından izledi.

Taraflar	Subay	Er	Tüfek	Hafif Makineli	Ağır Makineli	Top	Kılıç
Türk	8.659	199.283	100.352	2.025	839	323	5.282
Yunan	6.565	218.432	90.000	3.139	1.280	418	1.280

Taarruz Kararı

M. Kemal Paşa 27 Temmuz 1922'de Alaşehir'e geldi. Taarruz planı üzerinde Genelkurmay Başkanı ve Cephe Komutanı ile son değişiklikleri yaptı ve planın aldığı son biçime göre 15 Ağustosa kadar bütün hazırlıkların tamamlanmasına ve 30 Temmuz günlü görüşmede, 26 Ağustos 1922 tarihinde taarruz yapılmasına karar verildi. Fakat M. Kemal Paşa, Türkiye sorununun barışçı yollardan çözülmesi için İtilaf Devletlerine son bir kez daha başvuruda bulunmayı uygun gördü. TBMM Hükûmeti'ni temsilen İçişleri Bakanı Fethi (Okyar) Bey, tam yetkili olarak, temmuz ayında Avrupa'ya gönderildi. 23 Temmuzda Poincare ile görüşen Fethi Bey, gazeteci- lere "Zaferi kazanabiliriz. Fakat kan dökmekten çekiniyoruz" dedi. İngiltere ise Fethi Bey'le bakan düzeyinde görüşmeyi reddetti. Fethi Bey'in bütün barışçı girişimleri Türkiye'yi güçsüz zanneden ve bu girişimi de bu güçsüzlüğün sonucu olarak yorumlayan İngiltere tarafından geri çevrilince, Fethi Bey Hükümete 14 Ağustostan sonra yolladığı raporda

"Ulusal amaçlarımızın sağlanması, ancak askerî faaliyetlerle kabil olabilecektir" diyerek barış girişimlerinin sonuçsuz kaldığını bildirdi. Mustafa Kemal Paşa'nm, taarruz hazırlıklarını izlemek için 17/18 Ağustos gecesi Ankara'dan ayrılarak Konya'ya gitti. Ankara'dan ayrıldığım bilen yalnız bir kaç kişi vardı. Hatta 21 Ağustosta Çankaya'da bir balo tertiplendiği de ilan edildi. Halbuki M. Kemal Paşa 20 Ağustosta Akşehir'de idi. Konya'da postahaneye el koydurtan M. Kemal, Paşa, Konya'da bulunduğunun duyurulmasını engelledi. 20 Ağustosta Başkomutan, Batı Cephesi Komutam'na 26 Ağustosta taarruza geçilmesi emrini verdi. Aynı gece yapılan komutanlar toplantısında durumu, bütün komutanlara harita üzerinde açıklayan

Başkomutan, taarruz emrini yineledi.

Türk ordusu düşmana yakın kuvvete sahipti. Oysa taarruz yapılabilmesi için düşmandan iki-üç kat üstün olmak gerekiyordu. Bu sebeple taarruz yeri olarak seçilen Afyon'a, Eskişehir'den bazı kuvvetler gece yürüyüşü ile getirildi. Bu şekilde Afyon yöresindeki düş- man kuvvetlerine karşı üstünlük sağlanırken, Eskişehir cephesinde- ki kuvvetler zayıflamıştı. Bu sebeple bazı ordu komutanlan, taarruzu şakıncalı buldularsa da Başkomutan'm emrini yerine getirdiler.

Eskişehir yöresi, I. ve II. İnönü, Eskişehir-Kütahya ve Sakarya Savaşlan yüzünden savaş alanı olmuş, kaynakları tükenmiş, halkı büyük sıkıntılar içinde idi. Oysa Afyon yöresi savaş alanı olmamıştı. Cephenin arkasında Konya Ovası'ının ürünü vardı. Düşman Afyon yönünden bir taarruz beklemiyordu. Başkomutan taarruz kararını Bakanlar Kurulu'na da bildirdi. Türk ordusu 25-26 Ağustos gecesi bütün hazırlıklarını yapıp, düşman cephesine iyice yaklaştı. Taarruz süresince, ordunun ihtiyacı olan cephane, malzemenin taşınması için yine halktan yardım istendi. Erkekleri cephede olan kadınlar, yüzlerce kağnı ile geldiler. Hatta bazı kağnılara öküz bulunamadığı için inek koşulmuştu.

Türk taarruz planının esası, düşmana, geride yeni bir cephe kurmasına olanak vermeyecek bir biçimde bir tek darbede yenmek ve düşman silahlı kuvvetlerini imha etmek idi. Bin bir güçlük ile sağlanmış bulunan cephanenin uzun bir savaşa yetmesi mümkün değildi.

Türk topçusunun 26 Ağustos sabahı saat 04:30'da ateş açması ile taarruz başladı. Başkomutan, Genelkurmay Başkanı ve Cephe

Komutanı Kocatepe'den taarruzu izliyorlardı. 26 Ağustos günü düşmana ait önemli birkaç tepe ele geçirildi. 27 Ağustostan itibaren düşman geri çekilmeye başladı. Türk kuvvetleri üstünlüğü ele geçirdiler. Yunan ordusu çekilirken etrafı ateşe vermeye başladı. Bu iki gün içinde Yunanlıların 4-5 tümeni yenildi. Yunanlıların Eskişehir cephesinde bulunan kuvvetli birliklerinin, savunma cephesi kurmalarına fırsat vermemek için süvari birlikleri, gerilere sarktılar ve Dumlupmar yolunu tıkadılar. Çember içine alınan Yunan ordusunun beş tümeni, bizzat Başkomutan tarafından yönetilen bir savaş sonunda, çok ağır şekilde yenilerek teslim oldu. Kurtulan Yunan kuvvetleri panik hâlinde İzmir'e doğru kaçmaya başladılar. 30 Ağustos'ta Dumlupmar'da düşman kuvvetlerinin imhası ile sonuçlanan bu Meydan Savaşı'na İsmet Paşa, 31 Ağustosta, "Başkumandan Meydan Savaşı" adını verdi. M. Kemal bu savaşa "Rum Sındığı" adını vermişti.

Meydan Savaşı'ndan sonra, çevreyi gezen M. Kemal Paşa, düşmanın ağır yenilgisini, savaş alanında bıraktığı silah, cephane ve savaş malzemesini, ölülerini, binlerce esirin kafilelerle geriye götürülmesini gördükten sonra, çok duygulanmış ve yanındakilere, "Bu manzara insanlık için utanç vericidir. Ama biz burada vatanımızı savunuyoruz. Sorumluluk bize ait değildir" demiştir.

31 Ağustosta düşmanın ana kuvvetleri imha veya esir edilmişti. Eskişehir yöresindeki kuvvetleri de çekilmeye hazırlanıyordu. Fakat Kocaeli ve Trakya'dan getirecekleri kuvvetleriyle Eskişehir'den çekilen kuvvetlerini birleştirme ihtimali olan Yunan ordusu İzmir'in doğusunda yeni bir savunma hattı kurabilirdi. Bu duruma fırsat verilmemesi için Başkomutan ordulara, Yunan ordusunun İzmir'e kadar aman verilmeden izlenmesini, nerede

yakalanırsa orada taarruz edilmesini bildirerek, tarihi, "Ordular, ilk hedefiniz Akdeniz'dir ileri!" emrini verdi. Başkomutanın isteği ile Fevzi Paşa Mareşalliğe ve İsmet Paşa Ferikliğe terfi ettiler. Diğer komutanlar da bir üst rütbeye yükseltildiler. Türk ordusu amansız bir takip harekâtına başladı. Yunan ordusu silahını, cephanesini ve malzemesini terk ederek kaçıyor, kaçarken her yeri yakıp yıkıyor, gerisinde büyük bir enkaz bırakıyordu. Ele geçen malzeme ve esir büyük sayılara ulaşıyordu. Binlerce ölü ve esir veren Yunan ordusunun artık kendisini toplaması olanaksızdı. Askerler bir an önce İzmir'e ulaşıp oradan gemiye binmek ve canını kurtarmak yarışma girmişlerdi. Yunan ordusu çekilirken büyük katliam yaptığı için, Türk ordusunun intikam alacağı korkusuyla Yunan ordusu ve yerli Rumlar İzmir'e doğru kaçıyordu.

31 Ağustosta başlayan takip harekâtı, yanan Türk şehir ve kasabalannın arasından, öldürülen Türk kadın ve çocuklarının Türk askerî üzerinde yarattığı büyük ve yorgunluk tanımayan bir azimle 9 Eylül günü İzmir'e girmesi ile sonuçlandı. Yunan ordusu Anadolu'da bu kadar büyük zulüm yapmış olmasına rağmen esir alınan Yunan Generalleri, Türk Başkomutanı tarafından ağırlanıp, teselli edildiler.

Afyon tarafında bozulan Yunan kuvvetleri İzmir'e doğru kaçarlarken, Eskişehir yöresindeki kuvvetleri ise, Türk ordusunun Koca- eli yöresinden çeviren kuvvetlerine teslim oldu. Bir kısmı ise Ban- dırma yönünde çekildi. Batı Anadolu şehirleri bir biri ardına kurta- rılmaya başlandı. Yunan ordusu tarafından yakılmış olan bu şehirler sırayla Türk ordusunu karşıladı. 4 Eylülde Alaşehir, Buldan, Kula, Söğüt, 5 Eylülde Bilecik, Bozöyük, Simav, Demirci, Ödemiş, Salihli,

6 Eylülde Akhisar, Balıkesir, 7 Eylülde Aydın, 8 Eylülde Kemalpaşa ve Manisa'ya Türk ordusu girdi. 9 Eylülde de İzmir, 10 Eylülde Bursa kurtarıldı.

Denize ulaşabilen Yunan askeri kendini bulabildiği araçla adalara atmaya çalışıyorlardı. Bandırma ve İzmir yöresi Yunan askerleri ve yerli Rum kafilelerinden geçilmiyordu. Türkler geliyor korkusu, adalarda yaşayan Rumları bile korkutmuş, arada deniz bulunduğunu unutturmuştu. İzmir şehri büyük bir insan kalabalığının, kendilerini gemilere atıp, canım kurtarmak isteyen Yunan askeri ve yerli Rumların oluşturduğu mahşeri bir görünümdeydi. Limanda bulunan İtilaf Devletleri (Özellikle İngiliz) gemilerine binmek isteyen bu kalabalık, gemilere alınmıyor, binmekte ısrar edip, kayıklarla gemilere yanaşanlar denize atılıyor, hatta kalabalığın hücumu karşısında, gemidekiler tarafından ateş açılarak vuruluyorlardı. Yunan ordusunu İzmir'e çıkartan İngilizler, şimdi onları kaderine terk ediyordu. Yerli Rum kayıkçılar kendi soydaşlarından, çok aşırı ücret istiyorlardı.

M. Kemal Paşa 9 Eylülde Belkahveye geldi, fakat İzmir'de çatışmalar sürdüğü için geceyi Kemal Paşa'da geçirdi ve 10 Eylülde İzmir'e girdi. 10 Eylülde bile yer yer çarpışmalar sürmekteydi 3.000 kişilik bir Yunan kuvveti esir alınmıştı. İzmir'e giren M. Kemal Paşa'nın kalması için Karşıyaka'da bir köşk hazırlandı. Kral Konstantin de bu köşkte kalmıştı. Evin kapısında kendisini karşılayanlar merdivenlere bir Yunan Bayrağı sermişlerdi. Yunan Kralı'nın Türk Bayrağı'nı çiğneyerek eve girdiğini belirtenlere M. Kemal: "Hata etmiş. Ben bu hatayı tekrar edemem. Bayrak, ulusunun şerefidir. Ne olursa olsun yerlere serilemez ve çiğnenemez.

Kaldırınız..." yanıtını vererek Yunan Bayrağı'nı kaldırttı.

Büyük zafer ülkenin her yanında coşkuyla karşılanırken, dış Müslüman ülkelerden tebrik telgrafları gelmeye başladı. İlk tebrik edenlerin başında Sovyetler Birliği Elçisi Aralov vardı. Aralov "Batı Emperyalizmimle karşı savaşan Türkiye'yi kutlarken, Müslüman ülkeler Haçlılara karşı elde edilen başarıyı kutluyorlardı. Fransa, İngiltere, İtalya ve ABD'nin İzmir'deki konsoloslan ve amiralleri de 10 Eylülde Ordu Komutanı'nı tebrik ettiler. Fakat endişe içinde oldukları açıkça ortadaydı. Çünkü bu savaşla yalnız Yunanlılar yenilmiş değil, İtilaf Devletlerinin (Lloyd George, Wilson, Clemenceau, Orlando) kurduklan dünya düzeni de yıkılmış oluyordu. New York Times, Yunan yenilgisini insanlığın ve uygarlığın başına gelen en büyük felaket olarak nitelendirirken, İngiliz basını olayı dehşetle veriyor ve Fransız basını Türkiye'ye yeni bir savaşın açılıp açılmayacağını soruyordu. Gazete başlıklarında "Türk Zaferi", "Türkler İzmir'de" yazılan yer alırken 250.000 kişilik Türk Ordusu'nun Yunanlılar nasıl ezip geçtiği, Yunanlıların insan ve silah, cephane kayıplan üzerinde duruluyordu. "Le Temps" gazetesi, on beş günde, bir yıldırım harbiyle iki Yunan Ordusu'nu yok edip, kalmtılannı denize döken Türklerin "Küçük Asya Sorunu"nu çözdüklerini, Kral Konstantin'in maceracı politikasının feci sonucunu gerçekçi bir yorumla veriyordu.

Türk ordusunun İzmir'e girmesinden birkaç gün sonra 13 Eylül günü şehrin bazı yerlerinde yangın çıktı. Özellikle Ermeni evlerinden silah sesleri gelmesi ve arkasından büyük bir yangın çıkması, yangının "Ermeni ve Rum Örgütleri"nce çıkartıldığı ve İngiliz Kon- solosumdan yardım gördükleri söylentilerinin yayılmasına yol açtı. Evleri yanan Avrupalı tüccarlar yangının

Ermeniler tarafından çıkar- tıldığını ileri sürüyorlardı. Amerikalı, İngiliz, Fransız ve İtalyan Konsolosları 6 Eylülde Yunan Harbiye Bakam'ndan İzmir'in yakılmaması için garanti istemişlerse de, bu garanti verilmemişti. Bütün Batı Anadolu'yu yakan Yunanlılann İzmir'i Türklerin yaktığını ileri sürmeleri çok ilginçtir. Şehrin yanmasından en çok zarar gören Türkler idi. Kurtardıkları "Güzel İzmir" yanıyordu. En çok üzülen M. Kemal Paşa oldu. Yangın üç gün sürdü ve şehrin büyük bir kıs- mı kül oldu. Şimdi Türkiye'nin eline harabe hâlinde bir şehir terk edilmişti. Tıpkı Batı Anadolu'nun diğer şehir, kasaba ve köyleri gibi.

Zafer'in Sonucu

Yunan ordusunun on beş gün içinde imhası ile sonuçlanan "Büyük Zafer", Başkomutan'm büyük riski göze alarak, güçlü bir sıklet merkezi yapmak, taarruzda baskını sağlamak, denk kuvvetle, ateş üstünlüğüne sahip düşmana karşı, savaşta kesin sonuç yerini seçme, doğru karar verme, iç ve dış politikayı iyi yönetmek, ulusu ve orduyu kaynaştırıp savaşa hazırlamaktaki üstün başansıyla kazanıldı. Türk ordusu 4-5 ayda parçalanamaz denilen Yunan Cephe- si'ni bir kaç günde parçaladı. 15 günde 500-600 km yol aldı. 150.000 kişilik bir düşman ordusunu imha etti. Bu büyük başarı içte ulusal bütünlüğü ve güveni sağladı. Öldü zannedilen Türk Ulusu'nun azmi, bu düşünceyi yıktı. Mudanya Ateşkes Antlaşması ve Lozan Atlaşması'nm imzalanmasını hazırlaması bakımından, büyük güç kaynağı oldu. Tam bağımsız Türk Devleti olan ve Türkiye Cumhuriyeti'nin kuruluşu ve Türk Devrimi'nin güç kayanağı yine bu zafer oldu. Sevr ile "Doğu Sorunu"nu diledikleri gibi çözebileceklerini zanneden İtilaf Devletleri, Türkiye'nin gücünü ve Lozan'da Doğu Sorunu'nun kapandığını kabul ettiler. Atatürk'ün dediği gibi, zaferler amaçları vė sonuçları bakımından önem taşırlar. Tarihte büyük meydan savaşları çok olmuştur. Fakat bunların çoğu, aynı ölçüde büyük sonuçlar getirmemiştir. Başkomutan Meydan savaşı yalnızca, düşman ordularını denize dökmek ve ülkeyi kurtarmakla kalmamış, Türkiye Cumhuriyeti'nin kuruluşunu hazırlamıştır.

KURTULUŞUN İLK MÜJDESİ: MUDANYA MÜTAREKESİ

Mütareke görüşmelerini, 3 Ekim 1922 günü Türkiye adına Batı Cephesi Ordulan Komutanı İsmet Paşa, İngiltere adına Sir Charles Harington, Fransa adına General Charpie ve İtalya adına da General Mombelli'nin katılımıyla başladı. Yunan temsilcileri General Mazarakis ve Albay Sariyannis Mudanya'ya hem geç geldiler, hem de görüşmelere doğrudan katılmayarak Müttefik generalleriyle sürekli temasta kalmayı tercih etti.

Konferans İsmet Paşa'nın başkanlığında açıldı. Görüşmelerin başlamasından sonra da gergin ortam tümüyle ortadan kalkmış değildi. Harington'la İsmet Paşa'nm sunduğu görüşler arasında özellikle Doğu Trakya'nın boşaltılması zamanı ve Yunanlılann Karaağaçsan da çekilmesi konularında anlaşmazlık vardı. Harington, Türk isteklerinin askerî niteliği aşıp siyasal nitelik aldığını ve hükümetine danışması gerektiğini söylüyordu. 5 Ekimde bu danışmaya imkân tanımak için konferansa üç gün ara verildi. Böylece yeniden Türkiye ile İngiltere bir bunalımın eşiğine geldi. Ancak çetin görüşmelerden sonra 11 Ekim 1922'de mütareke imzalandı. Konferansın belki de en ilginç yanı Yunan delegelerinin mütareke metnine imza koymamalarıdır. Onlar mütarekenin çeşitli konulardaki güvenlik tedbirlerini yetersiz görmüşlerdi. Böylece Türk-Yunan Savaşı'nı bitiren anlaşmada, Yunanlıların imzası yoktu. Mütarekenin uygulanması İngiltere, Fransa ve İtalya hükümetlerine bırakılmıştı. Bu garip durum 14 Ekimde Yunanistan tarafından da düzeltildi ve bu tarihte yayımlanan hükümet beyannamesi ile "mütareke protokolüne katılmaya Yunanistan'ın kendisini mecbur gördüğü" belirtildi.

1- Mütareke 14-15 Ekim gecesi yürürlüğe girecek ve bu andan itibaren Türk-Yunan Silahlı Kuvvetleri arasında çarpışma duracaktı. Mütarekenin diğer durumları şöyleydi.

2- Trakya'daki Yunan ordulan, Mütareke'nin (15 Ekimde) yürürlüğe girmesinden başlayarak, Meriç'in Ege Denizi'ne döküldüğü yerden Bulgaristan'ın Trakya sınmna kadar ki sol kıyısının arkasına geri çekilmeye davet olunacak.

3- Barış Antlaşmasına kadar, herhangi bir sürtüşmenin önüne geç- mek için Meriç'in sağ kıyısı (Karaağaç dâhil) müttefiklerce tayin edilecek noktalarda yerleşmiş müttefik kıtaları tarafından işgal olunacaktır.

4- Edirne çevresinde ulaşımı sağlayan demir yolunun Sveling-rad'dan, Lüleburgaz'a kadar olan kısmı serbestçe gidiş gelişi sağlamak üzere üç müttefik devletin TBMM Hükûmeti'nin ve Yunanistan'ın bir delegesinden kurulacak karma komisyon tarafından hususi bir mukavele ile düzene bağlanacak ve kontrol edilecektir.

5- Doğu Trakya'nın Yunan askeri tarafından boşaltılmasına müta- rekenin yürürlüğe girişiyle başlanacak, harp araç gereçleri ile silah ve cephanenin boşaltma işi 15 günde tamamlanacaktır.

6- Jandarma da dâhil olarak Yunan mülki memurları mümkün ol- duğu kadar çabuk çekilecektir. Yunan memurları her idari bölgeden çekildikçe mülki idare, müttefik memurlarına teslim olunacak ve bunlar da mümkün oldukça aynı günde bunu Türk memurlarına devredeceklerdir. Trakya bölgesinin bütünü için bu teslim muamelesi, Yunan askerlerinin boşaltmasından sonra en çok otuz günde yapılacaktır.

7- TBMM Hükümeti memurlarının yanında mahallin emniyet ve asayişini korumak için 8 bin kişilik bir millî jandarma kuvveti bulunacaktır.

8- Yunan askerlerinin çekilmesi ve mülki idarenin devri başlıca merkezlere yerleşen müttefik heyetlerin idaresinde yapılacaktır. Bu heyetlerin vazifesi, çekilme ve devir işlerini kolaylaştırmak için oraya girmek ve her türlü aşırılığın ve şiddetin önünü almaktadır.

9- Bu heyetlere destek olmak ve asayişi korumak üzere. Doğu Trakya'yı 7 tabur kadar müttefik askeri kontrol edecektir.

10- Müttefik heyetlerinin ve kıtalannm çekilmesi. Yunanaskerlerinin boşaltılışı bittikten 30 gün sonra olacaktır. Asayişin sağlan- ması ve Türk olmayan ahalinin korunması için yeterli tedbirlerin alınmış olduğundan. Müttefik Hükümetler mutabık kaldıklan takdirde, bu çekilme daha da önce olabilir. Bu idari bölgede TBMM Hükûmeti'nin yönetimi ve jandarması, düzenli olarak iş görmeye başlayınca müttefik heyetleri ve kıtalan, o bölgeden, 30 günden önce çekilecektir. TBMM Hükümeti Barış Antlaşması onaylanıncaya kadar Doğu Trakya'ya asker geçirme- meyi ve burada bir ordu toplamamayı taahhüt eder.

LOZAN BARIŞ ANTLAŞMASI

Mudanya Mütarekesi'nin imzalanmasıyla birlikte kalıcı barışın yapılması için İsviçre'nin Lozan şehrinde konferans toplanması ka- rarlaştırıldı. TBMM Hükümeti İtilaf Devletlerine daha 4 Ekimde gönderdiği nota ile banş konferansının İzmir'de yapılmasını; konferansa Rusya dâhil Karadeniz bölgesindeki devletlerin de katılmasını teklif etmiş ise de İtilaf Devletleri bu teklifi kabul edilmeyince; Kon- feransın Lozan'da yapılmasını kabul etti. Lozan'a gidecek heyete başkanlık etmek üzere de İsmet Paşa seçildi.

İtilaf Devletleri, İstanbul Hükümetini de konferansa çağırınca TBMM saltanatı kaldırdı ve Türk milletinin gerçek temsilcisinin Ankara Hükümeti olduğunu İtilaf Devletlerine bildirdi. Konferans, 20 Kasım 1922'de başladı. Konferansa Türkiye'nin karşısında İngiltere, Fransa, İtalya, Japonya, Amerika ile kendi konularında Romanya, Bulgaristan, Sırbistan ve Yunanistan temsilcileri katılıyordu.

Türk heyetinde Dışişleri Bakanı İsmet Paşa, Sıhhiye (Sağlık) Bakanı Rıza Nur, eski Maliye Bakanı Trabzon Mebusu Hasan (Saka) Bey ile askeri, mali, iktisadi, hukuki müşavirler ve katiplerden oluşan 20 kişi bulunuyordu.

Konferans'm birinci safhası 20 Kasım 1922-4 Şubat 1923'e kadar devam etti. Konferans çok çetin geçiyordu. Çünkü Boğazlar, Musul, kapitülasyonlar, Osmanlı borçlan, Türkiye ve Yunanistan arasındaki azınlıkların durumu. Patrikhane meselesi gibi en hayati konular vardı.

Konferansta İngiltere'nin çıkarları açısından en fazla üzerinde durduğu konular Musul ve Boğazların durumuydu. Fransa Suriye mandaterliği, borçlar, kapitülasyonlar ve imtiyazlar meselesini kendi lehine sonuçlandırmak için uğraşıyordu. İtalya, kapitülasyonlar, Adalar ve kabotaj meselelerine önem veriyordu.

Türk heyeti başkanı olarak İsmet Paşa, Boğazlar meselesi görü- şülürken Sovyet Rusya'nın desteğini almaya çalışmış ve devamlı olarak Sovyet Dışişleri Komiseri Çiçerin ile görüşmüştür. Çiçerin, Boğazların Karadeniz'de kıyısı olmayan devletlere kapalı tutulması için kontrolün Türkiye'de kalması gerektiğini savunmuştur.

İngiltere ile Musul meselesinde anlaşmaya vanlamadı. İngiltere Musul'da nüfusun çoğunluğunun Araplara aitliğini ileri sürüyor; Türk heyeti ise aksine Musul'un coğrafi, tarihî, ırki, ekonomik ve kültürel yönden Türkiye'ye ait olduğunu belgeliyordu. Musul meselesi üzerinde anlaşmaya varılamayınca mevcut durumun korunması ve antlaşmadan sonra bir yıl içinde meselenin sonuçlandırılması, aksi takdirde meseleyi Milletler Cemiyeti'ne götürme hususunda anlaşmaya varıldı.

İtilaf Devletleri her ne olursa olsun kapitülasyonları devam ettirmek niyetindeydiler. Osmanlı borçlarının nasıl ödeneceği de anlaşmazlık konularıydı. İtilaf Devletleri yapılan görüşmelerden sonra Türk heyetine 31 Ocak 1923'de bir antlaşma tasarısı verdiler. Türk heyeti tasarıyı 4 Şubata kadar inceledi ve bunun kabul edilemeyeceğini bildirdi. Konferans sonuç alınmadan dağıldı. Konferansın birinci safhasında anlaşmaya varılan tek konu Yunanistan ile Türkiye arasında imzalanan 30 Ocak 1923 tarihli sivil rehinelerle askerî esirlerin geri verilmesi maddesidir. Türk heyeti geri dönüş için hareket etti ve 20 Şubat 1923'de Ankara'ya döndü.

İtilaf Devletlerince verilen antlaşma metni TBMM'nin gizli ve açık oturumlarında tartışıldı. İsmet Paşa'nm imzasıyla 8 Mart 1923'de İtilaf Devletlerine Türkiye'nin teklifleri bildirildi. İtilaf Devletleri, Türkiye'nin tekliflerini Londra'da toplanarak değerlendirdi ve 23 Nisan 1923'de yeniden Konferansın toplanmasını kararlaştırdılar.

Lozan Konferansının ikinci safhası 23 Nisan 1923'de başladı. Sert tartışmaların yapıldığı ikinci toplantıda birçok husus İsmet Paşa tarafından telgrafla Ankara'ya bildirildi ve Hükûmet'in görüşü soruldu. 24 Temmuz 1924'de anlaşmayı Türk heyeti imzaladı. Heyet döndükten sonra antlaşma metni TBMM'de tartışmaya açıldı. Mebuslar görüşlerini açıkladılar. Özellikle Musul meselesi, Trakya'da bazı kısımların sınır dışı kalması, İskenderun Sancağı'nm topraklarımızdan ayrılması ve Fransa mandasında kalması ve Suriye sının hususunda ciddi tenkitler yapıldı. Antlaşma 23 Ağustos 1923'te Mecliste 213 oyla kabul edildi.

Lozan Antlaşmasının maddeleri

Lozan Antlaşmasında sınırlar. Boğazlar, kapitülasyonlar, Osmanlı Devleti'nin borçları, azınlıklar konuları üzerinde anlaşmaya varılan hükümleri aşağıdaki şekilde tesbit edilmiştir.

1) Sınırlar

a- Suriye Sınırı: 20 Ekim 1921 tarihinde imzalanmış olan Ankara Antlaşmasının hükümlerine göre kabul edildi.

b- Irak Sınırı: Musul meselesi ve Irak sınırı Lozan Konferansı'nda sonuçlanamadı. Türkiye-İngiltere arasında dokuz ay içinde sonuca bağlanmak üzere ertelendi,

c- Bulgaristan Sınırı: Karadeniz kıyısındaki Rezve Deresi ağzından başlayıp, Türk-Yunan sınırı olan Meriç Nehri'nin kesiştiği yere kadar olacaktır.

d- unanistan ve Adalar: Yunanistan ile Meriç Nehri sınır olarak kabul edildi. Karaağaç savaş tazminatı olarak Türkiye'ye iade edildi. İmroz, Bozcaada ve Tavşan adaları Türkiye'de kalacaktı. On iki Ada İtalya'da kaldı. Diğer Ege adaları Yunanistan'a bırakıldı.

2) Azınlıklar:

Türkiye'de yaşayan gayrimüslim azınlıklara ayrıcalıklar verilmedi. Türk vatandaşı olan azınlıklar kanun önünde eşit olacaktı. Batı Trakya Türkleri ile İstanbul Rumları dışında kalan Türkler ve Rumlar karşılıklı mübadele edilecektir.

3) Kapitülasyonlar: ,

Kapitülasyonlann her çeşidi (ekonomik, idari, mali, adli) kaldırıldı.

4) Borçlar:

Osmanlı Devleti'nin Kırım Harbi'yle başlayan (1854) ve devleti iflasa götüren borçlarının Fransız frangı olarak ödenmesi kabul edildi. (Türkiye kendi payına düşen borçlarını 1954 yılına kadar ödedi)

5) Boğazlar ve İstanbul'un Durumu:

Boğazlar savaş tehlikesi karşısında veya Türkiye'nin savaşa girmesi hâlinde silahlandırılacaktı. Boğazlann her iki yakasında 15 km'lik bir bölge silahsız kalacaktı.

Boğazların yönetimi "Boğazlar Komisyonu" adı verilen uluslararası bir komisyon tarafından sağlanacaktı. Savaş gemilerinin boğazlardan geçişi belirli esaslara bağlandı. Ticaret gemileri serbestçe geçiş yapabileceklerdi. Türkiye harbe girmiş ise tarafsız devletlerin ge- mileri boğazlardan geçebilecekti.

Antlaşmanın TBMM tarafından onaylanmasını takiben bir bu- çuk ay içinde İtilaf Devletleri İstanbul ve Boğazlar bölgesindeki kuvvetlerini çekerek ve Türkiye'yi terk edeceklerdir.

Lozan Antlaşması, Millî Mücadele'nin başarıyla tamamlandığını gösteren bir olaydır. Tarihte, bu kadar kısa bir sürede bir milletin talihinin bu ölçüde değişmesine az rastlanır. Daha dört yıl önce tarih sahnesinden çekilmiş bir devletin mensuplan olarak Türk milleti, bağımsızlık yolunda ne kadar kararlı olabileceğini göstermiş ve Mustafa Kemal Atatürk'ün liderliğinde yeni ve bağımsız Türk Devle- ti'nin kuruluşuna varlıklarını adamışlardır.

Mustafa Kemal Atatürk'ün liderliğini ele alan bu çalışmada, tarihî olayların bu ölçüde ayrıntılı ele alınmasının sebebi, Mustafa Kemal Atatürk'ün başardıklarını göstererek onun liderliğinin daha iyi anlaşılabileceğini düşünmemizdir. Nutuk'ta Mustafa Kemal, Anadolu'nun 1919'daki hâlini tasvir ederken, o dönemin koşullannı çok iyi bilen bir lider olarak konuşmaktadır. Mustafa Kemal gibi büyük ve tarihî bir kişiliğe yakışan mücadele, büyük Türk milletinin de eşsiz fedakârlığıyla dört yıllık Millî Mücadele döneminde gösterilmiştir. Şimdi sırada, silahla kazanılan Millî Mücadele'yi tamamlayacak adımlar atmaya gelmiştir. Batıkların insafına terk edilen değil, kendi ayakları üstünde duran büyük bir ülke yaratmak için Mustafa Kemal'in ikinci "Millî Mücadele"yi başlatmasının vakti gelmiştir. Bu ikinci Millî Mücadele; kültürde, eğitimde, sosyal hayatta, ekonomide ve siyasette, Türk milletinin çağdaşlaşması dönemidir.

5) İKİNCİ MİLLİ MÜCADELE: DEVRİMLER DÖNEMİ

SALTANATIN KALDIRILMASI (1 KASIM 1922)

Mudanya Mütarekesi'nden sonra, Lozan Banş Konferansı için hazırlıklar başlayınca, Osmanlı Hükümeti, Türkiye Büyük Millet Meclisi Hükümeti yanında konferansa katılmak arzusunda olduğunu bildirdi. İtilaf Devletlerinin, hâlâ İstanbul'daki bir hükümeti tanımak ve onu da Türkiye ile birlikte konferansa çağırmak istemeleri ve bu hükümetin de, delegeleri beraberce seçmek için Büyük Millet Meclisi'ne başvurması, Mustafa Kemal Paşa'yı harekete geçirdi.

Sadrazam Tevfik Paşa'nın banş konferansında görüş ve sözbirliği. Büyük Millet Meclisi Başkanlığı'na çektiği telgraf. Mecliste tepkiyle karşılandı. Gerek Mustafa Kemal Paşa'nın, 24 Nisan 1920 tarihli önergesinde ve gerekse 20 Ocak 1921 tarihli Anayasada ege- menliğin millette olduğu ilan edilmişti.

Başkomutan Mustafa Kemal Paşa ve pek çok milletvekilinin

ortak teklifi 30 Ekim 1922 günü TBMM'de görüşülmeye başlandı. Önergede Saltanat'm kaldırıldığı belirtiliyordu. Saltanatla birleşmiş olan "halifelik" ise ondan ayrılacaktı. Ateşli görüşmeler sırasında şu düşüncelerin Meclis Genel Kurulu'na hâkim olduğu görüldü: Saltanat, Halifelik'ten ayrılsın ve kaldırılsın. Halifeyi biz seçelim;

-Saltanat ve Halifelik birbirinden ayrılamaz. Bu nedenle, eğer Saltanat kaldırılırsa Halifelik de kalkmış olur ki, böyle bir durum düşünülemez.

Görülen şuydu: Başta Hüseyin Rauf (Orbay) Bey ve Refet (Bele) Paşa gibi. Gazi Mustafa Kemal Paşa'nın yakın arkadaşlannm bulunduğu bir grup. Halifeliğin Saltanat'tan aynlamayacağım ileri sürüyorlardı. Saltanat'm kaldırılması hakkında kanun tasarısı, Türkiye Büyük Millet Meclisi Karma Komisyonu'nda görüşülürken, hilafetle saltanatın ayrılamayacağı düşüncesi ileri sürüldü. İlk grubun içinde bulunanlar ise böyle bir ayrımın mümkün olduğunu belirtiyorlardı.

Mustafa Kemal Paşa söz alarak, tarihsel ve bilimsel açıklamalarda bulunarak, yüksek sesle şunlan söyledi: "Hâkimiyet ve saltanat hiç kimse tarafından hiç kimseye, ilim icabıdır diye müzakereyle, münakaşa ile verilemez. Hâkimiyet, saltanat kuvvetle, kudretle ve zorla alınır. Osmanoğulları, zorla Türk milletinin hâkimiyet ve saltanatına vaziülyed olmuşlardı (zorla el koymuşlardı). Bu tasallutların altı asırdan beri idame eylemişlerdir. Şimdi de, Türk milleti bu mütecavizlerin hadlerini ihtar ederek, hâkimiyet ve saltanatını isyan ederek kendi eline bilfiil almış bulunuyor.

Bu bir emrivakidir. Mevzubahis olan, millete saltanatını, hâkimiyetini bırakacak mıyız, bırakmayacak mıyız meselesi değildir. Mesele zaten emrivaki olmuş bir hakikati ifadeden ibarettir. Bu behemehal olacaktır. Burada içtima edenler (toplananlar) Meclis ve herkes meseleyi tabii görürse, fikrimce muvafık olur. Aksi takdirde, yine hakikat usulü dairesinde ifade olunacaktır. Fakat ihtimal bazı kafalar kesilecektir."

Mustafa Kemal Paşa'nm bu çok önemli ve tarihî konuşması sonunda, Karma Komisyon'da, görüşülen teklif hemen kabul edilmiş ve iyedilikle Genel Kurul'da görüşülerek, 1 Kasım 1922'de 308 Numaralı karar olarak benimsenmiştir. Yeni Türkiye'nin yeni temellerinin de bir ifadesi olan bu karar ile, hilafet ve saltanat birbirinden ayrılmış, saltanat kaldırılmıştır. Ertesi gün, TBMM, Osmanlı Veliahdı Abdülmecid Efendi'yi halife seçmiştir.

Saltanatın kaldırılması, bir zamanlar tarihte büyük roller üstlenmiş, fakat bir zamandan sonra işlevini yitirmiş bir kurumun tarih sahnesinden silinmesidir. Mustafa Kemal Atatürk, zamanını beklediği bir adım daha atarak, Millî Mücadele'nin yürütülmesine ortak ettiği Türk milletine egemenliği vermiştir.

CUMHURİYETİN İLANI (29 EKİM 1923)

Daha önce de belirttiğimiz gibi Mustafa Kemal'in en büyük arzusu, halkın egemen olduğu, çağdaş bir yönetim şekli olan Cumhuriyeti rejim olarak Türkiye'de yerleştirmekti. Millî Mücadele'nin ka- zanılması, ardından da Saltanat'm kaldırılması, Cumhuriyet'in ilan edilmesi için uygun zeminin hazır olduğu anlamına geliyordu. Cumhuriyet'in ilanını anlatırken, Prof. Dr. Hamza Eroğlu'nun şu satırlarına başvurmakta fayda var:

"Fethi Okyar'ın yeni Meclis seçildikten sonra başkam olduğu İcra Vekilleri Heyeti, üç buçuk aydan beri işbaşındaydı. Vekiller

Heyetinin kuruluş şekli birçok memleket işlerini ele almaya imkân bırakmıyordu. Ayrıca Mecliste mevcut gizli bir hizip, Fethi Bey ve arkadaşlarının hükümet hizmetlerini sükûnetle görmelerine engel oluyordu. Bu durumdan şikâyetçi olan Fethi Bey, Vekiller Heyeti'nden ayrılmak istediğini çeşitli vesilelerle, Atatürk'e ifade etmişti. Diğer vekiller de bu şartlar altında çalışmanın güçlüklerini belirtmişlerdi. Asıl ortaya çıkan güçlük hükümet teşkilinin Meclis tarafından doğrudan doğruya seçim yolu ile yapılmasında idi.

Vekiller Heyeti, 25 Ekim 1923'de Çankaya'da Mustafa Kemal Paşa'nm başkanlığında toplandı. Alman karara göre, Vekiller Heyeti üyeleri istifa edecekler ve yeni seçilecek Vekiller Heyeti'nde vazife almayacaklardı.

Vekiller Heyeti'nin istifa mektubu ise şöyledir:

"Riyaseti Celileye

Türkiye Devleti'nin, karşısında bulunan dâhil! ve haricî vazifei mühimme ve müşkileyi suhuletle intaca muvaffak olması için gayet kuvvetli ve Meclis'in müzahareti tammesine mazhar bir Heyeti Vekile'ye ihtiyacı kat! bulunduğu kanaatindeyiz. Binaenaleyh Meclisi Âli'nin her suretle itimat ve müzaheretine müstenit bir Heyeti Vekilenin teşekkülüne hizmet etmek maksadiyle istifa eylediğimizi ke- mali hürmetle arz eyleriz efendim"

27 Ekim 1923'de Vekiller Heyeti'nin istifası TBMM'de okun- duktan sonra, yeni bir vekiller heyeti kurma yolunda çalışmalara başlanıldı.

Tertip edilen listeler üzerinde bir birliğe varmanın güçlükleri ortaya çıktığından, Halk Fırkası Yönetim Kurulu bir liste düzenleyerek, Fırka Reisi Mustafa Kemal Paşa'ya durumu bildirdi.

Listede yer alan isimlerin bir kısmının muvafakatlarmm alınması gerekliliği ve kesin bir liste düzenleme zorunluluğunu ortaya koyuyordu. 28 Ekim 1923 günü Çankaya'da İsmet Paşa (İnönü), Fethi Bey (Okyar), Kâzım Paşa (Özalp), Kemalettin Sami Paşa, Halit Paşa, Rize

Mebusu Fuat ve Afyon Karahisar Mebusu Ruşen Eşref Bey, Mustafa Kemal Paşa'nm misafirleri olarak akşam yemeğine davetli olmuşlardır.

O akşam yemekte, kabine bunalımından çıkmanın yolunu Mustafa Kemal Paşa arkadaşlarına göstermiştir. Mustafa Kemal Paşa, yemek esnasında, "Yarın Cumhuriyet ilân edeceğiz" demiştir. Orada bulunanlar derhal bu fikre katılmışlardır. Yemekten sonra Çankaya'da misafir kalan İsmet Paşa (İnönü) ile birlikte bir kanun tasarısı hazırlanmıştır. Atatürk'ün söylediği ve İsmet Paşa'nın kaleme aldığı müsvedde, 20 Ocak 1921 Teşkilatı Esasiye Kanunu'nun bazı maddelerinin değiştirilmesini öngörüyordu. Atatürk, Teşkilatı Esasiye Kanunu'nun birinci maddesine, "Türkiye Devleti'nin şekli hükümeti Cumhuriyet'tir" cümlesinin eklenmesini uygun görüyordu. Diğer maddelerde Cumhuriyet idaresinin gereği Anayasada yapılan değişikliklere aitti.

29 Ekim 1923 Pazartesi, sabah saat 10.00'da Halk Fırkası grubu toplanmış ve yeni bir kabine teşkili için görüşmelere başlanmıştır. Ancak görüşmeler bir çıkmaz içindedir. Grup, Fırka Umumî Reisi olarak Mustafa Kemal Paşa'nm meselenin halline Genel Kurul tarafından görevlendirildiğini karar altına almıştır. Bunun üzerine kürsüye davet olunan Mustafa Kemal Paşa, Meclis'ten çözüm yolu için bir saat müsaade istemiştir.

Mustafa Kemal Paşa bu bir saatlik süre içinde, Meclis'te gerekli kişileri odasına davet ederek, bir gece önce hazırlanan müsveddeleri gösterip karşılıklı görüşmelerde bulunmuştur. Öğleden sonra saat bir buçukta Fethi Bey'in başkanlığında toplanan Halk Fırkası Umum! Heyeti'nde önemli tarihî kararlar alınmıştır. Kürsüye çıkan Mus- tafa Kemal Paşa hükümet bunalımı ve bunun çözüm tarzı ile ilgili olmak üzere şu açıklamalarda bulunmuştur:

"Muhterem Arkadaşlar, hallinde müşkülâta duçar olduğunuz meselenin sebep ve illeti, bütün rüfekaca (arkadaşlarca) taayyün etmiş olduğu kanaatindeyim. Noksan, kusur, takip etmekte olduğumuz usul ve şekildedir. Filhakika, mevcut Teşkilâtı Esasiye Kanunu'muza tevfikan (göre) bir Heyeti Vekile teşkiline teşebbüs ettiğimiz zaman bütün rüfekanm (arkadaşlann) her biri vekiller ve heyeti vekile intihabı mecburiyetinde bulunuyor. Heyeti umumiyenizin birden Heyeti Vekile intihabına mecbur olmanızda görülen müşkilatm halli zamanı gelmiştir. Geçen devrede de, aynı suretle müşkilata tesadüf ediliyordu. Görülüyor ki, bu usul bazan birçok teşevvüşlere badi oluyor (kanşıklıklara yol açıyor). Heyeti celileniz bu müşkilin halline beni memur kıldınız. Ben de arz ettiğim kanaatten mülhem olarak düşündüğüm şekli tesbit ettim. Onu teklif edeceğim. Teklifim mazharı kabul olursa kuvvetli ve mütesanit bir hükümet teşkili kabil olacaktır. Devletimizin şekil ve mahiyetini tespit eden ve hepimiz için gaye olan Teşkilatı Esasiye Kanunu'muzun bazı noktalarını tavzih (açıklık) lazımdır. Teklif şudur"

Mecliste okunan teklif, Anayasanın, I, 2, 4, 10, 11 ve 12 nci maddelerinin değiştirilmesini ve hükümetin şeklinin Cumhuriyet olduğunu ve bununla ilgili diğer değişiklikleri öngörüyordu. Mustafa

Kemal Paşanın teklifinden sonra görüşmelere ve münakaşalara başlandı. "Bir kısım milletvekilleri, Teşkilatı Esasiye Kanunu'nun değiştirilmesi ile bugünkü bunalımı çözmek mümkün değildir, Heyeti Vekile Reisini seçelim, Teşkilatı Esasiye Kanunu'nun değişikliğini sonra düşünürüz" demişlerdir. Fırka toplantısında söz alan İsmet Paşa ise, "Fırka Reisi'nin tek- lifini kabule ihtiyaç kâfidir. Cihan bizim bir şekli hükümet görüştüğümüzü biliyor. Bu müzakeratımızı bir neticeye rapt edip ifade etmemek, zaif (zayıflık) ve teşettütü (aykırılık) idameden başka bir şey değildir. Avrupa diplomatları bu hususta beni ikaz ettiler. Devlet'in reisi yoktur, dediler. Şekli hazırımızdaki reis, Meclis Reisi'dir. Demek ki siz, bir başka reis bekliyorsunuz. Avrupa düşüncesi işte budur. Hâlbuki biz, böyle düşünmüyoruz. Millet, hâkimiyetine, mukadderatına, bilfiil vaziulyetdir. O hâlde, bunun ifadei hukukiyesini söylemekten neden çekiniyorsunuz? Reisicumhur olmadan, başvekil intihabı teklifi, kanunsuz olur. Bunda şüpheye mahal yok- tur. Başvekilin intihabını, kanuni ve mümkün kalabilmek için Gazi Paşa Hazretleri'nin, teklifinin kanuniyet kesbetmesi lazımdır".

Asım Us'un açıklamasına göre, Lozan Konferansında Avrupalılar Büyük Millet Meclisi Hükûmeti'nin, Cumhuriyet rejimi için bir intikal devresi olduğunu pek anlayamıyorlardı. Lozan Konferansında yabancılann, İsmet Paşa'ya, "Sizin hükümet şekliniz nedir? Büyük Millet Meclisi Hükümeti nasıl şeydir?" sorusu sorulmakta idi.

İsmet Paşa da özellikle konuşmasında bu konuya açıklık getirmek gereğini duymuştur.

Bu açıklamalardan sonra söz alan Abdurrahman Şeref Bey ise,

"Eşkali hükümetin taadadma lüzum yok. Hâkimiyet bilakaydüşart milletindir; dedikten sonra kime sorarsanız sorunuz, bu, Cumhuriyet'tir. Doğan çocuğun adıdır. Ama, bu ad, bazılarına hoş gelmezmiş, varsın gelmesin" demiştir.

Konuşmalar sonucu teklifin bütünü ve sonra da maddeler ayn ayrı okunarak kabul edilmiştir. Fırka toplantısını Meclis'in toplantısı izlemiştir.

Fırka (Parti) toplantısında öngörülen teklif, Kanunu Esasi Encümeni'nde incelenmiş teklife sadece dil ve devletin dini ile ilgili hükümler eklenmiştir.

Kanunu Esasi Encümeni'nin Teşkilatı Esasiye Kanunu'nun bazı mevaddmm (maddelerinin) tadiline (değiştirilmesine) dair Kanun Teklifi ve Kanunu Esasi Encümeni'nin mazbatası Umumî Heyette gündeme alınmış, müstacelen (acele) ve derakap (hemen) müzakeresi teklifii sari (açık) oyla kabul edilerek Kanunu Esasi Encümeni'nin mazbatası okunmuştur.

Mazbatada, egemenliğin millete ait olduğu ve idare usulünün de milletin kendi kaderini kendinin seçmesi açıkça belirtilmiştir. Bunun anlamı ise Cumhuriyet'tir. Mazbata ayrıca Teşkilâtı Esasiye Kanunu'nun değiştirilecek diğer maddelerinin de gerekçesini açıklamıştır.

Kanunu Esasi Encümeni Reisi Yunus Nadi Bey, Genel Kurul'da uzun bir açıklama yaparak, Türkiye Devleti'nin hükümet şeklinin Cumhuriyet olması gerektiğini belirtmiştir.

Yunus Nadi Bey konuşmasında. Birinci Büyük Millet Meclisi, Teşkilatı Esasiye ile Şark'ta yeni ve mühim bir devlet kurmuştur diyerek, kurulan devletin yeni bir devlet olduğunu da ifade etmiştir.

Meclisin vazifesi, Türkiye Büyük Millet Meclisi Hükûmeti'nin beynelmilel haiz olduğu unvanın tespitinden ibarettir.

Türkiye Büyük Millet Meclisi, bu kanunun birinci maddesi ile, egemenliği kayıtsız şartsız millete vermiş bulunmaktadır. Bu hükümet şeklinin adı Cumhuriyet'tir. Eklenen fıkra ile Cumhuriyet şeklen ifade edilmiştir."

Genel Kurul'da, Vasıf Bey (Saruhan), Eyüp Sabri Efendi (Konya), Rasih Efendi (Antalya) tasarının tümü üzerinde söz almışlardır. Eyüp Sabri Efendi, açıklamasında, "Bizim hükümetimiz bugün Cumhuriyet olmuyor. Teşekkül ettiği günden beri Cumhuriyet ol- muştur. Yalnız benden önce söz söyleyen arkadaşlarınım işaret ettikleri veçhile bazı ihtiras ocaklarını alevlendirmemek için unvanını açıkça verememiştir. Bugün tamamen unvanı hakikisini alacak devre hulul etmiştir ve verilmek lâzımdır" demiştir.

Eyüp Sabri Efendi'ye göre, Bu kanun zaten mevcut olan Hükûmeti'mize bir İlmî kisve veriyor, giydiriyor, o da "Cumhuriyet" kelimesidir. Teşkilâtı Esasiye Kanunu'nda yapılan değişikliklerin kabulü ile TBMM tarafından

Cumhuriyet de ilan edilmiş oldu.

Şevket Süreyya Aydemir'in açıkladığına göre, tasarı müttefikan (oybirliği ile) kabul edilmişti. Yaşasın Cumhuriyet avazeleri (sesleri) bu defa daha gür, daha devamlı bir heyecan fırtınası içinde eski Büyük Millet Meclisi'nin küçük, mütevazı salonunu çınlattı. Türkiye artık bir Cumhuriyet olmuştu."

Ondan sonra, Reisicumhur seçimi yapılmıştır. Kürsüde bulunan İkinci Reis Vekili Başkan İsmet Bey (Eker), sonucu Meclis'e şöyle arz etmiştir.

"Türkiye Cumhuriyeti Riyaseti için yapılan intihabat (seçim) arasına yüz elli sekiz zat iştirak eylemiş ve Cumhuriyet riyasetine yüz elli sekiz aza müttefikan Ankara Mebusu Gazi Mustafa Kemal Hazretleri'ni intihab eylemişlerdir".

Bunun üzerine kürsüye gelen Mustafa Kemal Paşa Meclis ve millete hitaben tarihî konuşmasını yapmıştır.

"Muhterem Arkadaşlar, mühim ve cihanşümul hadisatı fevkalade karşısında muhterem milletimizin teyakkuz ve intibahı hakikisine bir vesika-ı kıymettar olan Teşkilatı Esasiye Kanunu'nun bazı maddelerini tavzih için Encümeni Mahsus tarafından heyeti celbeni- ze teklif olunan kanun layihasının kabulü münasebetiyle Türkiye Devleti'nin zaten cihanca malum olan, malum olması lazım gelen mahiyeti, beynelmilel maruf unvaniyle yad edildi. Bunun icabı tabiisi olmak üzere; bugüne kadar doğrudan doğruya Meclis'in riyasetinde bulunduğunuz arkadaşınıza ifa ettirdiğiniz vazifeyi Reisicumhur unvaniyle yine aynı arkadaşınıza, bu aciz arkadaşınıza tevcih ediyorsunuz. Bu münasebetle, şimdiye kadar hakkımda izhar buyurduğunuz muhabbet ve samimiyet ve itimadı bir defa daha göstermekle yüksek kadirşinaslığınızı ispat etmiş oluyorsunuz, bundan dolayı heyeti celilenize bütün samimiyeti ruhiyemle arzı teşekkürat ederim.

Efendiler, asırlardan beri, şarkta mağdur ve mazlum olan milletimiz; Türk Milleti, hakikatte meftur olduğu hasailden muarra telâkki ediliyordu.

Son senelerde milletimizin fiilen gösterdiği kabiliyet, istidat, id- rak, kendi hakkında suizanda bulunanların ne kadar gafil ve ne kadar tetkikten uzak zevahirperest insanlar olduğunu pek güzel ispat etti.

Milletimiz haiz olduğu evsaf ve liyakatini hükümetinin yeni ismiyle, cihanı medeniyete daha çok suhuletle izhara muvaffak olacaktır. Türkiye Cumhuriyeti, cihanda işgal ettiği mevkie layık olduğunu aşariyle ispat edecektir.

Arkadaşlar, bu müesseseyi âliyeyi vücuda getiren Türk milletinin son dört sene zarfında ihraz ettiği zafer, bundan sonra da birkaç misli olmak üzere tecelliyatım gösterecektir. Acizleri mazhar oldu- ğum bu emniyet ve itimada kesbi liyakat etmek için pek mühim gördüğüm bir noktadaki ihtiyacı arz etmek mecburiyetindeyim. O ihtiyaç heyeti âliyenizin şahsım hakkındaki teveccüh ve itimadının ve müzaharetinin devamıdır, ancak bu sayede ve Allah'ın inayetiyle şahsıma tevcih buyurduğunuz ve buyuracağınız vezaifi hüsnü ifaya muvaffak olabileceğimi ümid ederim.

Daima, muhterem arkadaşlarımın ellerine çok samimi ve sıkı bir surette yapışarak onlann şahıslanndan kendimi bir an bile müstağni görmeyerek çalışacağım, Milletin teveccühünü daima noktai istinat telakki ederek hep beraber ileriye gideceğiz. Türkiye Cumhuriyeti mesut, muvaffak ve muzaffer olacaktır."

Cumhuriyet'in ilanı kaçınılmaz bir sonuç, tabii gelişmenin zafe- ri idi. Bu durumu Prof. Dr. İlhan Arsel şöyle dile getirmektedir:

"Filhakika Hâkimiyeti Milliye esasının tabii ve tam bir şekilde tahakkuku ancak cumhuri idare ile mümkündür, zira Cumhuriyet'te bütün hakimiyet, daha doğrusu hâkimiyeti meydana getiren bütün kuvvetler (teşrii, icrai ve adli) milletin elindedir. Ve millet bu kuvvetleri istimal edecek organları intihap eder."

Atatürk, hâkimiyet tabirini istimal ederken onu hudutsuz ve en üstün bir kuvvet ve kudret olarak kabul etmiş ve TBMM'yi, milletin yegâne temsilcisi olarak bu üstün kuvvet ve kudretle mücehhez cumhuriyet rejimini ikame edebilmek maksadiyle tek çare olarak görmüştü."

Büyük Atatürk, Hâkimiyeti Milliye, esasını işlemekle ve onu ye- ni Türk Devleti'nin temel taşı yapmakla, yeni devletin devlet ve hü- kümet şeklini de tayin ve tesbit etmiş oluyordu. Cumhuriyet rejimi- nin tohumunu atmış bulunuyordu.

Dankwart A. Rustow'a göre, "Kemal, daha başından itibaren direniş hareketini Padişahın dışında, Padişahı dikkate almadan ve nihayet Padişaha karşı örgütlemişti. Eskiden Osmanlı orduları din ve devlet uğruna savaşa girmişlerdi. Kemalist ordular ise vatan ve mil- let uğruna dövüşmekteydiler. Ağırlığın buraya kaymış olması, daha o zamandan Cumhuriyet'e gidişin bir belirtisi sayılabilir".

Cumhuriyet'in kurulması ile halk idaresi gerçekleşmiştir. Halk reaya olmaktan kurtulmuş, kendi kendini idare edecekleri seçmeye hazırlanan efendi olmuştur.

Atatürk bu hususu bir konuşmasında açıklamıştır:

"İdarei devlet'i Cumhuriyet'ten bahsetmeksizin, hâkimiyeti milliye esasatı dairesinde her an Cumhuriyet'e doğru yürüyen şekilde temerküz ettirmeğe çalışıyorduk."

Tarık Zafer Tunaya'ya göre, "Cumhuriyet de, millî devletin ka- rakterinden doğmuştur. Onun siyasal ve sosyal gerçeklerini kapsa- dığı için, Türk Devriminin en derinlerinden köklerini aldığı için önemli ve anlamlı bir aşamadır."

Şükrü Kaya'ya göre, "Türkiye'de Cumhuriyet Türklerin, hayat ve haysiyetlerini ve binlerce yıllık ana topraklannı kurtarmak için her şeylerini feda ederken sarayın devamlı ve inadı hıyaneti üzerine Millî

Mücadele ve Kurtuluş Savaşlarının kanlı günlerinde doğdu. Türk milletinin kurtuluşunun ve yaşayışının şanlı bir remzi ve zaruri bir rejimi oldu. Birinci Türkiye Büyük Millet Meclisi'ne ve onun hükümetine ister asi, ister ihtilalci denilsin, isterse Fransız İhtilali'nin Konvansiyon meclisine benzetilsin, Türkiye'de millî hâkimiyeti ilk o kurdu ve o tatbik etti. O hükümetin kanunla hukuki adı konulmamıştı. Fakat o rejim mükemmel ve demokratik bir cumhuriyetti. Onu Birinci Türkiye Büyük Millet Meclisi kurdu. Onu kitaplaştırmak, kanunlaştırmak da ikinci Büyük Millet Meclisi'ne nasip oldu. Tarihte birçok Cumhuriyetler, mağlubiyetlerin tepkisidir. Bizde zafer millî hâkimiyetin eseri, Cumhuriyet de zaferin nimeti ve ganimeti oldu."

Meclis Hükümeti sistemi, tarihte görülen örnekleri gibi, tipik anlamda ihtilal veya olağanüstü hâl meclisleridir, İsviçre istisna edilecek olursa, meclis hükümeti sistemini demokratik bir rejim içinde uzun süre devam ettirebilmek mümkün görülmemektedir. İsviçre'de bu sistemin devam etmesi, İsviçre'ye özgü şartlardan ileri gelmektedir.

Cumhuriyet burada, istikrarlı ve devamlı bir devlet biçimi seçi- mini sağlamış, Türkiye'nin gerçekleşene cevap verecek şekilde, par- lamenter rejime doğru gelişmeler göstermiştir.

Atatürk, Nutuk'ta, Rauf Bey'in Cumhuriyet'in ilanı konusundaki tutumunu eleştirirken yaptığı açıklamada Büyük Millet Meclisi Hükümeti şeklinin geçiş dönemi zaruretlerinden olduğunu belirtmekle beraber bütünüyle meclis hükümeti sisteminin pratik zorunluluklardan kaynaklanan geçici bir rejim olduğunu açıkça ifade etmiştir.

Türkiye'de Cumhuriyet'in bir gelişmenin tabii bir sonucu olduğu, TBMM hükümet idaresinin aslında Cumhuriyet demek olduğunu İsmet İnönü de belirtmektedir.

Gazeteci Abdi İpekçi'nin Millî Mücadele'de idare şeklinin "Cumhuriyet" olacağının düşünülüp düşünülmediği sorusuna İsmet İnönü şu cevabı vermiştir.

"Fesada yer verilmemek için bundan bahsedilmedi. Esasen ihtiyaç da yoktu... Millet Meclisi, bütün kuvvetlere sahip olarak işbaşında idi. Kumandanlar aynı zamanda Millet Meclisi azası idiler. Atatürk Millet Meclisi'nin başında bütün kuvvetlere sahipti. Bu, o zaman bize çok tabii görünen bir hayat tarzı idi... Aslında bunun Cumhuriyet demek olduğu sonradan bir günde, bir saatte derhal kendini gösterdi. O da şöyle oldu:

Lozan'dan sonra bütün devletler, bizimle münasebet kurmadan önce, "Dur bakalım, devletin şekli ne olacak?" diye bekler bir vazi- yet aldılar. Bu durumda Millet Meclisi iktidarı ve idaresinin devam edemeyeceğini, bir devlet şekli seçmenin zaruri olduğunu daha ke- sin surette anladık. Mevcut hayat tarzı, esasen Cumhuriyet olduğuna göre, mesele işin adını koymaktan ibaretti. Yani olmuş, bitmiş bir şeyi ilan etmek gibi bir şey".

Norbet Von Bischoffa göre de, "İhtilal, üç buçuk yıldan beri gebe olduğu Cumhuriyeti doğurmuştur".

Tarihçi, Arnold Toynbee'ye göre, Türkiye'de, "demokrasi olgunlaşmamışsa bile, ilerlemişti ve Cumhuriyet; demokrat fikirli bir ulusun kesin ifade yoluydu. Cumhuriyet fikrinin tümü, bir tek ulusun, halkının büyük çoğunluğu tarafından onaylanan ve paylaşılan fikriydi".

Enver Ziya Karal, yeni Türk Devleti'nin adının Cumhuriyet olmasını üç nedene bağlamaktadır. "Birinci ve önemli neden, halifelik ve saltanattan yana olanların boş gibi sandıkları devlet başkanlığı makamı için bunalımlar yaratmalarını önlemek idi. İkinci neden, Türkiye'nin dış ilişkilerinde yabancı devletlerin Türkiye'de siyasal rejimin istikrara kavuşmamış olduğu yolundaki kuşkularını önlemek, üçüncüsü de, yeni Türkiye Devleti'nin modernleşmesi yolunda yapılacak devrimlere karşı, dinsel bir örgüt olarak yaşamakta olan halifelikten gelebilecek direnmeleri kırmak idi.

Atatürk bu nedenlerle 1923 Eylülünden bu yana, Cumhuriyet'in duyurulması sorunu ile yakından ilgilenmeye başladı".

Ahmet Ağaoğlu'na göre. Cumhuriyet Türk İnkılabının halkalarından biriydi.

"Şark'ta (Doğu) ilk kez demokratik bir Cumhuriyet kuran O'dur. Şark'ta ilk kez dini dünyadan ayıran O'dur. Şark'ta ilk kere medeni beşeriyetin (uygar insanlığın) müşterek (ortak) bir aile olduğunu ilan ve bu aile efradı (üyeleri) arasındaki hâileleri (engelleri) kaldırmaya azmeden O'dur.

Türkiye'de Cumhuriyet'in ilanı, tarihî bir gelişmenin tabii bir sonucudur. Millî egemenlik ilkesinin devletin siyasi rejiminin temel direği olması, bütün gelişmeleri Cumhuriyet'e yöneltmiştir.

Türkiye'de Cumhuriyet, demokratik rejime yönelik demokratik Cumhuriyet olmuştur. Türkiye'de Cumhuriyet Batılı anlamda mo- dern devlet şekli olarak gelişmiştir. Türkiye'de Cumhuriyet; ırk, din, dil ve cinsiyet farkı gözetmeksizin, bütün vatandaşların paylaş- tıkları ve yararlandıkları siyasi rejimin adı olmuştur. Eşitlik ilkesi, herkesin kanun önünde eşitliği, Türk Cumhuriyeti'nin özelliğini teşkil etmiştir."

HALİFELİĞİN KALDIRILMASI (3 MART 1924)

Hilafet, Osmanlı Sultanı Yavuz Sultan Selim'in Mısır'ı fethinden sonra Osmanlılara geçen dinî ve dünyevi taraflan olan bir kurum- du. Dinî anlamda etkisini sürdürse bile, dünyevi anlamda etkisini yitirdiği Birinci Dünya Savaşı boyunca anlaşılmıştı. Her ne kadar Hindistan ve Kuzey Afrika Müslümanları üzerinde etkili bir biçimde kullanıldıysa da, Müslümanların Halifesi olarak dönemin Sultanı 5. Mehmet Reşat tarafından çıkarılan Cihad-ı Ekber fetvası bazı Arap Müslümanlannca umursanmamıştı. Bu şartlar, Hilafetin kaldmlmasına giden yolu açmıştı.

1 Kasım 1922'de saltanatın kaldmlması ile, Sultan-Halife gibi, çifte görevi olan Osmanlı hükümdarının elinden egemenlik hakları, devlet yetkileri alınmıştı. Eski Osmanlı hükümdarına sadece, din! başkanlık yetkiler tanınmıştı. Hükümet, TBMM'nin seçtiği Halife Abdülmecid Efendi'den, sadece Müslümanların Halifesi unvanını kullanmasını, gösterişli hareketlerde bulunmamasını istemişti. Abdülmecid, halife seçildikten sonra kendisine verilen talimata aykırı olarak, "Halife-i Müslimin" unvanından başka sıfat ve unvanlar taşıyarak, Cumhuriyet Hükûmeti'nin talimatı dışına çıkmıştır.

Bazı politikacılar ise; "Hilafet aynı hükümettir, hilafetin hukuk ve görevini iptal etmek hiç kimsenin hiç bir meclisin elinde değildir" diyerek, Halife'yi, Padişah gibi yaşatmak istiyorlardı. Bu durum halifelik kurumu hakkında bir an önce önlem alınmasını gerektiri- yordu. Fakat Gazi Mustafa Kemal Paşa'yı halifeliğin kaldmlması için zorlayan önemli sebep, Halife mevcut oldukça Türkiye'de yapılması zorunlu olan sosyal ve laik karakterdeki devrimlerin yapılamayacağı idi.

3 Mart 1924 tarihli, "Hilafetin ilgasına ve Hanedan-ı Osmaniye'nin Türkiye Cumhuriyeti memalik-i hâriciyesine çıkarılmasına dair kanuri'la hilafet kaldırılmıştır. Böylece, yeni Türkiye önemli bir adım daha atmıştır. Hilafetin kaldırılmasının Türkiye'de ve dünyada geniş yankıları olmuştur. Hilafetin kaldırıldığı 3 Mart 1924 günü, bir diğer kanunla da Şer'iye ve Evkaf Vekâleti (Bakanlığı) kaldırılmıştır. Şer'iye ve Evkaf Vekâleti'nin kaldırılması sonucu, bu vekâlet tarafından yönetilen okullar ve medreseler de kaldırılmıştır.

Hilafetin kaldırılması ile ilgili Türkiye Büyük Millet Meclisi'nde sert tartışmalar da yaşanmıştır. Bu tartışmalar karşısında Mustafa Kemal Atatürk, kürsüye gelerek şu konuşmayı yapmıştır:

"Efendiler, Hilafet makamının korunmasında, dinî ve siyasi menfaat ve zaruret bulunduğu inancında olan bazı kimseler, arz ettiğim kararların alınmakta olduğu son dakikalarda, hilafet görevini kendi üzerime almam teklifinde bulundular.

Bu gibilere, hemen gereken red cevabını vermiştim. Yeri gelmişken başka bir noktayı da arz edeyim. Büyük Millet Meclisi, hilafet'i kaldırdığı zaman, din bilginlerinden Antalya Milletvekili Rasih Efendi, Kızılay adına, Hindistan'da bulunan bir heyetin başkanlığını yapıyordu. Rasih Efendi, Mısır'a uğrayarak Ankara'ya döndü. Benimle görüşmek isteyerek şunları söyledi : 'Gezdiği ülkelerde Müslüman halk, benim halife olmamı istiyormuş... Yetkili İslam heyetleri, bana bu dururumu bildirmek üzere Rasih Efendi'yi vekil etmişler.' Rasih Efendi'ye verdiğim cevapta, Müslümanların bana olan bağlılık ve sevgilerine teşekkür ettikten sonra dedim ki : 'Zat-ı âliniz din bilginlerindensiniz. Halifenin devlet başkanı demek olduğunu bilirsiniz. Başlarında kralları, imparatorları bulunan halkın bana u-aştırdığmız dilek ve tekliflerini ben nasıl kabul edebilirim. Kabul ettim desem, buna o halkların başında bulunanlar razı olur mu? Halifenin emir ve yasaklan yerine getirilir. Beni halife yapmak isteyenler emirlerimi yerine getirebilecekler midir? Durum böyle olunca, anlamı ve fonksiyonu olmayan asılsız bir sıfatı takınmak gülünç olmaz mı?

Efendiler, açık ve kesin olarak söylemeliyim ki, Müslümanlar hâlâ bir halife korkuluğu ile uğraştırıp aldatmak gayretinde bulunanlar, yalnız ve ancak Müslümanların ve özellikle Türkiye'nin düşmanlarıdır. Böyle bir oyuna kapılıp hayal kurmak da ancak ve ancak cahillik ve gaflet eseri olabilir.

Rauf Beylerin, Vehip Paşaların, Çerkez Ethem ve Reşitlerin, bütün yüz ellilikler in, kaldırılmış hilafet ve saltanat hanedanı mensuplarının, bütün Türkiye düşmanlarının, el ele vererek aleyhimizde durmadan ateşli bir şekilde çalışıp uğraşmaları din gayretiyle midir? Sınırlarımıza bitişik merkezlerde yuvalanarak, hâlâ Türkiye'yi yok etmek için 'Mukaddes İhtilal' adı altında haydut çeteleri, suikast tertipleriyle çılgınca aleyhimizde çalışanların maksatları gerçekten mukaddes midir? Buna inanmak için gerçekten kara cahil ve koyu bir gafil olmak gerekir.

Müslümanlar ve Türk milletini bu kerteye düşmüş sanmak ve İslam dünyasının vicdan temizliğinden, ahlak ve karakterindeki incelikten, alçakça ve canice maksatlar için yararlanma yolunu tutmak, artık o kadar kolay olmayacaktır. Küstahlığın da bir derecesi vardır."

TEVHiD-I TEDRİSAT KANUNU (3 MART 1924)

Mustafa Kemal Atatürk'ün Türkiye'yi çağdaşlaştırmak amacıyla attığı en önemli adımlardan bir tanesi de. Halifeliğin kaldırıldığı gün yürürlüğe giren Tevhid-i Tedrisat Kanunu'dur. Geriliğin ve yapısal sorunların eğitimsizlikten geçtiğini çok iyi kavramış bir lider olarak Atatürk, bu alanda da başarılı olmaya kararlıydı. Bu kanun, Atatürk'ün kararlılığının bir göstergesidir.

Osmanlı Devleti'nin son dönemlerinde, diğer kurumlar gibi eğitim kurumlan da büyük bir çöküntü içinde idi. Osmanlı Devleti'ndeki eğitim kurumlan olan medreseler, kuruluş ve yükseliş dönemlerinde gerek eğitim kadrosu, gerekse programları bakımından çok ileri bir seviyedeydi. Fakat 17. yüzyıldan itibaren, devletin diğer kurumlarmdaki gerilemeye paralel olarak eğitim kurumlan da geriledi. Devletin yıkılışını önlemek amacıyla yapılmaya başlanan yenilikler çerçevesinde, eğitim kurumlan da yeniden düzenlendi.

Yüzyılın sonlarında ordunun subay, teknik eleman ve doktor ihtiyacını karşılamak üzere, çağın gereklerine uygun okulların açılmasına başlandı. Tanzimat Dönemi'nde, askerî okullardan başka, Avrupa'dakilere benzer modern eğitim kurumlan açıldı. Medrese ve modern devlet okulları dışında, kendi dillerinde eğitim yapan azınlık ve yabancı okulları da vardı. Bu okullarda okutulan farklı dersler sebebiyle ayrı duygu ve düşünce, değişik kültür ve davranışa sahip insanlar yetişti. Bu uygulama, ülkede millî kültürün gelişmesine büyük ölçüde engel olmaktaydı. Bu sebeple millî bir kültür oluşturulamıyordu.

Kurtuluş Savaşı'nm amacı millî birliğin sağlanması ve çağdaşlaşma olduğu için, Osmanlı eğitim sistemi devam ettirilemezdi. Daha Kurtuluş Savaşı yıllarında Mustafa Kemal, eğitim konusunda da çalışmalara başlamıştı. 16 Temmuz 1921'de yaptığı bir konuşmada millî kültürün önemi ve gerekliliğinden bahsederek, eğitim ve kül- tür konusundaki bölünmüşlüğün kaldınlmasmı savundu. Osmanlı Devleti'nde var olan, mektep-medrese ayrımının kaldırılacağım söyledi. Eğitimin yaygınlaştırılarak bilgisizliğin yok edilmesi gerektiğini vurguladı.

Büyük zaferden sonra çağdaş bir eğitim sisteminin kurulması için düşündüklerini uygulamaya koydu. Bu amaçla Türkiye Büyük Millet Meclisi'nde 3 Mart 1924'te Tevhid-i Tedrisat (Öğretim Birliği) Kanunu kabul edildi. Bu kanunla, medreseler kaldırıldı ve Türkiye Cumhuriyeti sınırlan içindeki bütün okullar, Millî Eğitim Bakanlığı'na bağlandı. Böylece eğitim kurumlarmm bir çatı altında toplanması ve eğitimin millî bir nitelik kazanması sağlandı.

2 Mart 1926'da maarif teşkilatı hakkmdaki kanun kabul edildi. Bu kanunla laik eğitime uygun, ilk ve ortaöğretim programlan belirlendi. Eğitim hizmetleri, modem bir hale getirildi. Bundan sonra millî ve laik eğitimi yaygınlaştırmak için, hızla ilkokullar, ortaokullar, liseler ve yüksek okullar açıldı. Bunlann yanı sıra meslek okulları da açıldı. İlkokul zorunlu hâle getirildi.

ÜNİVERSİTE REFORMU (31 MAYIS 1933)

Cumhuriyet kurulduktan sonra kısa bir süre Darülfünun-u Osmani adını taşıyan üniversite, 1924 yılında 493 sayılı yasa ile "İstanbul Darülfünunu" adını almıştır.

İstanbul Darülfünunu'nun tıp, hukuk, edebiyat, fen ve ilahiyat fakülteleri bulunmakta ve yasada tüzel kişiliğe sahip olarak katma bütçe ile yönetilmesi öngörülmektedir.

Osmanlı döneminde, yalnız dinsel öğretim yapan medrese sistemi yanında 1773'den başlayarak Batı öğretim kurumlanna benzer kurumlar da kurulmuştur. 18. yüzyıldan sonra bilimsel gelişmelere kapılarını kapayarak, tutucu bir nitelik kazanan ve zıt dünya görüşüne sahip insanlar yetiştiren medreselerin kapatılması, ancak 430 sayılı Tevhid-i Tedrisat Kanunu (Öğretim Birliği Yasası) ile 1924 yılında mümkün olmuştur. Bu nedenle, meydana gelen boşluğu kapatmak için aynı yıl Darülfünuna bir İlahiyat Fakültesi eklenmiştir.

Ne var ki; Cumhuriyet'in ilk yıllarında kendisinden çok şey beklenen İstanbul Darülfünunu, istenilen sonucu verememiş ve 1933 yılında, 2252 sayılı yasayla kaldırılmıştır. Gerçekte, Darülfünun, 1930 yılından itibaren basında da sürekli eleştirilere uğramaya başlamıştı. Bu eleştiriler iki noktada toplanmaktadır.

1. Üniversite, Türk Devrimi'nin yerleşmesinde yeterince rol oynamamaktadır. Bütün reformlara ya karşı çıkmış, ya da pasif direnmeye geçmiştir.

2. Üniversitede bilimsel çalışma yoktur.

Bu durum dikkate alınarak üniversitenin incelenmesi ve düzel- tilmesi için alınacak önlemleri göstermek ve rapor hazırlamak üzere, İsviçre'den Profesör Alfred Malche çağrılmıştır. Altı ay Türkiye'de sözleşmeli yabancı uzman olarak çalışan Malche, 29 Mayıs 1932 tarihinde 66 sayfalık bir rapor vermiştir.

İstanbul Darülfünunu gerek zamanın Millî Eğitim Bakanı Reşit Galip'in belirttiği gerekçe, gerek Malche'm raporunda belirtilen yetersizlikler dikkate alınarak kapatılmış, yerine Cumhuriyet'in getirdiği çağdaş yeni bir üniversitenin kurulmasına karar verilmiştir. Bu kararla birlikte Darülfünun kadrosundaki 155 kişinin 59'u kadroya alınmış, 96'sı kadro dışı bırakılmıştır. Böylece İstanbul Üniversitesi doğmuştur.

İstanbul Üniversitesi

Almanya'da Nazi yönetiminden kaçan 15 profesör ve uzmanın sığınmacı olarak Türkiye'ye gelmesini fırsat bilen Atatürk'ün direktifleri ile 6 Haziran 1933 tarih ve 2252 sayılı yasa ile İstanbul Darülfünunu kapatılarak, yerine İstanbul Üniversitesi kurulmuştur.

1933 yılında yapılan üniversite reformu ile üniversite de hem yapı hem de çalışma şekli bakımından köklü bir yenileşme amacı güdüldüğü görülür.

1933'den önce "üniversite" sözcüğü kullanılmamaktadır. 19 Kasım 1933 günü yapılan bir törenle açılan İstanbul Üniversitesi'nde; Emin yerine Rektör, Fakülte Reisi yerine Dekan, Müderrislere Profesör ve Ordinaryüs, Öğretmenlere Profesör, Müderris Muavinlerine de Doçent denilmesi kararlaştırılmıştır (Cumhurbaşkanları. Başbakanlar ve Millî Eğitim Bakanlarının Millî Eğitimle İlgili Söylev ve Demeçleri, 1946: 141).

Böylece, 1933 reformu ile "Fakülte", "Dekan", "Rektör" gibi günümüzde kullanılan temel kavramlar yerleşmiş, bilimsel faaliyet ve araştırmalar karışıklık ve rastlantılardan kurtarılarak etkin bir denetim altına sokulmuştur.

Atatürk, İstanbul Üniversitesi'nin açılışı dolayısıyla kendisine çekilen telgrafa şu karşılığı vermiştir:

"Üniversitenin açılışından çok sevinç duydum. Bu yüksek ilim ocağında değerli profesörlerin elinde Türk çocuğunun müstesna ze- kâ ve eşsiz kabiliyetinin çok büyük inkişaflara mazhar olacağından eminim. Hepinize başarılar dilerim."

İstanbul Üniversitesi daha önce belirtildiği gibi dört fakülte ile kurulmuş, İlahiyat Fakültesi kaldırılmış, onun yerine yönetmeliğin diğer bir maddesi ile Edebiyat Fakültesi içinde bir "İslâm Tetkikleri Enstitüsü" kurulmuştur. Bununla birlikte belirtmek gerekir ki; 1934 üniversitesinin, 1919 ve 1924 üniversitelerine göre, bilimsel ve yönetsel özerklikleri sınırlandırılmıştır.

Yeni üniversitenin kurulması ile gelen yenilikler ise şöyle sıralanabilir:

1. Atatürk devrimlerini benimseyen yeni kuşaklar yetiştirmek ve çağdaş uygarlık düzeyine yükseltmek için yüksek düzeyde insan gücü yetiştirmek.

2. Üniversiteyi köhne düşünce ve inançlardan ayırmak.

3. Darülfünuna göre daha etkin bir işleyiş ve bilimsel çalışma sağlamak, daha yeterli bir araştırma ve öğretim ortamı yaratmak, daha etkili bir denetleme getirmek.

HARF İNKILABI (1 KASIM1928)

1923'den 1928 yılma kadar dil konusuyla ilgili olarak yapılan tartışmaların odağında "imla" ve "alfabe" gelmektedir. Alfabenin Türk dilini ne kerte ifade edebildiği ve yaygmlaştırabildiği tartışması eskilere dayanmaktadır. Münif Paşa 1862'de, Cem'iyyet-i İlmiye-i Osmaniyye'de verdiği bir konferansta ilk defa olarak alfabe meselesine değinmiştir. Münif Paşa esas olarak; harekesiz yazılan Osmanlı alfabesinin okumayı zorlaştırdığından, bu okuma zorluğunun Avrupa'da toplumun her kesimine yayılan okuma-yazma yeteneğini körlettiğinden, ilaveten Arap harflerinin kitap yayımlamayı da güçleştirdiğinden bahisle yeni düzenlemeler önermiş, harflere hareke koymak yahut harfleri bitiştirmeden yazmak seçenekleri üzerinde durmuştur.

Yine aynı dönemde Azeri tiyatro yazan Mirza Fethali Ahunzâde ve İran'ın İstanbul elçisi Ermeni Melkon Han'ın harflerin ıslahı hu- susunda girişimlerde bulunulmuş, Namık Kemal de konuya yazdığı bir yazıyla dâhil olmuştur. Yaptığı devrimle Türk halkını ıslah çabalarıyla değil, köktenci bir gayretle Batılı uluslarla aynı sınıfa dahil etmeyi amaçlamıç olan Mustafa Kemal Atatürk de henüz II. Meşrutiyet'in ilan edildiği tarihte tavrını açık bir biçimde ortaya koymuştur. Atatürk'e göre ıslah çabalan boşunadır, çözüm Latin harflerinin kabulündedir. II. Meşrutiyet'in ilanından hemen sonra Selanik'teki Askerî Kulüp'te verdiği bir konferansta Atatürk şöyle söylemektedir: "İnkılabı ikmal etmek lazımdır. Biz bunu yapabiliriz. Ben bunu yapacağım."

1923'den Latin alfabesinin kabul edildiği 1928 tarihine kadar geçen sürede yoğun bir tartışma süreci yaşanmış, bir anlamda kamuoyu, yapılacak köklü değişikliklere hazırlanmıştır. Bu tartışmalarının kamuoyunu hazırlamaya dönük bir çaba olduğu açıktır. Zira Atatürk daha 1922'de Dr. Adnan Adıvar'a Latin harflerinin kabulü imkânından bahsettiğini Halide Edip aktarmaktadır. Tartışmalarda bir yandan alfabe değişikliğinin getirip götürecekleri üzerinden zihin alıştırmaları yapılırken öte yandan Türk yazı dilinin Osmanlıcadan kalma tumturaklı, 'çetrefil' tarzının eleştirisi yapılmaktadır.

Şubat 1923'de İzmir'de toplanan İktisat Kongresi'nde işçi delegelerden İzmirli Nazmi ve iki arkadaşı Latin harflerinin kabulü ile ilgili bir önerge vermişler, fakat önerge okunmadan reddedilmiştir. Kongrenin başkanlığını yapan Kâzım Karabekir konuyla ilgili görüşlerini açıklarken Arap harflerini değiştirmenin Türklerin İslam âlemi ile olan ilişkisini zayıflatacağından, bu durumun İslam âleminde Türkler aleyhine propaganda malzemesi olarak kullanılabileceğinden, harf değişikliğine gitmekle yüzlerce yıldır ortaya konan binlerce ciltlik birikimden kopacağımızdan, harf değişikliğinde en çok Batıkların dilimizi zor yazılır bulmalarının etkili olduğundan bahsetmektedir.

Kamuoyu bu tartışmalarla Harf İnkılabı'na hazırlanırken Büyük Millet Meclisi'nde konuya ilk değinen dönemin İzmir milletvekili Şükrü Saraçoğlu olmuştur. Saraçoğlu o ana kadar pek çok kereler tartışılan sorunu, soruna taraf olan yenilikçilerin klişe yargılarıyla özetlemektedir: "Benim kanaatimce bu büyük derdin en vahim noktası harflerdir. Eğer ben Arap harfi dersem burada da acaba benim fikrime tuğyan ve isyan edecek var mıdır? Efendiler! Bunun yegâne kabahati harflerdir, Arap hurufatı, Türk lisanını yazmağa müsait değildir."

Bu konuşma üzerine Türk basınında uzun süre bu konu tartışıldı. Harf inkılabı meselesi 1926'da tekrar gündeme geldi. Akşam gazetesinin açtığı bir soruşturmaya karşılık gelen cevaplar tartışmalanın sürmesini doğurdu. Fuat Köprülü, Zeki Velidi Togan başta olmak üzere bir kısım aydın harf değişikliğini onaylamazken, bir kısım aydın sorunu bir uygarlık ve yenileşme zemini sayarak harf değişikliğinden yana tavır koyuyordu. Harf değişikliğine karşı çıkan Fuat Köprülü aynı dönemde Türk Ocağı'nda yaptığı bir konuşmada, meseleye ilmi yaklaşılması lüzumundan bahisle mevcut harflerde ıslah yapmanın daha yerinde olacağını belirtiyor, Latin harflerinin bile kabul edildiğinde Türkçe ses karşılıklarına uygun olarak tadil edilmesi gerektiğini, bunu yapmaktansa gayretin var olan alfabe üzerinde yoğunlaşmasını öneriyordu.

1928 yılma gelindiğinde Latin harflerinin kabulü hususunda epey mesafe katedildiği görülmekteydi. Başta Falih Rıfkı, Yunus Nadi, Celal Nuri olmak üzere pek çok gazeteci ve yazı adamı konuyu yazılarında işlemeye ağırlık vermişler, gayretlerinde hızlanmışlardı. Fakat işin tabiidir ki çözüme kavuşacağı yer Büyük Millet Meclisi'ydi. 20 Mayıs 1928 günü yapılan ve o sıradaTürkiye'yi ziyaret etmekte olan Afgan Kralı Amanullah Han'ın da takip ettiği meclis oturumunda uluslararası sayıların kabulü ile ilgili tasarı görüşülürken Kastamonu millet vekili Hasan Fehmi'nin harf değişikliği ile ilgili sorusu dönemin Eğitim Bakam'nm verdiği cevapta, Cumhuriyet idaresinin meseleye nasıl bakmakta olduğu artık iyice belirginleşmiş bir hâldedir. Eğitim

Bakanı Necati, konuyla ilgili komisyonların çabalarından bahisle kısa bir süre içinde neticenin Büyük Millet Meclisi'ne sunulacağını söylemektedir. Böylece neredeyse altmış yıldır üzerinde farklı cephelerden durulan alfabe meselesi somut adım atılabilecek bir noktaya gelmiştir. Burada iki komisyondan söz edilebilir. Birinci komisyon 20 Mart 1926'da Eğitim Bakanı Necati'nin teklifiyle kurulmuştu.

Bir dizi toplantı ve çalışma sonucunda kabul edilebilecek türde bir alfabe hazırlayamayan bu komisyondan sonra, asıl komisyon Mayıs 1928'de kuruldu. Atatürk'ün direktifi ile harekete geçen Eğitim Bakanı Necati, 20 Mayıs 1928'de Başbakanlığa "Latin harflerinin incelenmesi için bir komisyonun kurulmasına izin verilmesi" yönünde bir dilekçe sunmuş ve bu istek Başbakanlıkça 23 Mayıs 1928'de onaylanarak Dil Encümeni resmen teşekkül etmiştir. Bizzat Atatürk tarafından seçilen şu üyeler Dil Encümeni'ni oluşturmaktadır: Falih Rıfkı Atay, Fazıl Ahmet Aykaç, Ruşen Eşref Onaydın, Ragıp Hulusi Özden, Ahmet Cevat Emre, Yakup Kadri Karaosmanoğlu, Mehmet Emin Erişirgil, İhsan Sungu ve İbrahim Grantay.

Oluşturulan yeni encümen, 26 Mart 1928'de toplanarak alfabe ve gramer konusunda ilk toplantısını yapmış ve görüşlerini bir rapor hâlinde Atatürk'e sunmuştur. Raporda, kabul edilmesi önerilen yeni Türk alfabesi de vardı. Yeni alfabenin kabulünden sonra, eski alfabenin daha ne kadar kullanımda kalacağı belirsizliğini korumaktaydı. Bazıları, on yıl gibi bir sürenin uygun olacağı, derece derece yeni alfabeye geçilmesi fikrini savunuyordu. Fakat Atatürk, ikili kullanımın, harf devrimine dönük muhalefeti güçlendireceğinden, yeni alfabenin kökleşmesini geciktireceğinden korkuyordu. Bu yüzden, üç ay içerisinde eski alfabenin bütünüyle yürürlükten kaldırılmasını emretti.

Atatürk, Harf Devrimi'ni 9 Ağustos 1928'de Sarayburnunda halka verdiği bir söylevle başlattı. Atatürk devrimin ulusal yanını vurguladığı konuşmasının son kısmında şöyle söylemekteydi:

"Bu millet utanmak için yaratılmış bir millet değildir; iftihar etmek için yaratılmış, tarihini iftiharla doldurmuş bir millettir. Fakat milletin yüzde sekseni okuma yazma bilmiyorsa, bu hata bizde değildir; Türk'ün seciyesini anlamayarak kafasını birtakım zincirlerle saranlardadır. Artık mazinin hatalarım kökünden temizlemek zorundayız. Hataları tashih edeceğiz. Bu hatalann tashih olunmasında bütün vatandaşların faaliyetini isterim. En nihayet bir sene, iki sene içinde bütün Türk hey'et-i ictimaiyyesi yeni harfleri öğreneceklerdir. Milletimiz yazısıyle, kafasıyle bütün âlem-i medeniyetin yanında olduğunu görecektir."

Atatürk'ün resmen başlattığı harf devrimi kısa zamanda tüm Türkiye'ye yayılmış, Atatürk'ün birinci elden takip ettiği süreç boyunca, yeni alfabenin yerleştirilebilmesi için yoğun bir gayret sarf edilmiştir. Bu yoğun gayretin ve Atatürk'ün meseleyle bizzat ilgilenmesinin sebebi, harf devriminin yeni Cumhuriyet için taşıdığı anlamdı. Harf devrimi her yeri geldiğinde vurgulandığı üzere, Batı kültür çevresine katılma isteğinin yansımalarından birisiydi. Fakat atılan pek çok adımın arasında, harf devrimi kadar hem görüntüsel hem de içerik bakımından toplumun değişimini sağlayacak, değiştiğini ortaya koyacak bir yenilik yoktu. Çünkü okuma yazma yeteneğinin geniş kitlelere kazandırılması, bilmeye tutku derecesinde bağlı, öğrenmeye meraklı bir kuşak oluşturacak, bu ise rasyonalist Avrupa'ya uyum sağlamamızı kolaylaştıracaktı. Öte taraftan harf devrimi sonucu Latin alfabesini kullanmaya başlayışımız, üyesi olmaya çalıştığımız Avrupa'yı lehimize etkileyecek, diğer Doğu toplumlarından farklılaştığımızı kesin bir biçimde gösterecekti.

TARİH ve DİLALANINDAKİ ÇALIŞMALAR

Mustafa Kemal Atatürk, savaş meydanında kazanılan bağımsızlığı, kültürel alanda da pekiştirmek istiyordu. Bu amaçla, Türk milletinin tarihini araştıran ve bu konularda araştırmalar yapan kurumlar oluşturulmasını, akademik çalışmalar yapılmasını istedi. Bu amaçla, Türk Tarih Kurumu oluşturuldu.

Bizzat Atatürk tarafından kurulan Türk Tarih Cemiyeti, kurumun tarihçesini şu şekilde ifade etmektedir:

"Türk Tarih Kurumu Atatürk'ün eseridir. Türk ulusunun büyüklüğüne ve üstün uygarlık yeteneklerine içten inanmış olan Atatürk, onu en uygar milletlerin düzeyine çıkarmak için önce tarihini bilmesi ve bunun içinde onu ilk kaynaklardan kendisinin araştırarak öğrenmesi gerektiğine inanıyordu. Atatürk'ün direktifleriyle, 16 üye tarafından, 15 Nisan 1931' de *"Türk Tarihi Tetkik Cemiyeti"* adı altında kurulan Kurum'un adı 3 Ekim 1935'te *Türk Tarih Kurumu*'na çevrildi.

Atatürk, yaşamının son günlerine dek Kurum'un çalışmalanna kendisi önderlik etmiş, çalışma planını kendisi çizmiştir. Türk ve Türkiye tarihini aydınlatacak araştırmacılara yol gösterici nitelikte aşağıdaki direktifleri vermiştir:

"... Tarih yazmak, tarih yapmak kadar mühimdir, yazan yapana sadık kalmazsa, değişmeyen hakikat insanlığı şaşırtacak bir mahiyet alır.

Biz daima hakikat arayan ve onu buldukça ve bulduğumuza

kani oldukça ifadeye cüret gösteren adamlar olmalıyız."

Atatürk'ün Türk Tarih Kurumu'na ve çalışmalarına verdiği önem, 5 Eylül 1938'de düzenlediği vasiyetnamesinde parasal varlığından Kurum için de bir pay ayırmasıyla kanıtlanmıştır. Türk Tarih Kurumu'nun ana geliri, bu vasiyetnameye uygun olarak, Atatürk'ün İş Bankası'ndaki hisse senetlerinden oluşmaktadır.

Atatürk'ten sonra gelen bütün Cumhurbaşkanlan da Kurum'un koruyucu başkanlandır.

Kuruluşundan başlayarak çalışmalarını eski Türk Ocağı Halkevleri binasında sürdüren Kurum, 1940 yılı sonlannda Dil ve Tarih-Coğrafya Fakültesi'nde ayrılan bir bölüme geçmiştir. Ancak her gün zenginleşen kitaplığı, çalışmalan ve gelişen basımevi için bu yer yetersiz kalmış, 12 Kasım 1967 günü yeni binasına taşınmıştır. Bu yeni ve modem bina, 1980 yılında "Uluslararası Ağahan Mimari Ödülü"nü almıştır.

Atatürk'ün kumcusu ve koruyucusu olduğu *Türk Tarih Kurumu'nun amacı* Türk tarihi ile Türkiye tarihini ve bunlarla ilgili konulan incelemek ve elde edilen sonuçlan her türlü yollarla yaymaktır. Kumm bu amaçlarım gerçekleştirmek için anma törenleri, konferanslar, seminerler, kongreler düzenler, kazılar yaptım, Türk ve Türkiye tarihine ait kitaplar yayımlar.

Kurum, yeni buluşları ve bilimsel konuları tartışmak üzere, ge- leneksel duruma gelen ve günümüze dek aralıklarla toplanan Türk Tarih Kongreleri düzenlemektedir. İlk iki kongre Atatürk'ün koruyucu başkanlığında yapılmış, kongreleri kendileri izlemişlerdir.

I. Türk Tarih Kongresi, 2-11 Temmuz 1932 tarihinde Ankara Halkevi'nde yapılmıştır. Amacı yeni tarih görüşünün ve tarih öğretiminde tutulacak yolun öğretmenlere ve kamuoyuna anlatılmasıdır.

20-25 Eylül 1937 tarihinde Dolmabahçe'de yapılan II. Kongre, uluslararası nitelik kazanmış, yabancı bilim adamları da bu kongre- ye katılmışlardır. Bu Kongre, Türk tarihinin açıklanması ve belge- lenmesi amacını gütmüştür. Ayrıca, Kongre dolayısıyla, tarih önce- sinden Cumhuriyet dönemine dek yurdumuzda ve Orta Doğu'da gelişen büyük uygarlıkları, maketler, mülajlar, resimler ve grafikler- le canlandıran bir sergi düzenlenmiş ve bu sergi Ata'mızm ölümüne dek Dolmabahçe'de kalmıştır.

Mustafa Kemal Atatürk'ün en büyük sevdalarından birisi de, Türk dilinin zenginliğini ortaya çıkaran çalışmaların yapılmasıdır.

Tarih konusunda araştırma yapmak üzere kurulan Türk Tarih Ku- rumu'nun muadili olarak Türk Dil Kurumu da, Türk dili üzerine çalışmalar yapmak üzere kurulmuştur. TDK'nm kurucu ve koruyucu (hami) başkanı Yüce Atatürk, 12 Temmuz 1932 tarihinden itibaren ölünceye dek TDK ile yakından ilgilenmiş; çalışmalarını takip etmiş, bazen Genel Merkez Kurulu ve Terim Kolu toplantılarına başkanlık etmiş, bazen de kimi yönetici ve üyelerle sofrasında uzun uzadıya Kurum çalışmalarını ele almış, yönlendirici uyanlarda, tavsiyelerde bulunmuştur.

KIYAFET DEVRİMİ

Atatürk, 23 Ağustos 1925'te Kastamonu ve İnebolu'ya yaptığı seyahatlerde şapkayı halka göstererek giysi devriminin ilk işaretini verdi. "Biz her nokta-i nazardan medeni insan olmalıyız. Fikrimiz, zihniyetimiz, tepeden tırnağa kadar medeni olacaktır. Medeni ve beynelmilel kıyafet milletimiz için layık bir kıyafettir onu giyeceğiz." diyen Atatürk, 27 Ağustos 1925'te de İnebolu'da "Turan kıyafetini araştırıp ihya eylemeye mahal yoktur. Medeni ve beynelmilel kıyafet bizim için, çok cevherli milletimiz için layık bir kıyafettir" diyerek, medeni yaşayışa uyan kıyafetin kabulü gerekliliğini belirtmiştir.

Atatürk'ün uyarması üzerine daha 25 Kasım 1925 tarih ve 671 Sayılı Şapka Kanunu çıkmadan önce vatandaşlar şapkayı giymiş ve bu yenilik, medeni kıyafet değişimi olarak halk arasında iyi karşılanmıştı. Bundan sonra, cüppe ve sarık giymek yasaklanmış, bu kıyafetleri giyme hakkı yalnız din adamlarına tanınmıştı.

SOYADI KANUNUNUN KABULÜ

Kişinin soyadının bulunmaması toplum hayatında karışıklara neden oluyordu. Ayrıca bu durum toplumsal ilişkiler bakımından da bir eksiklikti. Soyadı yerine kullanılan baba adı, doğduğu memleketin adı ve kullanılan lakaplar, soyadının toplumsal ilişkilerdeki rolünü oynayamıyordu.

21 Haziran 1934'te çıkarılan 2525 sayılı Soyadı Kanunu ile her vatandaşın öz adından başka bir de, soyadı taşıması zorunlu kılındı. Soyadları Türkçe olacaktı. Rütbe, memurluk, yabancı ırk ve millet

adları ile ahlaka aykırı ve gülünç kelimeler soyadı olarak kullanılmayacaktı.

Soyadı kanununun kabulünden sonra 24 Kasım 1934 tarihinde 2258 Sayılı Kanunla, TBMM Türk milletinin bir şükran ifadesi olarak, Gazi Mustafa Kemal Paşaya Atatürk soyadını vermiştir.

1934 yılında çıkarılan diğer bir kanunla da; "Ağa, Hacı, Hafız, Hoca, Molla, Efendi, Paşa" gibi, eski toplum zümrelerini belirten unvanlar kaldırılmıştır. Aynı kanunla yurt savunmasında. Millî Mücadele'de gösterilen başarılar karşılığı verilen madalyalar dışında, eski Osmanlı idarecilerinin verdiği tüm nişan ve rütbeleri taşımak da yasaklanmıştır.

TAKVİM VE ÖLÇÜLERDE DEĞİŞİKLİKLER

Osmanlı Devleti'nde kullanılan saat, takvim ve ölçüler, Avrupa devletlerinde kullanılanlardan farklıydı. Bu durum, sosyal, ticari ve resmî ilişkileri zorlaştırıyor, bazı karışıklıklara sebep oluyordu. Osmanlı Devleti'nin son dönemlerinde bu farklılığı gidermek için bazı çalışmalar yapıldı. Fakat bu yeterli değildi.

Cumhuriyet'in ilanından sonra bu zorlukları ortadan kaldırmak için çalışmalara başlandı. Önce 26 Aralık 1925'te çıkarılan bir kanunla, o zamana kadar kullanılmakta olan, Hicri ve Rumi takvimlerin yerine Miladi takvim kabul edildi, 1 Ocak 1926'dan itibaren de kullanılmaya başlandı. Böylece devlet işlerinde karışıklık önlendi. Takvimdeki bu değişikliğin yanında, alaturka denilen, güneşin batışına göre ayarlanan saat yerine, çağdaş dünyanın kullandığı saat sistemi kabul edildi. Batıdan alınan zaman ölçüsü ile bir gün 24 saate bölünüp, günlük hayat düzene sokuldu.

1928 yılında yapılan bir değişiklikle milletlerarası rakamlar kabul edildi. 1931'de kabul edilen bir kanunla eski ağırlık ve uzunluk ölçüleri değiştirildi. Eskiden kullanılan arşın, endaze, okka gibi ölçü birimleri kaldırıldı. Bunların yerine uzunluk ölçüsü olarak metre, ağırlık ölçüsü olarak kilo kabul edildi. Uzunluk ve ağırlık ölçülerinde yapılan bu değişikliklerle ülkede ölçü birliği sağlandı.

Bu yeniliklerin yanında millî bayramlar ve tatil günleri de yeniden düzenlendi. 1935'te çıkarılan bir kanunla, cuma günü olan hafta tatili değiştirilip, cumartesi öğleden sonra ve pazar günü hafta tatili olarak kabul edildi.

Osmanlı döneminde 60 cm veya 65 cm uzunluğa eşit olan endaze, parmak ucundan omuza kadar uzunluğu ifade eden ve ortalama 75,8 cm kabul edilen arşın ile adım, ayak, kulaç gibi uzunluk ölçüleri kullanılıyordu. Bu ölçüler standart ölçüler değildi. Hele adım, ayak, kulaç gibi ölçülerle sıhhatli bir iş yapmak hiç mümkün değildi. Bunlann yerine 26 Mart 1931 tarih ve 1782 sayılı kanunla modem dünyanın kullandığı metrik sistemi kabul edilmiştir. Artık uzunluk ölçümü milimetre, santimetre, desimetre, metre, dekametre, hektometre, kilometre ile ifade edilecektir.

Ağırlık ölçülerine gelince bu grubun temel birimi dirhem idi. Dirhem Mısır'da 3,0889 gram, İstanbul'da 3,207 gram idi. 400 dirhem bir okkayı oluşturuyordu. İstanbul için bir okka 1.282 gram ağırlığı ifade etmekte idi. Diğer şehirlerde okkada küçük farklılıklar görülebiliyordu. Okka yerine vakiyye ve kıyye tabirleri de kullanılıyordu. 44 okka bir kantarı, 4 kantar da bir çekiyi ifade etmekte idi ki, bu hesaba göre, 1 kantar 56,408, 1 çeki de 225,632 kilograma karşılık geliyordu. Ancak sonradan 195 okka yani 250 kilograma 1 çeki denildi. Bir başka ağırlık ölçüsü olan batman ise aynı zamanda yüzey ölçüsü olarak da kullanılmış, farklı ülkelerde farklı zamanlarda farklı standartları ifade etmiştir. Altın ve kıymetli taşların ölçümünde kullanılan temel birim ise de kırattır. Kıratın alt ve üst birimleri ve bunların birbirlerine oranları şu şekildedir. 1 3/7 (Bir tam üç bolü yedi) dirhem bir miskali oluşturur. Miskalin 1/üne denk, dengin 1/4'üne kırat, kıratın 1/4'üne buğday, buğdayın 1/4'üne fitil, fitilin 1/ 2'sine nakir, nakirin 1/2'sine kıtmir, kıtmirin 1/2'sine zerre denilirdi.

1782 sayılı kanun ağırlık ölçülerinde de batı standartlarını hâkim kılmıştır. Artık ülke içinde ve dışındaki alışverişlerde miligramdan tona kadar uzanan modern dünyanın ölçü sistemi esas alınacaktır. Kuyumculukta ise yeni şekli ile 2 desigram ağırlığa tekabül eden kırat da kullanılabilecektir.

CUMHURİYETİN EKONOMİK ANLAMDA BAŞARDIKLARI

Osmanlı Devleti'nin son dönemlerinde ülke ekonomisi çok bozulmuştu. Art arda girilen ve yenilgiyle sonuçlanan savaşlar, zaten yetersiz olan gelir kaynaklanın daha da azaltmıştı. Ekonominin temeli olan tarım alanında geri kalmıştı. Yabancı devletlerin etkisi yüzünden sanayi gelişmemişti.

Ticaretin çok büyük bir bölümü ile bankacılık, maden işletmeleri, su ve gaz gibi hizmetler yabancıların elindeydi. Ülke ekonomisinin bu sıkıntıları. Kurtuluş Savaşı döneminde daha da ağırlaştı. Ancak, Türk milletinin olağanüstü fedakârlığı sayesinde bütün güçlüklerin üstesinden gelindi. Elde edilen siyasi başarının ekonomi, eğitim ve sağlık gibi alanlarda kazanılacak başarılarla güçlendirilmesi şarttı. Bunun için zaferden sonra hemen çalışmalara başlandı. Yeni Türk Devleti'nin ekonomi politikasını tespit etmek için

İzmir'de, Türkiye İktisat Kongresi toplandı (17 Şubat 1923). Kongreye sanayici, çiftçi, işçi ve tüccar gibi çalışma gruplarının temsilcileri katıldı. Mustafa Kemal, kongreyi açış konuşmasında, "Siyasi ve askerî zaferler ne kadar büyük olursa olsunlar, ekonomik zaferler ile taçlandırılmazlarsa elde edilen zaferler kalıcı olamaz" diyerek ekonomik bağımsızlığın önemini belirtmiştir. Kongrenin yaptığı çalışmalar sonucunda "Misak-ı iktisadi" (Ekonomi Andı) kabul edildi. Buna göre ekonomiyle ilgili kararlar alınırken ekonomik bağımsızlık titizlikle korunacak ve millî kaynaklar harekete geçirilecekti. Kongre'de ayrıca üreticinin, millî sanayinin ve ihracatın korunması ve teşvik edilmesiyle ilgili kararlar alındı. Ticaret alanında bir bankanın kurulması, çiftçilerin kredi şartlarının kolaylaştırılması işçilerin çalışma şartlarının iyileştirilmesi de alman kararlar arasındaydı. Millî ekonominin kurulmasında, Türkiye İktisat Kongresi'nin, önemli bir yeri vardır.

a) Tarım Alanında Gelişmeler: Tarım, millî ekonominin temeli kabul ediliyordu. Bu alanda gelişme sağlamak için köylünün duru- munu iyileştirmeye önem verildi. Atatürk, bu konuda şunları söylemiştir: "Türkiye'nin gerçek sahibi ve efendisi, gerçek üretici olan köylüdür. O hâlde, herkesten daha çok refah, mutluluk ve servete hak kazanan ve layık olan da köylüdür." Köylünün durumunu iyileştirmek ve çalışma gücünü harekete geçirmek için ilk önemli adım aşar (öşür) vergisinin kaldırılmasıyla atılmış oldu (1925). Daha sonra Ziraat Bankası'nın verdiği kredi miktarı artırıldı. Çiftçinin tarım alanlarında makine, iyi tohum ve ilaç kullanılması teşvik edildi.

Kooperatifçiliği geliştirmek için gerekli düzenlemeler yapıldı. Örnek çiftlikler kurularak hem yeni ürünler, hem de modem tanm yöntemleri tanıtıldı. Ankara'daki, Atatürk Orman Çiftliği bunlardan biridir. Orta ve yüksek düzeyde ziraat okulları açıldı. Bütün bu tedbirler kısa sürede çok olumlu sonuçlar verdi. Artan üretim, sosyal ve ekonomik hayata büyük bir canlılık getirdi.

b) Ticaret Alanında Gelişmeler: Eskiden ülkemizde ticaret işleri daha çok yabancı tüccarlann ve azınlıkların elindeydi. Bu durumu değiştirmek için ticaret hayatında Türk milletini söz sahibi yapmak şarttı. Bunun için Türk bankacılığını geliştirme konusunda karar alındı. Kurulan İş Bankası birçok alanda yatınm yaparak, ülke ekonomisine önemli katkılarda bulundu. Bu banka aynca tüccarın kredi ihtiyacını karşılamak için çaba harcadı. Cumhuriyet döneminde deniz ticaretine de önem verildi. Türk limanlan arasında yolcu ve yük taşıma işi demek olan "Kabotaj" hakkının Türk denizcilere verilmesi, deniz ticaretini geliştirdi (1926). Öte yandan yabancıların kurduğu ticaret işletmeleri birer ikişer satın alınarak Millî Ekonomi ilkesinin uygulanması sürdürülmüştür.

c) Sanayi ve Madencilik: Ülke kalkınmasında sanayileşmenin çok önemli bir yeri vardır. Bu yüzden Cumhuriyet'in ilk yıllanndan itibaren sanayi faaliyetlerine de önem verildi. Kapitülasyonların kaldırılmış olması bu konuda büyük bir rahatlık getirmişti. Ancak gene de önemli sıkıntılar vardı. Ülkemizde yeteri kadar sermaye birikimi yoktu. Ayrıca yetişmiş eleman ve gerekli teknoloji de yetersiz- di. 1926' da Teşvik-i Sanayi Kanunu çıkarılarak, sanayi faaliyetleri özendirildi. Yerli malların korunması için önlemler alındı. Özel sektörün imkânlarını aşan alanlarda, devlet eliyle önemli yatımmlar yapıldı. 1934 yılından itibaren Birinci Beş Yıllık Kalkınma Planı uygulanmaya başlandı. Önce tekstil, daha sonra diğer sanayi dallarında önemli gelişmeler oldu. 1939'da Karabük Demir Çelik Fabrikası'nm kurulması bu alanda elde edilen başarıların düzeyini gösteren güzel bir örnektir. Kurulan fabrikaların hammadde ihtiyacını karşılamak amacıyla maden işlerine de önem verildi. Maden Tetkik Arama Enstitüsü (MTA) ile Etibank, madencilik, işleriyle uğraşan başlıca kuruluşlanmız olarak ülke ekonomisine fayda sağladılar.

d) Bayındırlık ve Ulaştırma Alanında Gelişme: Cumhuriyet'in ilk yıllanndan itibaren yurdumuz her yönden gelişmeye başladı. Önce, ulaşım konusunu ele almak gerekiyordu. Gerek ekonomiyi canlandırmak, gerekse yurdun güvenliğini sağlamak için bu konuyu halletmek şarttı. Bu anlayışla başta demiryolu olmak üzere, kara, deniz ve hava yolu ulaşımına önem verildi. Demiryolları, köprüler, karayolları, limanlar ve hava alanları yapıldı. Ülkenin can damarları olarak kabul edilen ulaşım sistemi sağlıklı bir şekilde hizmet vermeye başladı, şehirlerin imar edilmesi önemle ele alman işler arasındaydı. Yeni açılan cadde ve sokaklar ile park ve bahçeler şehirlere güzel bir görünüm kazandırdı. Elektrik, su ve bazı şehirlerdeki ha- vagazı hizmetleri günlük hayatı kolaylaştıran önemli yeniliklerden bazılarıdır.

e) Sağlık ve Tıp Alanında Gelişme: Türkiye Büyük Millet Mecli- si'nin açıldığı sıralarda ülkemiz, ciddi sağlık sorunlarıyla karşı karşıya bulunuyordu. TBMM hükümeti konuyu, önemle ele aldı. Sağlık ve sosyal yardım işleriyle ilgili görevler, yeni kurulan Sağlık ve Sosyal Yardım Bakanlığına verildi. Böylece sağlık işleri devlet eliyle yürütül- meye başlandı. Sağlık kuruluşları ülke düzeyinde yaygınlaştırılmaya çalışılırken hastane ve sağlık personeli sayısı da arttırıldı, ilk önce salgın hastalıklarla mücadele edildi. Sıtma, verem, trahom ve frengi gibi hastalıkların kontrol altına alınması ve tamamen önlenmesi yolunda başarılı sonuçlar alındı. Ayrıca çıkarılan kanunla, koruyucu sağlık hizmetleri konusunda yeni düzenlemeler yapıldı. Okul programlarında ve halk eğitimi çalışmalarında sağlık konularına yer verildi.

ATATÜRK DÖNEMİNDE TÜRK DIŞ POLİTİKASI

Barışçılık: Türkiye'nin sosyo ekonomik yapısı ve stratejik konumu dış politikaya belirli bir dünya görüşü ile bakmayı, ilişkilerde, sağlam dayanaklar ve antlaşmalara bağlı bir politika takip etmeyi gerekli kılmaktaydı. Bu sebeple Lozan Barışı'ndan sonra, barışçı bir politikanın takibi öngörülmüştü. Girişilen inkılapların başarılması, kalkınma hamlesinin gerçekleştirilmesi yurt ve dünyadaki barış ortamıyla yakından ilgiliydi. Atatürk, bunun bilinciyle tüm devletlerle iyi ilişkiler kurmaya çalışmış, dostluk antlaşmaları imzalamıştı. Onun barışçılık konusundaki şu sözleri çok önemlidir. "Dünya ulusların mutluluğuna çalışmak, başka bir yoldan kendi esenlik ve mutluluğuna çalışmak demektir. Beşeriyeti bir vücut ve bir ulusu, onun bir uzvu saymalıdır. Bir vücutta parmağın ucundaki acıdan bütün öbür uzuvlar da acı duyar. Dünya'nm şu yerinde bir rahatsızlık varsa, 'bana ne' dememeliyiz. Onunla ilgilenmeliyiz." Atatürk'ün barışçı politikası yalnızca sözde kalmamış barış yolunda Milletler Cemiyeti'ne katılmak, Balkan, Akdeniz, Sadabat vb. paktlara bizzat katılıp görev alarak düşüncesini ortaya koymuştur. Harbi kanun dışı sayan "Briand-Kellog" paktına "Litvanof' protokolü ile katılarak harbi önlemenin ve antlaşmazlıkları barışçı yollarla çözmenin çarelerini aramıştı. Savaşın söz konusu olduğu anlarda ise bir taraftan önleyici tedbirlere katılırken, diğer taraftan bizim dışımızdaki bir ülkeye karşı savaşı başlatan ülke ile bile dost olmanın yollarını aramaktan geri durmamıştı. Örneğin 30 Ekim 1935'de, İtalya, Habeşistan'a saldırmış ve 9 Mayıs 1936'da bu bahtsız ülkeyi ilhak etmiştir. Türkiye, İtalya'ya karşı o zamanki Milletler Cemiyeti'nin üyesi olarak zorlama tedbirlerinin uygulanmasına katılmıştır. Ama aynı şekilde, Atatürk'ün Dışişleri Bakanı Araş, 3 Şubatta Milano'ya gitmiş ve Mussolini'nin damadı olan, İtalyan Dışişleri Bakanı Ciano ile "Akdeniz Statükosuna saygı" antlaşmasını imzalamıştır.

Milli Bağımsızlığın Korunması

Atatürk'ün milletlerarası ilişkilerdeki gerçekçi yaklaşımı, O'nun dış politikada millî bağımsızlıktan taviz vermeyen ve bu konudaki kararları daha kesin bir dille söylemeye yöneltmiştir. Misak-ı Millî'de ifadesini bulduğu biçimde her alanda tam bağımsızlığın tesisi ve onun korunması temel hedefi olmuştur. Türk Milleti'nin, bağımsızlığa verdiği önemden dolayı Sivas Kongresi'nde, "Manda"ya şiddetle karşı çıkan Atatürk, Lozan Banşı'ndan sonra Millî Misak yolunda aynı kararlılıkla hareket etmiştir. Atatürk, tam bağımsızlığı tanımlarken "İstiklali tam, denildiği zaman, bittabi siyasi, mali, iktisadi, adli, askerî, harsi vd. Her hususta istiklali tam ve serbestisi tam demektir. Bu saydıklarımın her hangi birinde istiklalden mahrumiyet, millet ve memleketin manayı hakikiyesiyle bütün istiklalden mahrumiyeti demektir" diyordu. Bu anlayışla hareket eden Atatürk, Londra Konferansında Bekir Sami Bey'e, Lozan Konferansı sırasında İsmet İnönü'ye verdiği direktiflerle hedefe adım adım ilerlemiş, Fransa ve İtalya'ya daha önce tanınmış olan ayncalıklan kabul etmemiştir.

Lozan Barışı sırasında, Boğazlar için geçici bir süre kabulü zorunlu görülen egemenlik kısıtlamalarını da 1936 Montrö Antlaşmasıyla ortadan kaldırdı. Azınlık okullarına tanınan kültür ve eğitim ayrıcalıklarına son verdi. Barışçı ve denge politikasının benimsenmiş olmasına rağmen milletimizin hakları söz konusu olduğu zaman, Etablı* ve Hatay meselesinde olduğu gibi gerekirse silaha bile sarılmaktan çekinmediğini açıkça ifade etti.

Atatürk'ün dış politikasındaki bağımsızlık anlayışı Türkiye'yi uluslararası ilişkilerde yalnız başına ulusal sınırlar içinde hapseden bir anlayış da değildir. Durumun böyle olmadığı, o dönemde yapılan siyasi antlaşmalardan bellidir.

Hukuk'a Uygunluk

1923'ten bu yana uygulanan dış politikada devletler hukukuna bağlılık ve saygı, Türkiye'nin temel prensibi olmuştur. Antlaşmaların tek taraflı feshedildiği dönemlerde dahi ahd-ı vefa kaidelerine uyarak haklı ve meşru taleplerini antlaşma ve müzakereler yoluyla halletme metodunu takip etmiştir. Mesela, Türkiye, Montrö'de elde ettiği bütün menfaatleri sadece Lozan Muahedesi'ni feshettiğini ilanla temin edecek kuvvette olduğu ve kimsenin buna mâni olacak vaziyette bulunmadığı bir sırada, bu yolu tutmayıp işi anlaşarak ve gönül rızası olarak yapmayı tercih etmiş, bu yüzden bütün sulh ve barışseverlerden takdir almıştır. Aynı şekilde Hatay konusu da hukuk kuralları çerçevesinde ve herhangi bir yanlış anlaşılmaya sebebiyet vermeyecek şekilde halledilmiştir.

Dengdi Dış Politika

Atatürk bağımsızlığın muhafazası ve hızlı kalkınmanın temini için Londra'dan sonra denge politikasının izlenmesine büyük önem

1923 Lozan Barış Antlaşmasının eklerinden biri olan "Rum ve Türk ahalinin mübadelelerine dair mukavele"nin yorum ve uygulanması konusunda Türk-Yunan hükümetleri arasında çıkan anlaşmazlık. vermişti. Millî Mücadele sırasında Batılı işgalcilere karşı SSCB ile karşılıklı iş birliğine dayanan bir denge kurulmuştu.

Lozan'dan sonra Fransa Suriye'ye, İngiltere de Musul'a koruyucu olarak hâkim olmuşlardı. Özellikle İngiltere, her fırsatta Musul'da Türk haklarını tamamen yok etmek niyetindeydi. Türkiye İngiltere'nin bu davranışlarını dengeleyebilmek için, Bulgaristan'la 18 Ekim 1925, SSCB ile 17 Aralık 1925, Suriye ve Lübnan üzerinde sahip olduğu yetkiye dayanarak Fransa ile 30 Mayıs 1926'da İran'la ve 22 Nisan 1926'da dostluk ve iyi komşuluk antlaşmalarını imzalamıştı. Moskova'nın iç bunalımlarına dönük olduğu bir tarihte, Ankara'nın Batı ile arasının açık olması SSCB dış politikasının destekleyeceği bir durumdu.

1930'lu yıllarda ise Akdeniz'deki İtalyan tehlikesine karşı Türkiye denge unsuru olarak revizyonist olmayan Batı'yı daha uygun görüyordu. Çünkü bu tarihlerde Sovyetler Birliği tüm dikkatini Almanya'ya çevirmişti. İtalya'ya karşı Türkiye'yi korumak gibi bir şeyi düşünmüyordu.

Karşılıklı Güven ve İş Birliği

Türkiye dış politikasında karşılıklı saygı ve güven duygusuna büyük önem vermişti. Dışarıda barışın sürekliliği, içeride kalkınmanın ve huzurun temininde güven duygusuna ihtiyaç vardı. 1926'da Atatürk, bu hususta "Biz milletlerarası münasebetlerde karşılıklı emniyet ve riayeti hedef tutan açık ve samimi politikanın en ateşli taraftarlarıyız..." diyordu. Bunun için Musul Meselesi'nin gündemde olduğu 1926 senesinde bile Türkiye karşılıklı güven duygusu içinde SSCB ile dostça münasebetlerini yürütmüş, Batı'ya da dost elini uzatmıştır.

Savaşları ve antlaşmaları amaç olmaktan ziyade araç olduğunu kabul eden Atatürk, karşılıklı güven ve iş birliğinin bu tür olaylara yer vermeyeceği kanaatini her zaman dile getirmiştir. Atatürk 1931'de, "Türkiye'nin güvenliğini gaye tutan hiçbir milletin aleyhine olmayan bir barış istikameti bizim daima prensibimiz olacaktır" demişti.

Batılılaşma

Atatürk'ün dış politikasındaki temel hedef Türkiye'nin çağdaş uygarlık düzeyine ulaştmlmasıdır. Bunun için Batı'ya yönelmek gereği vardır. Atatürk daha 1923'de bunu açıklamıştı. "Türkler hep garba doğru gitti. Avrupa Türkiye'si daha doğrusu garba teveccüh etmiş bir Türkiye istiyoruz. Bütün meselemiz Türkiye'de asri binanenaleyh Garbi bir hükümet vücuda getirmektir. Medeniyete girmek arzu edip de garba teveccüh etmemiş millet hangisidir."

Türkiye kuruluşundan itibaren "Batı" ile savaşmasına rağmen, Batı'ya yönelmiş, Batı'mn yalnız tekniğini değil metodunu da kabul etmiştir. Batı'ya yönelişin önemli sebeplerden biri de güvenlik açısındandır. Avrupa ancak kendisiyle benzerlik hâlindeki bir Türkiye ile bir arada yaşamaya razı olabilirdi. Bunun yanı sıra demokrasi rejiminin Batı'ının temel yönetim biçimi olduğuna göre demokrasiye inanmış bir ülke olarak Türkiye'nin Batı'ya yönelmesi gerekliydi.

Atatürk'ün Batılılaşma anlayışında taklitçiliğe yer yoktur. O Batı'ya yönelişimizi açıklarken "Biz Batı medeniyetini bir taklitçi yapalım diye almıyoruz. Onda iyi olarak gördüklerimizi kendi bünyemize uygun bulduğumuz için dünya medeniyet seviyesi içinde benimsiyoruz." demişti.

1923 - 1930 Döneminde Dış Politika

TÜRKİYE'NİN GENEL DURUMU

Lozan Barışı'ndan sonra yeni Türk Devleti'nin toprakları küçülmüş olmasına rağmen, stratejik değeri azalmamış aksine artmıştı. Üstelik Avrupa'nın bütün güçlü devletleriyle komşu duruma gelmişti. Lozan'dan sonra, 1923-1930 dönemi inkılap prensiplerine uygun olarak dış politika da Lozan'dan intikal eden meselelerin çözümü ve Lozan'da alınan kararların uygulanmasını öngörüyordu.

Bu dönemde Türkiye, Batı'yla sosyal ve özellikle ticari münase- betler kurmak konusunda kuşkuluydu. Sebebi o güne kadar kafalarda yer etmiş olan hareketlerdi. Tümüyle liberal çizgilerde gelişmiş olan Avrupa sanayii ile iş birliğine girerken çok geniş bir denetimi üstlenmek gerekiyordu. Denetimin başarılması hâlinde Batı ile ekonomik yaklaşmanın nasıl bir politik bağımlılığa yol açacağını bilen Türk hükümeti, daha ilk anda millîleştirme ve yabancı firmalar için, Türk dilini zorunlu kılan yasalar çıkardı.

Dış dünya ise ekonomik reform alanında pek etkili olunamayacağını sanıyordu. Türkiye'nin Rum ve Ermenilerin yardımını alma- dan özellikle ekonomik kalkınma politikasının etkili bir şekilde yürütülemeyeceği kanaatındaydılar. Buna rağmen Türkiye dış münasebetlerinde dostça bir tutum içindeydi. Bu çerçeve içinde SSCB ile sosyal, siyasi ve ekonomik iş birliğine girmiş, Batı'da ekonomik bunalımı atlatmayı başaran Almanya ile ekonomik münasebetlerin yanı sıra, kültürel ilişkileri de geliştirmişti. Ama her şeye rağmen 1923-30 dönemi Türk dış politikası son derece temkinli ve Batı ile münasebetlerinde kuşkuludur.

Türkiye iç politikada sosyal hayatın hemen her alanında köklü inkılapları gerçekleştirmekle meşguldü. Yeni bir anayasa kabul edilmiş, hilafet kaldırılmış, eğitim birleştirilmiş, kılık kıyafet, hukuk, harf vb. inkılaplar gerçekleştirilmişti. Mesela, halifeliğin kaldırılması ile laikliği ve dolayısıyla yenileşmeyi önleyen baş engel ortadan kalkmış oluyordu. Laikçi reformların toplumda yarattığı derin tepki, memleket ekonomisinin kötü durumu ve hükümetin dış ticaret üzerine koyduğu tehditler dolayısıyla daha da ağırlaşmıştı. Memnuniyetsizlik, Halk Fırkası arasında da bölünmelere sebep olmuş ve Terakkiperver Cumhuriyet Fırkasının kurulmasına kadar varmıştı. İnkılapların en hızlı döneminde, doğuda 1925 Şeyh Said isyanı patlak vermiş ve kısa aralıklarla 1938'e kadar devam etmiştir. Ardından Atatürk'e İzmir suikast girişimi düzenlenmiş 1930'da Menemen olayı patlak vermişti.

Türkiye'nin modernleşmesine karşı söz konusu olan direnme, teokratik kaynaklardan besleniyordu. Her ne kadar medreseler kaldırılmışsa da, mensupları ulemaya kıyasla, halkla daha yakın ve daha tesirli olan tekkeler, faaliyetlerine devamla, laikleşmeye karşı mukavemet ediyordu. Hükümet bütün bu olaylara İstiklal Mahkemeleri ve Takrir-i Sükûn yasası ile cevap vermek zorunda kalmıştı.

Batı Devletleri ile Olan İlişkiler

1930'a kadar Batı devletleri ile olan ilişkilerde Lozan'dan intikal eden Musul, borçlar, okullar ve Yunanlılarla aramızdaki "etablı" anlaşmazlığının çözümü ile uğraşıldı. Ve Musul dışındaki konular genel olarak Türkiye'nin istediği biçimde sonuçlandı.

İngiltere ve Musul Meselesi

Lozan konferansı devam ederken, konferansın ilk toplantısında, Fethi Bey (Okyar) görüşlerini açıklarken Musul vilayetinin üçte ikisinin Türk ve Kürt olduğunu bu sebeple bölgenin Türk sınırları içindekalması gerektiğini belirtmişti. Ancak konferans esnasında İngiltere, Türkiye'ye, Irak hududu hakkında teklif ettiği madde "Hududun Cemiyet-i Akvam Meclisi'nin vereceği kararla tevfikan çizileceği" şerhini koymuş ve bu şerh talebimiz üzerine hududun dokuz ay zarfında Türkiye ve İngiltere arasında çizilmesini, anlaşma sağlanamazsa konunun Cemiyet-i Akvam'a götürülmesi şeklinde bırakılmıştı. Meselenin çözümü için 19 Mayıs 5 Haziran 1924'te yapılan İstanbul Konferansında, İngiltere, Musul'un yanı sıra Hakkâri vilayetini de Irak'a katılmasını talep etmişti. Görüşmeden netice alınamayınca Musul'da iki taraf arasında çatışmalar söz konusu oldu. Konu Milletler Cemiyeti'ne intikal etti. Cemiyet 29 Ekim 1924'te geçici sınır (Brüksel Hattı) tespit ederek bir süre için meseleyi halletmiş oldu. Ancak İngiltere her ne pahasına olursa olsun, Musul bölgesindeki petrol kaynaklarını ve Irak'm stratejik önemini göz önünde tutarak işgal altına tuttuğu Musul topraklarından vazgeçemiyordu. Mevcut durumu Türkiye'ye aynen kabul ettirmek için İtalya ve Fransa'yı bile yanına almayı başarmıştı. Bu aşamadan sonra Musul konusu Milletler Cemiyeti'ne getirilmişti. Milletler Cemiyeti esas itibarıyla siyasi bir organ- dı. İngiltere ise cemiyetin en güçlü üyelerinden biri ve Meclis'in daimî üyesi bulunuyordu. Buna mukabil Türkiye teşkilata üye değildi. Konu Konsey'e getirildiği zaman Konsey bir Komisyon oluşturarak aydınlatıcı rapor istedi. Ve Komisyon'un verdiği rapora uyarak Musul'un Irak'a bırakılmasını uygun gördü. Adalet Divam'na yalnızca usulle ilgili konular sorulmuştu. Kararın uygulanması Türkiye'nin de kabulü ile mümkün olacaktı. Ancak Türkiye, Konsey'in taraflı karama bir süre direndiyse de bu uzun sürmedi. Bir defa Türkiye, Cemiyet'in üyesi değildi. İngiltere ise Cemiyet'te önemli bir yer işgal ediyordu. Konsey'de Musul konusu hep Avrupalı Hıristiyan devlet temsilcileri tarafından incelendiği için Türkiye yalnızlığa itilmişti.

Bunun sonucunda Paris'te SSCB ile 17 Aralık 1925'te bir Dostluk ve Saldırmazlık Paktı imzalamıştı.

Tek Müslüman devlet olarak Türkiye'nin Avrupa'da hak aramaya kalkması da bir başka dezavantajdı. Günün şartları içinde oldu bittiyi değiştirmek için İngiltere'ye savaş açmak gibi maceralı bir yo- la girmek de düşünülemezdi. Uygun yol yeniden İngiltere ile masaya oturmaktı. Hükümet Milletler Cemiyeti'nin vermiş olduğu karan esas tutarak 1926'da görüşmelere başlamış ve bazı haklar elde etme karşılığında mevcut durumu kabul etmişti. 5 Haziran 1926 tarihli antlaşmaya göre Irak hududunda Milletler Cemiyeti'nin belirlediği hatta Türkiye lehine bazı küçük değişiklikler yapacaktı. 14. Madde ile de Irak'm belirli petrol gelirlerinden % 10 pay verecekti. Petrol geliri Türkiye'nin Musul'dan vazgeçmesi karşılığında verilmişti. Daha sonra Türkiye ek notalara uygun olarak, 500.000 İngiliz lirası karşılığında petrol üzerindeki hakkından feragat etti. Böylece Musul konusundaki uyuşmazlık halledilmiş oluyordu. Ancak Türk-lngiliz ilişkilerinin geliştirilmesi pek kolay olmamıştı. Musul Meselesi'nin çözümünden sonra İngiltere'nin Türkiye'ye karşı dostluğu giderek artmaya başladı. Çünkü Türkiye'ye karşı komşu topraklarda İngiliz çıkarları bunu gerektiriyordu. İngiltere dostluğun korunması için bir filosunu 1929'da İstanbul'u ziyarete göndermiş ve filo kumandanı ile İngiliz elçisi Ankara'da Atatürk'ü ziyaret etmişti. Bu ziyaret iki ülke arasında yeni bir dönemin başlangıcını oluşturacaktır.

Fransa ile Olan İlişkiler

1921 Ankara Antlaşması ile Fransa, Hatay'daki (Sancak) Türklerin millî ve kültürel varlıklarım kabul etmesi ile dostluk kurulmuştu. Fakat yakınlaşma uzun sürmedi. Lozan Konferansı sırasında Türkiye'nin her türlü imtiyazı kaldırmaya çalışması, kapitülasyonlardan en fazla yarar sağlayan Fransa ile çetin tartışmalar olmuş, neticede Fransa Türkiye'nin, Lozan'da Antlaşma hükümleri ile bağdaşmayan imtiyazların kaldırılması talebini kabullenmek zorunda kalmıştı.

Lozan'dan sonra Türk-Fransız ilişkileri de en çok gündeme gelecek konu Hatay ve borçlar meselesidir. Hatay ve dolayısıyla Suriye hududunun, Ankara Antlaşması'yla genel hatları belirlenmiş ve Lozan barışının 3. maddesinde ayrıntılar ortaya konulmuştu. Ayrıca, Fransa Hatay için Ankara Antlaşmasında kabul ettiği özel durumu muhafaza etmişti. Ama 1925'te birtakım güçlüklerle karşılaşan Fransa, Suriye'ye M. de Jovvenel'i Yüksek Komiser olarak tayin etti. Diğer taraftan Ocak 1926'da İskenderun Sancağı'nm Suriye Meclisi'ndeki temsilcileri, Suriye'den ayrılıp doğrudan Fransa'ya bağlanmayı talep etmişler ve bu talepleri Fransa tarafından kabul edilmişti. Bu meclis Mart 1926'da bir anayasa hazırlayarak bağımsızlığını ilan etti. Sancağın bağımsızlık kararma Suriye itiraz edince yeniden yapılan görüşmelerden sonra, meclis kararından dönerek, İskenderun Suriye devleti içinde muhtar kalmayı kabul etti.

Diğer taraftan aralarındaki sınır uyuşmazlığını halleden iki devlet, 18 Mart 1926'da dostluk ve iyi komşuluk antlaşmasını parafe etmişlerdi. Ancak bu sırada Musul meselesi devam ediyordu. Ve Fransa, Musul konusunda İngiltere'nin tarafını tutuyordu. Bunun için dostluk ve iyi komşuluk antlaşmasının imzalanması meselenin çözümünden sonra, 30 Mayıs 1926'da gerçekleşti. TBMM 7 Haziran 1926'da Türk-İngiliz-Irak antlaşmasını aynı günde tasdik etti. Sözleşmenin 7. maddesine göre İskenderun bölgesi için kurulan özel rejim daima göz önünde bulundurulacaktı.

Bu dönemde Türk-Fransız münasebetlerindeki bir diğer konu borçlar meselesidir. Osmanlı Devleti en fazla Fransızlara borçlu olması dolayısıyla, Fransa Türkiye'ye karşı katı bir tutum içindeydi. Bu sebeple Lozan Konferansı'nda borçlar konusunda Fransa ağırlıktaydı. Ancak konu konferansta tamamen halledilmemişti. Borçlar bir kere daha 1925'de ele alındı. Bu tarihte Türkiye 1912 öncesi Osmanlı borçlarının % 62,54'nü, 1912 sonrası borçların % 73,59'nu ödemeyi kabul ediyordu. Milletler Cemiyeti aracılığıyla 13 Haziran 1928'de Paris'te yapılan bir başka antlaşmada ise Türkiye 82.456.337 TL ana para olmak üzere toplam 107.528.461 altın lira tutarında Osmanlı borcunu devralmıştı. Ödemeler 1929'da başlayacaktı. Ancak 1929 ekonomik buhranının başlaması borçların ödenmesini güçleştirdi. Bu durumda Türkiye "Hoover Maratoryumu"ndan (borçların tecile uğramasından) faydalanmak istedi. Paris'te yapılan görüşmeler sonunda 22 Nisan 1932'de borçların ödenmesi daha müsait bir şekilde çözüme bağlandı. Böylece Hatay dışında iki devlet arasındaki antlaşmazlıklar giderilmiş, dostça münasebetlerin kurulmasına iyi bir zemin hazırlanmıştı.

İtalya ile Münasebetler

I. Dünya Savaşı sonunda, daha önce yapılan gizli antlaşmalardan umduğunu bulamayan İtalya, Türkiye ile iyi münasebetler kuran ilk ülkeydi. Ancak Mussolini'nin iktidarı ele geçirmesinden sonra İtalya Türkiye'nin Musul konusundaki bağlantısını fırsat bilerek Anadolu'daki emellerini yenilemişti. Musul meselesinin çözüme bağlanması ve aynı yıl Fransa ile dostluk ve saldırmazlık antlaşmasının imzalanması, İtalya ile ilişkilerimizin düzelmesini sağladı. Daha önceki açıklamasının Anadolu'yu kapsamadığını Ankara'ya ileten İtalya dostça bir politika izlemeye başladı. Bu dönemde İtalya'yı ilişkileri yeniden gözden geçirmeye sevk eden sebep, bu devletin Arnavutluk'a karşı izlemekte olduğu politika yüzünden, Yugoslavya ile ilişkilerinin gerginleşmesiydi. Yugoslavya İtalya'dan çekindiği için Fransa'ya yanaşmıştı. Bu durum karşısında İtalya, Anadolu'daki ha- yali sömürgecilik düşüncesinden vazgeçip, Akdeniz'de oluşan "Küçük Antant"a karşı Türkiye ve Yunanistan'la da birlikte, Bulgaristan'ı da yanlarına alarak güvenlik sistemi oluşturmak istiyordu. İtalya'nın bu politikası, 30 Mayıs 1928'de Türkiye ile bir tarafsızlık, uzlaşma ve adli tesviye (yargısal çözüm) antlaşması imzalanmıştı.

İtalya 1923-30 döneminde bazı ufak tefek anlaşmazlıklara rağ- men, Türkiye'ye en yakın olan Batılı ülkelerden biridir. Bu sebeple İtalya ile özellikle ticari alanda iş birliği geliştirildi. İtalya'nın büyük bankalarının bir çoğu İstanbul'da şube açtı, Türkiye de güvenliği için gerekli olan savaş gemilerini 1931'de almak üzere İtalya'ya sipariş verdi. Ticari alandaki iş birliği zaman zaman siyasi alanda da görülmüş, Yunanistan'ı Ankara'yla antlaşmaya zorlamıştı.

Türk-Yunan Münasebetleri ve Etablı Meselesi

Türkiye Lozan Banşı'ndan itibaren Yunanistan'la iyi ilişkilerin kurulmasından yana bir politika takip ediyordu. Millî Mücadele'nin sonunda Yunanistan "savaş yasalanna dayalı olarak Yunan ordu ve sivil idaresinin, Anadolu'da sebep olduğu hasarı ödeme yükümlüğünü" kabul etmiş, Türkiye ise savaşın uzaması ve sonuçlanndan, Yunanistan'ın içine düştüğü mali güçlüğü göz önüne alarak tazminat istemekten vazgeçiyordu. Türkiye'nin bu jesti her şeye rağmen Yunanlılara karşı kindar bir tutum içinde olmadığım göstermeydi.

16 Aralık 1923 günü Yunanistan'da yapılan seçimleri kazanmasından sonra Venizelos, Türkiye ile iyi ilişkiler kurmak istediğine dair bir telgrafı Türk Başvekâleti'ne gönderir. Buna kutlama mahiyetinde cevap veren Başvekil İsmet Bey (İnönü) "...Muahedenin ve muahedatm samimi tatbiki ile iki memleket arasında hüsnümünasebet tesis fikrine cidden taraftar olduğunu nezdi devletlerinde meçhul değildir. Sulh-u Umumi'nin tesis ve teyidine müteveccih mesaide cümlemize muvaffakiyet temenni ve tebrikat-i halisanemi takdim eylerim" demişti. Ama iki ülke arasında özellikle nüfus mübadelesi dolayısıyla 7-8 yıl daha gerginlik devam edecekti.

Etablı meselesinden 30 Ocak 1923'de imzalanan sözleşme ve protokole göre, Türkiye'de kalan Rumlarla, Yunanistan'daki Müslüman Türklerin değişimi ön görülmüş, ancak bundan Batı Trakya Türkleri ile İstanbul belediye sınırları içindeki Rumlar istisna edilmişti. Fakat Yunanistan, İstanbul'da daha çok Rum bulundurabilmek için 30 Ekim 1918'den önce her ne surette olursa olsun İstanbul'da bulunan Rumların yerleşmiş sayılmasını savunduğundan konu Milletler Cemiyeti'ne havale edildi. Cemiyet'in 1925'teki girişimleri anlaşmazlığı çözümleyemeyince iki taraf arasındaki hava gerginleşti. Batı Trakya'daki vatandaşlarımızın mallarına el konulmasına karşılık verildi. Hatta İstanbul'da Fener Patrikhanesi'ne bağlı Kostantin Arapoğlu adındaki bir din adamı da Cumhuriyet yönetimi tarafından her türlü baskılara karşı sınır dışı edildi. Anlaşmazlık iki devletin siyasi münasebetlerine de yayılınca 1 Aralıkta anlaşma yoluna gidildi. Fakat gerginlik giderilmedi. 3 Temmuz 1928'de Başbakanlığa gelen Venizelos, anlaşmazlığın her iki tarafa vereceği zararı da göz önüne alarak 19 Mayıs 1928'de İsmet Paşa'ya yazdığı bir mektupta barış teklifinde bulundu. Venizelos mektubunda "Elen halkının bana...

hükümet yönetimini verdiği bir anda olanaklı en geniş biçimde bir dostluk, saldırmazlık ve hakemlik paktıyla belgelenecek dostluk içinde ülkemizin sorunlarını çözüme kavuşturmaya katkıda bulunmak özlemini size bildirmek istiyorum. Türkiye'nin bizim topraklarımızda hiçbir emeli olmadığının tam bilinci içindeyim..."

30 Ağustos 1928 tarihli İsmet Paşa'nm cevabında "...yazdıkları- nız bütünüyle benim görüşlerime uymakta olup Elen-Türk ilişkileri tarihinde açık ve dürüst bir dostluğa yöneltici yeni bir dönemin başladığını göstermektedir" demişti. Yakınlaşma 30 Ekim 1930'da anlaşma ile sonuçlandı. Buna göre yerleşme tarihleri ve doğum yerleri ne olursa olsun, İstanbul Rumları ile Batı Trakya Türklerinin hepsi "Etablı" deyimi kapsamına alındı. Bundan sonra 1930 ve 1931 tarihlerinde Başbakanlık ve Bakanlar düzeyindeki karşılıklı zi- yafetler dostluğu pekiştirdi. 1 Kasım 1931 tarihli nutkunda Atatürk dostluğu şöyle dile getiriyordu. "... Komşumuz ve dostumuz Yuna- nistan Başvekili'nin ve Hariciye Nazın'mn Ankara'ya resmen ziyaretlerinin hususi bir memnuniyetle zikrederim. Türkiye ile Yunanistan'ın, yüksek menfaatleri birbirine zıt olmaktan tamamen çıkmıştır. Bu iki memleketin samimi dostluktan kendileri için emniyet ve kuvvet görmelerinde isabet vardır".

Türkiye ve SSCB

Millî Mücadele sırasında, Avrupa'nın güçlü emperyalist devlet- leriyle savaşın Türkiye, kendisi gibi emperyalizme karşı savaşan SSCB ile iş birliği yaparak 13 Ekim 1921'de Kars'ta bir dostluk antlaş- ması imzaladı. Ayrıca 2 Ocak 1922'de Ukrayna Sovyet Cumhuriyeti ile birlikte Ankara'da dostluk antlaşması imzalanmıştı. Bu sırada Sovyet liderlerinin Türk Millî Mücadele'sine rejim açısından baktıkları ve günün şartlarından yararlanarak Anadolu'ya nüfuz etmek is tedikleri bir gerçekti. Bu sebeple Atatürk SSCB'nin rejimi hakkında açıklamalar yapmak ihtiyacını hissetmişti. Şubat 1921'de "Komünizm içtimai bir meseledir. Memleketimizin hâli ve memleketimizin içtimai şeraiti dinî ve millî esasilerin kuvveti Rusya'daki komünizmin bizce tatbikine müsait olmadığı kanaati teyit eder bir mahiyettedir..." demişti. Ancak Lozan görüşmeleri sırasında rejim farklılığı- na rağmen özellikle Boğazlar konusu gündeme gelince, SSCB her iki devletin çıkarlarına uygun olarak Türkiye'yi desteklemişti. Lozan'dan sonra iki devlet de yalnızlıktan kurtulmanın uğraşı içindeydi. Henüz Batı SSCB'nin rejimini tanımamıştı. Bu sebeple SSCB hem yalnızlıktan kurtulmak hem de rejimini Batıya tanıtabilmek için, Almanya ile 16 Nisan 1922'de Rapollo Antlaşması'm imzalamıştı. Ancak Almanya Aralık 1925'te aralarında Fransa, İngiltere ve İtalya'nın da bulunduğu devletlerle Locarno Antlaşması'm imzalayınca, SSCB Almanya'dan uzaklaşmıştır. Çünkü SSCB bu gruplaşmayı kendilerine yönelik bir hareket olarak görmüştü.

Diğer taraftan Türkiye, Batılı devletlere ve Milletler Cemiyeti'ne Musul konusundaki tutumlanndan dolayı küskündü. Böyle bir or- tamda Türkiye ile SSCB 17 Aralık 1925'te Dostluk, Tarafsızlık ve Saldırmazlık paktını imzalamışlardı. Antlaşmadan sonra Dışişleri Bakanı T. Rüştü Aras'm Odesa'yı ziyareti, iki devlet arasındaki samimiyeti daha da geliştirdi. O kadar ki SSCB 1928'de toplanmakta olan silahsızlanma konferansına Türkiye'nin de katılması teklifinde bulundu. Bu, Türkiye'nin Lozan'dan sonra ilk defa milletlerarası bir konferansa çağrılması dolayısıyla anlamlıydı. Görüşmelerde Türk delegesi, topyekûn silahsızlanmayı savunan SSCB tezini desteklemişti. 1929'da SSCB sarsılmaz dostluk hislerini Türkiye'ye bizzat ifade etmek için Dışişleri Komiser Yardımcısı Leon

Karahan'ın Ankara'ya ziyareti sırasında, 17 Aralık 1929'da imzalanan yeni bir pro tokolle, 1925 antlaşması üç yıl daha uzatıldı.
1923-30 döneminde Türk-Sovyet dostluğu çok iyi olmakla beraber, Musul meselesinin halledilmesi, Fransa ve İtalya ile dostluk antlaşmalarının imzalanmış olması, 1930 sonrasında SSCB'yi Türkiye'nin dayandığı tek büyük devlet olmaktan çıkaracaktır.

İslâm Devletleri ile İlişkiler

Lozan Konferansı'ndan sonra İslam âlemi, Türk politikasını hem şaşkınlık hem de şüphe ile karşılamıştı. Bunda Saltanat ve Hilafetin kaldırılmasının önemli rolü vardı. Ancak Hilafet, İslam alemi için bir- leştirici bir unsur olmaktan çıkmıştı. Hiçbir güçlü devletin. Hilafetin üstün kuvvetini tanımayacağı az çok belli olmuştu. Bunu sezmiş olan İsmet Paşa "Eğer Müslüman ülkeler Türklere karşı dostça davranış- larda bulunmuşlarsa, bunun sebebi Hilafetin bizim elimizde bulun- ması değil, bizim kuvvetli olmamızdır" demişti. Zaten OsmanlIlardan itibaren Hilafetin gerçek sahibi Kureyşliler olduğunu iddia etmiş olan Araplar bile, Hicaz Kralı Şerif Hüseyin'in 1924'te gösterdiği bütün ça- balara rağmen, bu müesseseyi kendi aralarında yeniden tesis edeme- miş olmaları bunu göstermektedir. Diğer taraftan İslam âleminde, Su- riye-Halep ve Hatay, Irak Musul meselesinden dolayı, Türkiye ile olan ilişkilerinde endişeliydiler. Bunun yanı sıra T. Rüştü Aras'ın Mekke'ye şapka ile gitmesi hoş karşılanmamıştı. 1928'de Türkiye'de din ve devlet işlerinin birbirinden kesin olarak ayrılması ve Latin alfa- besinin kabulü, İslam âleminde "Türkler dinlerini inkâr ediyor, cami- lerini kapatıyorlar" gibi son derece abartılarak yorumlanmıştı. Böyle bir ortamda Türkiye 1931'de Kudüs'te toplanan İslam Konferansına katılmamış, hatta daha ileri giderek, kongrede dinin politikada araç olarak kullanıldığı gerekçesiyle sert bir dille kınamıştı.

Hilafet faktöründen dolayı küskün olan İran'la 22 Nisan 1926'da Tahran'da sınır meselesine son vermek için Dostluk ve Güvenlik Antlaşması imzalanmıştı. Ancak sınır boylarındaki aşiretler, Türk-İran yakınlaşmasını bozmaya devam edince 15 Haziran 1928'de, 1926 antlaşmasına ek bir protokol ilave edildi. Böylece 1923-30 döneminde iki devlet arasındaki ilişkilerde olumlu gelişmeler gösterdi.

1930-1938 DÖNEMİ TÜRK DIŞ POLİTİKASI

Türkiye 1930 yılının sonunda içeride İnkılapların yerleşmesini sağlamış, inkılaplara karşı çıkan güçleri önemli ölçüde ortadan kal- dırmıştı. Milletin refah düzeyini daha iyi bir seviyeye getirebilmek için özellikle ekonomik alanda yeni önlemler almış ve az da olsa, dı- şa açılmayı planlayarak, haricin sermayesi, teknolojisi ve beyin gü- cünden faydalanmayı hesaplamıştı.

1930-32 yıllarında Türkiye'yi dışarıdan tehdit edecek yakın bir tehlike de yoktu. Bu itibarla Atatürk, 20 Nisan 1931 günü milletve- killeri seçimleri öncesi CHP Başkanı olarak "yurtta sulh, cihanda sulh için çalışıyoruz" demişti. Ancak 1933 yılından itibaren dünya- da bulutlar yeniden kararmaya başladı. Batı 1929-34 ekonomik bunalımı içindeydi. 1933'te Almanya Başbakanlığına getirilen Hitler, Versay Barış Antlaşması'na uymak niyetinde değildi. Yeniden silahlanmaya başlamış ve pazarını geliştirmek için Orta Doğu'yu kendisine hedef seçmişti. SSCB Almanya'nın Doğu Avrupa'daki genişleme tehditleri karşısında tedirgindi. Türkiye'yi en çok ilgilendiren devlet ise İtalya idi. İtalya kendi kamuoyunun dikkatini iç politikadan uzaklaştırmak için, dış politika da toprak ele geçirmek amacıyla hareket etmektedir. "Akdeniz'i bir İtalyan gölü hâline getirmek, eski Roma İmparatorluğu'nu canlandırmak" emelini güden bir politika peşindedir.

Bunu ilk örneğini 1933 "Korfu" macerasıyla ortaya koymuş, 1927'de Amavutluk'u himayesine alıp, 1935'te Habeşistan'a saldırmasıyla devam etmişti. Balkanlarda ise Bulgaristan revizyonist hareketlerde bulunuyordu. Bundan dolayı Atatürk, 1930-38 dönemi dış politikasını belirlerken, banşçı politikaya daha yakın ve mevcut durumun muhafazasına çalışan Batılı devletlere yaklaşmayı uygun bulmuştu. Atatürk 1932'de "... Beynelmilel siyasi güvenliğin gelişmesi için ilk ve en mühim şart milletlerin hiç olmazsa barışı koruma fikrinde samimi olarak birleşmesidir." derken bu hedefini ortaya koymaktaydı.

Türkiye'nin Milletler Cemiyetine Girişi

Türkiye 1930'a kadar özellikle Musul meselesindeki kararlarından dolayı Milletler Cemiyeti'ne güvenilir bir teşkilat olarak bakmıyordu. İkinci önemli mesele cemiyetin 16. maddesiydi. 15 Temmuz 1931 günü TBMM'de yapılan bir açıklamada konseyce alınabilecek zorlama önlemlerine Türkiye'nin konseye üye bulunmadan katılmak zorunda kalmasından çekinmesiydi. Özellikle cemiyete şimdilik girmek istemeyen SSCB'ye karşı önlemlerin uygulanması Türkiye için sakıncalı bir durum yaratabilirdi. Çünkü Türk ve Sovyet hükümetleri, Milletler Cemiyeti konusunda danışma içinde bulunuyorlardı.

Ancak 1930'a kadar Batı ile problemler önemli ölçüde çözülmüş ve dostluk antlaşmaları imzalanmıştı. Batılı devletler, Türkiye'nin milletlerarası politikadaki yerini daha iyi değerlendiriyorlardı. Diğer taraftan Avrupa'da yeni bir gruplaşma hareketi başlamıştı. I. Dünya Savaşı'ndan yenik ayrılan devletlerle, galip çıkmasına rağmen mevcut durumdan memnun olmayan İtalya, Versay'da kurulan statükoyu de- ğiştirmek isteyen bir dış politika izlemeye başlamıştı. Bu grubun karşısmda savaştan galip çıkan ve mevcut durumun devamını isteyen, aralarında İngiltere ve Fransa'nın da bulunduğu devletler bulunuyordu. SSCB ise bu gruplaşmanın dışında kalmak istemişti.

Türkiye barışçı ve karşılıklı saygı prensibine dayalı bir politikayı kendisine hedef seçmiş olduğu için, revizyonistlerin saldırgan dış politikalarına karşı revizyonist olmayanlara yaklaşmayı daha uygun görüyordu. Bu yolla yalnız SSCB'ye dayalı dış politika da dengelemiş olacaktı.

Böyle bir ortamda Fransız Dışişleri Bakanı Briand'm teşvikiyle Avrupa'da birliğin korunması için girişimde bulunmuş ve toplantıya Türkiye'nin de davet edilmesi uygun görülmüştü. (17 Mayıs 1930) Bu sırada Türkiye zaten Briand-Kellogg misakım imzalamış ve silah- sızlanma konferansı çalışmalarına katılmıştı. Yalnız Türkiye, Millet- ler Cemiyeti'nin üyesi olmak şartıyla teşkilata girmeyi prensip ola- rak kabul ediyordu. 1931'de Türkiye'nin bu şartı ileri sürmesi henüz cemiyete girmek için çok fazla ısrarlı olmadığını göstermektedir. Atatürk'ün bizzat direktifi üzerine ancak davet edildiğimiz takdirde teklif ele alınacaktı. Türkiye'nin saygınlığı için bu çok önemliydi. Nitekim Milletler Cemiyeti 6 Temmuz 1932'de Çin-Japon uyuşmazlığını görüşmek üzere toplandığı bir sırada, İspanya temsilcisinin teklifi, Yunan temsilcisinin desteği ile Türkiye'nin Milletler Cemiyeti'ne davet edilmesini öngören karar tasarısı kabul edilmişti. Teklif TBMM'de tartışılıp görüşüldükten sonra 18 Temmuz 1932'de, her türlü haksız kararlarına rağmen, barışçı yolda olduğundan, Milletler Cemiyeti'ne üye olunması kabul edilmişti. Ancak üye olmadan önce Cemiyet'in kararlaştıracağı zorlama önlemlerine, askerî ve coğrafi durumuyla bağdaşacak bir ölçüde katılabileceği yolunda bir çekince ileri sürmüş bulunmaktadır.

Türkiye Milletler Cemiyeti'ne girdikten sonra, barış ve ortak güvenlik için bütün gücüyle çalışmış, saldırgan devletlere karşı alınan önlemlere tereddüt etmekten kaçınmıştır.

BALKAN PAKTI

Türkiye, tüm Balkan devletleri arasında sınırların karşılıklı olarak güvence altına alınması amacıyla 1925 Locarno Antlaşmalarına benzer toplu bir güvenlik sisteminin kurulması yolunda girişimde bulunmuş ancak sonuç alamamıştı. Fakat Türk-Yunan problemi Venizelos ve Atatürk'ün büyük gayretiyle çözüme kavuşturulduktan ve Balkan Devletleri de kendi aralarındaki problemleri 1925-29 devresinde önemli ölçüde açığa kavuşturduktan sonra Balkan Paktı konusu gündeme geldi.

Diğer taraftan Mussolini'nin Akdeniz'deki emperyalist amaçları, Balkanlar'da Türk-Yunan yakınlaşmasını pekiştirmişti. Bu antlaşmada Dünya Barışı Derneği'nin 6-10 Ekim 1929'da Atina'da yaptığı toplantıda, kongre başkanı eski Yunan başbakanlarından Papanastasru, devamlı bir "Balkan Paktı" kurulması fikrini ortaya atmış ve öneri bütün Balkan delegeleri tarafından kabul edilmişti. İlk Balkan Konferansı, bütün Balkan Devletleri'nin katılmasıyla 15 Ekim 1930'da Atina'da yapılmıştı. Toplantıda alman kararların 2. maddesine göre "Bir Balkan Paktı" hazırlamak; bu pakt içinde savaşın yasaklanması, uyuşmazlıkların barış yoluyla çözülmesi ve bir tecavüz hâlinde karşılıklı yardımda bulunulması hakkında hükümler bulunacaktı.

İkinci Balkan Konferansı Ekim 1931'de İstanbul'da olmuştu. İs- met Paşa'nm Balkan Birliği'ni özendirici konuşmasına rağmen anti-revisyonistlere karşı revizyonist tutumun ortaya çıkması, Balkan Paktı'nm hazırlanmasına engel olmuştu. Bulgarlar, Balkan Paktı tasarısının ertelenmesi, aralarındaki antlaşmazlıkların ikili görüşmelerle çözülmesini istediler. 23-26 Ekim 1932'de Bükreş'te yapılan üçüncü konferansta da, Bulgaristan, azınlık meselesinin kendi isteklerine uygun bir şekilde halledilmemesine küserek konferansı terk edince sonuç alınamamıştı.

1933'de Almanya'da Nazi Partisi'nin iktidara geçmesi, Balkan Devletleri'ni yeniden harekete geçirdi. Ancak Bulgaristan bütün ısrarlara rağmen, I. Dünya Savaşı'ndan sonra imzalanan Nevilly Antlaşması'm kendi lehine değiştirmek istediği için ittifak sisteminin dışında kalmayı tercih etti. Bunun üzerine Türkiye ve Yunanistan 14 Eylül 1933'te "Samimi Antlaşma Paktı"nı imzaladılar. Antlaşma 10 yıl için yapılmış ve 12 Mart 1934'te yürürlüğe girmişti. Diğer taraftan 26 Eylül 1933'te Atatürk ve Venizelos, beş Balkan devleti arasında hududun emniyeti için antlaşma yapılmasının faydalanndan bahsetmiş ve şayet Bulgaristan derhal ikna edilmediği takdirde dört devlet arasında antlaşma ile işe başlanabileceğini izah etmişti. Atatürk bu hususta Rusya'nın da onayının alınmasını istedi tabii, ancak... Türkiye ve Yunanistan'ın coğrafi vazifeleri itibarıyla hassasiyetini derpiş etmemiz gerektiğini belirtti. Venizelos ise "Biz yalnız Balkan hudutlarımızın emniyetini istihdaf edeceğiz. Binaenaleyh dostumuz İtalya'nın buna bir diyeceği olmaz ve icap ederse durumu bizzat izah ederim" demişti.

Bu arada Türkiye 17 Ekim 1933'te Romanya, 27 Kasım 1933'te Belgrad'da Yugoslavya ile dostluk, saldırmazlık, hakem ve uzlaştır- ma antlaşmalarını imzalamıştı. Birbirine zincirleme bağlı olan bu antlaşmalar, Bulgaristan dışındaki devletler tarafından 9 şubat 1934'de Balkan Antantı'nm imzalanmasıyla neticelendi.

Türkiye Balkan Paktı'nı, Balkan Devletleri dışında gelebilecek tehlikelere karşı bir engel olarak görüyordu. Bu sebeple Atatürk, Pakt'nı saldırmazlık niteliğinde kalmayarak aynı zamanda bir savunma paktına dönüşebilmesi için ortak bir askerî komitenin kurulmasını arzuluyordu. Akdeniz'deki İtalyan tehdidi bunu gerekli kılmıştı. Ancak Pakt, Türkiye'nin istediği şekilde güçlü değildi. Daha işin başında Yunanistan Başbakanı, Balkanlar için Bulgaristan'dan daha büyük tehlike olarak İtalya'yı görmekle beraber onlarla dost olmanın yollarını aramaya başlamıştı. Nitekim Balkan Paktı'na, "Yunanistan Pakt ile üstlendiği yükümlülüklerin yerine getirebilmesi dolayısıyla hiçbir durumda büyük devletlerden birine karşı savaş etmez" ibaresini koydurmuştu. Fakat kaderin cilvesi bu ibare İtalya'nın 1940'ta Yunanistan'a saldırmasını önlememiştir. Eğer Pakt, Balkanlar içinden gelebilecek saldırılardan olduğu gibi dışarıdan gelebilecek saldmya karşı da geçerli olsaydı belki İtalyan saldırısı ve dolayısıyla Alman istilası söz konusu olmayacaktı.

Balkan Paktı'nm imzalanmasından sonra 13 Mayıs 1934'te İtalya devleti adına Mösyö Lojacono ile, Kâtibi Umumi Numan Menemencioğlu arasında yapılan görüşmeler oldukça tartışmalı geçmişti. İtalyan temsilcisi "ortada hiçbir makul sebep, endişeye mucip hiçbir vaziyet mevcut olmadığı hâlde Türkiye Hükümeti, İtalya aleyhine kombinezonlar yapmakta, ittifaklar aramaktadır..." dedikten sonra dostluğun bozulmaması için garanti vermeye hazır olduklarını belirtmişti. Bunun üzerine Menmencioğlu, "Bizim İtalya aleyhine müveccih hiçbir kombinozonumuz yoktur ve İtalya aleyhine hiçbir ittifak aramış değiliz" demek zorunda kalmıştı.

Nitekim başlangıçta sağlam temellere oturtulmayan Pakt, 1936'dan itibaren süratle gelişen büyük devletlerin siyasi ve iktisadi gelişmeleri karşısında çözülmekten kurtulamamıştı. 1936'da Almanya'nın güçlenmesi, Romanya, Bulgaristan ve Macaristan'ı endişeye düşürmüştür. Yugoslavya Berlin, Roma mihveri karşısında İtalya ve Bulgaristan'la anlaşma yoluna gitmişti. Bu olaydan sonra dağılma tehlikesi gösteren Balkan Paktı'nı kurtarmak için en çok gayret sarf eden Türkiye oldu. Fakat 1939'daki gelişmeler ve II. Dünya Savaşı Pakt'm dağılmasına sebep oldu.

AKDENİZ'DE ITALYAN TEHLİKESİ ve TÜRKİYE'NİN BATIYA YÖNELİŞİ

Lozan'dan sonra İtalya ile ilişkilerimiz, diğer Batılı devletlere nazaran daha olumlu bir seyir takip etmekteydi. Ancak Musul meselesinin gündemde olduğu bir sırada Musollini, Faşist Fırka'da açıkladığı görüşleriyle iki devlet arasındaki yakınlığa gölge düşürmüştü. Mussolini, Faşist İtalya İmparatorluğu'ndan bahsederken "...Bu rüya ulvi bir rüyadır....Biz geçmişten hiçbir şeyi inkâr etmiyoruz. Arnavutluk'u istemeyen, Tunus'u istemeyen, Mısır'a gitmek istemeyen harpten sonra içinde bulunduğumuz yerleri terk etmekten başka zevki olmayan hükümetler, liberal hükümetler olmakla beraber İtalyan tarihinde liberalizmin bir manası olduğunu bilmiyoruz... hedef budur. İmparatorluk..." demişti. Diğer taraftan İtalya'nın Musul meselesi sırasında İngiltere tarafını tutup, Antalya'yı talep etmeye kalkması bu açıklamanın bir ürünüdür. Ancak iki devlet arasında 1928'de dostluk ve tarafsızlık antlaşması imzalanmış, 1932 protokolü ile süresi uzatılmıştı. Fakat Mussolini bu kez 19 Mart 1934 Faşist kongresinde bir kere daha "İtalya'nın tarihsel emelleri, ona kolay ulaşım yollanyla bağlı, Asya ve Afrika'dadır" yolundaki açıklamasını yapması, Türkiye'de tepki ile karşılanmış ve yeniden gergin duruma dönülmüştü. Gerçi, Mussolini, bu açıklamasına Türkiye'nin dâhil olmadığını, Türkiye'yi bir Avrupa devleti olarak gördüklerini açıklamıştı. Buna rağmen Türkiye'nin kuşkuları giderilememişti.

Türkiye'nin İtalyan tehlikesi karşısında pozisyonu şu olmuştur.

1- Boğazlan askerleştirmeli,

2- Milletler Cemiyeti toplu güvenliği sağlamak için daha çok çalış- malı,

3- SSCB ve Balkanlar'da dayanışma sürdürülürken diğer statükocu devletlerle ve özellikle Akdeniz'in en güçlü devleti İngiltere ile temaslara girilip Türkiye'nin güvenliğini sağlamaktı.

İtalya'nın 3 Ekim 1935'te Habeşistan'a saldırması, 1936'da Türk sahillerine yakın 12 adayı ve özellikle Laros Adası'm tahkim etmesi, iki devlet arasındaki ilişkilerin gergin olduğunu göstermektedir. Ayrıca İtalya'nın Habeşistan'a saldırması, üyesi bulunduğu Milletler Cemiye- tinin 12. maddesini ihlal etmişti. Bu durumda İtalya'ya karşı tedbir alınması gerekiyordu. Millet Meclisi Türkiye'nin bu tedbirlere katılmasını öngören bir kanunu oybirliği ile kabul etmişti. İtalya, Milletler Cemiyetinin kararlarına uyan diğer devletler gibi Türkiye'de 11 Kasım 1935'te protesto notası göndermişti. Türkiye'nin İtalya'ya karşı alman tedbirlere katılması, iki devlet arasındaki ticari münasebetleri olumsuz bir şekilde etkilemişti. Bununla beraber Boğazlan en çok kullanan ülkelerden biri olan İtalya, Türkiye ile iyi münasebetlerin devamını kendi açısından faydalı görüyordu. Buna mukabil Habeşistan'a saldırısından sonra İngiltere'nin Yugoslavya, Türkiye ve Yunanistan'a yardım teklifi üç devlet tarafından 1936'da kabul edilmişti. Ayrıca üç devlet de İngiltere'ye mukabil garanti vermişlerdi. Karşılıklı garantiler beraberinde Akdeniz Paktını getirmişti. Bağlantı Türkiye ile İngiltere'yi biraz daha yakınlaştırdı, şimdi bir taraftan Türk-Sovyet dostluğu diğer taraftan Türkiye'nin Batıya yakınlaşması söz konusudur.

1933'te Hitler'in iktidara gelmesinden sonra Almanya, silahlanma yanında siyasi ve İktisadî nüfuzunu arttırmaya başlayınca Avrupa dengesinde yeni bir gelişme söz konusu oldu. Avrupa'da revizyonist politika yeni bir boyut kazanıyordu. Buna rağmen Türkiye, Almanya ile ekonomik ilişkilerin geliştirilmesinde herhangi bir sakınca görme- mişti. Ancak Montrö Konferansı sırasında alınan kararları imzacı dev- let olmamasına rağmen eleştirmesi ve Türkiye'den açıklayıcı bilgi istemesi iki taraf arasında memnuniyetsizliğe sebebiyet vermişti.

Bu sırada Sovyetler, tüm dikkatlerini Almanya'ya çevirmiş olduklarından İtalya tehlikesi karşısında Türkiye'yi korumak gibi bir sorumluluğu yüklenmiyordu. Buna karşılık 1935 Haziranında İngiltere'nin Dışişleri Bakanı Anthony Eden, daha sonra yayımladığı anılarında "Siyasal yaşamım boyunca İngiltere ile Türkiye arasında sıkı dostluğun önemine inandım" diyordu. Bu durum karşısında Türkiye revizyonist devletlere karşı barışa taraftar devletlere yaklaşmayı kendi politikalarına uygun bulmuştu. Ancak İtalya'nın Habeşistan'a saldırması tehlikesi karşısında gelişen Türk-İngiliz yakınlaşmasına, diğer Statükocu ülke Fransa'nın katılması 1939'da Hatay probleminin halledilmesinden sonra gerçekleşecektir.

MONTRÖ BOĞAZLAR SÖZLEŞMESİ

Boğazlar için Lozan'da tespit edilen esaslara rağmen 1930 sonrası gelişmeler çeşitli tehlikeleri ortaya koymuştu. Bu tehlikenin başlıcaları şunlardı:

Boğazların etrafında muayyen bir mıntıkanın askerlikten arındırılmış olması. Gerçi gayriaskerî mıntıkanın yakınında ağır kara ve deniz topları ve torpili bulunduruluyordu. Ama henüz savaşa girmemiş bir devletin donanmasının baskın tarzında Boğazlardan geçme ihtimali vardı. Böylece daha Türk kuvvetleri yetişmeden bu mıntıka elden çıkabilirdi.

Türkiye girmediği bir harpte bile muharip donanmaları Boğazlardan geçirebilecekleri için böyle harp alanı içinde yer alacaktı. Bu durumda Türkiye'nin harbe girmesi mecburiyeti doğabilecektir.

Boğazlardan yabancı gemilerin geçişine nezaret etmek için

kurulan milletlerarası komisyonda Türkiye'nin egemenliğini sınırlıyordu.

Türkiye'nin Milletler Cemiyeti'ne gireceği sırada misakın kendisine temin edeceği kollektif garanti ile iktifa etmemiş, Boğazlar mukavelesini imza edenlerin kollektif garantisini kâfi görmüştü. Ancak garantiyi veren devletlerden bazıları revizyonist politika izlemeye başlamışlar ve Milletler Cemiyeti'nden ayrılmışlardı. Türkiye bu endişelerini ilk kez Londra Silahsızlanma Konferansının genel görüşmeleri sırasında 23 Mayıs 1933'te dile getirmişti. 1934 yılında Balkanlardaki, Bulgaristan-Yugoslavya yakınlaşması Mussolini'nin Asya ve Afrika'daki emellerini açığa vuran konuşması, Türkiye'yi Boğazlar konusunda isteklerini tekrarlamaya götürmüştü. Fakat o zaman antirevizyonist Avrupa devletleri, revizyonistlere örnek teşkil eder gerekçesiyle Türkiye'nin isteklerini kabul etmemişlerdi.

1935'te İtalya'nın Habeşistan'a saldırmaya başladığı bir sırada Doğu Akdeniz'deki güvenlik büsbütün sarsılmıştı. Diğer taraftan Hitler Almanya'sının "Doğuya Doğru" politikası ile Kafkasya ve Musul petrollerini hedef alması, Orta ve Güneydoğu Avrupa üzerindeki tehdidi, Boğazlar hakkmdaki Türk isteklerine daha fazla kulak verilmesini gerektiriyordu. Zaten Türkiye yalnızca Lozan Antlaşması'm feshettiğini açıklamakla düşüncelerini gerçekleştirebilecek güce gelmişti. Bu ortamda oldu bittiye karşı koyabilecek bir tehlike de yoktu. Ancak Türkiye haklı davasındaki mücadelesini zorla değil barış ve hukuk kurallarına uygun bir şekilde halletmeyi uygun buldu. Bu karar Türkiye'nin dünya devletleri arasındaki saygınlığını artırdı.

Türk Hükümeti, İngiltere'ye haber verdikten ve Sovyetler Birliği ile sıkı danışmalarda bulunduktan sonra, 11 Nisan 1936 günü Lozan'daki imzacı devletlere birer muhtıra vererek yeni Boğazlar rejimini ortaya koymak üzere, konferansın toplanmasını istedi. İmzacı devletlerden İtalya, Milletler Cemiyeti'ne üye olmasına rağmen, toplama zamanının uygun olmadığı gerekçesiyle katılmamış ancak haklannı ciddi şekilde saklı tuttuğunu ifade etmişti.

İngiliz Tezi: Lozan'ın geçerliğini istiyor. Karadeniz'de kıyısı bu- lunmayan devletlerin en fazla 30 bin tonalitolu donanma bulundurabilmelerini, bazı durumlarda 45 bin tona çıkarılmasını ve sahildar olmayan harp gemilerinin en fazla bir ay kalmalanna taraftardı.

Sovyet Tezi: Sahildar olmayan devletlerin harp gemilerinde tonaj tahkimini istemekte, Türkiye'nin Boğazlann tahkimini tamamıyla kabul etmekle Boğazların sadece denizaltılara değil uçak gemilerine de kapalılığını savunmaktaydı.

Türk Tezi: Tasarıya göre Boğazların gayriaskerlikten çıkarıp tahkimi planladığından, gayriaskerîlikten hiç söz edilmiyor ve Boğazlar komisyonunun kaldırılması istenirken Boğazlardan ticari serbestlik kısmen kabul ediliyordu. Uçak gemilerine bölge tamamen kapalı olmalıydı.

Konferansta Türkiye'nin önemle üzerinde durduğu, Boğazlann askerileştirilmesi sağlanmış. Boğazlar komisyonunun kaldırılarak yetkilerini Türkiye'ye devretmesi temin edilmiştir. Boğazlardan geçiş serbestliği yalnız ticaret gemilerine ait olup, havadan geçişler tamamıyla Türk Devleti'nin inisiyatifine bırakılmıştır. Boğazlardan geçecek harp gemilerinin tabii oldukları tahdidat emniyet prensibini temin edecek suret esnasında değiştirilmiştir. Diğer taraftan Milletler Cemiyeti paktından doğan hak ve yükümlülüklerin Montrö Sözleşmesi'nden doğan hak ve yükümlülüklerle karşılaşması hâlinde. Milletler Cemiyeti paktında doğan hak ve yükümlülüklerin üstün geleceği belirtilmiştir. Bu gelişmelerin ışığında Montrö Boğazlar Sözleşmesi, 20 Temmuz 1936'da imzalanmıştır. Montrö Boğazlar Sözleşmesi'nden sonra Türk-

İngiliz dostluğunda önemli bir gelişme kaydedildi. Fransa da müttefiki Rusya ve dostu İngiltere'nin uzlaşmasına dayanan bu sözleşmeden memnundu. İtalya, Türk-İngiliz yakınlaşmasından memnun kalmamış fakat 2 Mayıs 1938'de sözleşmeyi imzalamaktan başka çaresi kalmamıştı. Almanya, Lozan'da imzacı olmadığı için davet edilmemişti. Onlar da İtalya gibi "Türkiye'nin davranışını dostça görmediklerini ve bundan böyle onların (Türklerin) bizim görüşümüzü almalarını beklemeliyiz" düşüncesindeydiler.

Montrö Sözleşmesi'nden en çok memnun olması gereken devletin Türkiye'den sonra Sovyetler olması beklenirken, onlar Türkiye'nin Batı'ya yakınlaşmasından endişe duymaya başlamışlardı. Kendileri ile Montrö'den önce görüş birliğine varılmış olmasına rağmen görüşmeler sırasında çekişmeler çıktı. Montrö'den sonra Türkiye'nin ticari alanda İngiltere ile yakınlaşması Rusya'yı biraz daha kuşkuya itmişti. Türkiye Moskova'nın şüphelerini dağıtmak için Temmuz 1937'de T. Rüştü Araş ile Şükrü Kaya'yı, Sovyet Başkentine yolladı. Batı devletlerinin Sovyet Rusya aleyhinde girişecekleri bir harekete, Türkiye'nin asla katılmayacağını anlatmaya çalıştılar. Ancak bundan sonra bir kere daha eski dostluk kurulamadı.

İSLAM DÜNYASI İLE OLAN İLİŞKİLER ve SADABAD PAKTI

Türkiye'nin İslam devletleri ile olan ilişkileri de 1933'ten sonra gelişme gösterdi. Bunun çeşitli sebepleri vardı. Bunları şöyle sıralayabiliriz.

1- İslam devletlerini, sömürgeleri altında tutan Batılı devletlere yakınlaşmasının başlanması.

2- Mussolini'nin Asya ve Afrika'ya sarkma politikası. Bu olay Türkiye'yi Doğu (İslam) devletlerine karşı, Balkan politikasına benzeyen bir politika izlemeye sevk etmişti.

3- Türkiye, Afganistan, İran ve Irak'm emperyalizme karşı benzer duygular beslemesi ve herhangi bir saldmya karşı duyarlı bulunmalan. Nitekim, henüz Irak'm buna hazır bulunmadığı bir dönemde, 3 Temmuzda saldmnm tanınmasına ilişkin Londra sözleşmesini imzalamışlardı.

4- İran ve Irak'la Doğu Anadolu'daki Kürt isyanının oynadığı rolde yakınlaşmaya sebep teşkil etmiştir. İsyanlar 1939'a kadar aralıklarla devam ettiği gibi, Türk-İran münasebetlerinde de 1927-34 arasında bir soğukluğun girmesine sebep olmuştu. Türk birlikleri önünden kaçanlar, İran topraklarına girip kurtulmaya çalıştıklarından çarpışmalar zaman zaman İran toprakları içinde de devam ediyordu. Bunalımı Rıza Şah, asilerin sınırdan geçmeleri için önlem alarak gidermeye çalışmıştı. Buna mukabil Türkiye'de Afganistan ile olan eski dostluğuna dayanarak Kâbil ve Tahran arasındaki, Helmut Irmağı sınır anlaşmazlığının çözülmesinde arabuluculuk yapınca yakınlaşma sağlanmıştı.

5- Irakla yakınlaşma Musul'dan sonra Türk-İngiliz yakınlaşmasına paralel olarak gelişme kaydetti. Bu gelişmeyi 6-7 Temmuz 1931 tarihleri arasında Irak Kralı Faysal Hazretleri'nin resmî ziyaretleri ile daha da güçlendirdi ve 1936'da Türk-Irak Antlaşması dostluk çerçevesinde uzatıldı.

Öte yandan İtalya'nın, Milletler Cemiyeti kararlarını ihlal ederek Habeşistan'a saldırıda bulunması, Türkiye'yi Doğulu devletlerle bir paktı kurma yoluna sevk etmişti. Bu yakınlaşma isteği, Milletler Cemiyeti'nin İtalya'ya karşı önleyici tedbirler almayı düşünürken, 2 Ekim 1935'te Cenevre'de, Türkiye, Irak ve İran arasında üçlü bir antlaşmanın parafe edilmesi ile sonuçlandı. Ancak İran-Irak hudut anlaşmazlığından dolayı Pakt'm gerçekleşmesi bir süre gecikmişti. Nihayet 8 Temmuz 1937'de, İran Şahının yazlık sarayı

Sadabad'da Türkiye, İran, Irak ve Afganistan dörtlü iş birliği antlaşmasını imzaladılar.

Antlaşmanın 1. maddesi ile içişlerine karışmama, 4 ve 5. madde saldırmazlık, 6. madde üçüncü devlete karşı saldırıya geçmeme, 7. madde birbirine karşı gizli örgütleri kışkırtmama ve 8. madde ile uyuşmazlıkların barışçı yolla çözümü gibi konular yer almıştır. Buradan da anlaşılacağı üzere pakt daha çok bölgesel anlaşmazlıkların giderilmesini sağlayan bir mahiyettedir. Antlaşmada ekonomik ve kültürel iş birliğine yer verilmemişti.

Öte yandan Mısır'la ilişkiler özel bir antlaşmaya dayanmamakla beraber, dostane devam ediyordu. Mısır'la ilk dostluk antlaşması 7 Nisan 1937'de Ankara'da yapıldı. Antlaşmanın 1. maddesine göre iki devlet arasında bozulmaz sulh ve samimi dostluklar kurulacaktı. Bu antlaşmanın temelinde İtalya'nın Doğu Akdeniz'e saldığı korkunun rolü büyüktü.

HATAY (Sancak) MESELESİNİN ÇÖZÜMÜ

Türk Hükümeti, 30 Mayıs 1926 tarihli dostluk ve iyi komşuluk çerçevesi içinde Suriye adına hareket eden Fransa ile bir sözleşme imzalamıştı. Bu tarihten itibaren Fransa ile herhangi bir problemin çıkarılmaması için özen gösterilmiş ve Hatay, Fransa'ya idari özerklik altında emanet edilmişti. Ancak 9 Eylül 1936'daki bir antlaşma ile "manda" idaresi kaldırılmış ve Suriye bağımsızlık için Fransa ile anlaşmıştı. Bu şekilde Fransa, Suriye üzerindeki hak ve yetkilerini Suriye Hükûmeti'ne devretmiş oluyordu. Türk Hükümeti bunu kabul etmeyince konu Milletler Cemiyeti'ne intikal etti. Burada Fransa ile yapılan görüşmelerden sonuç alınamayınca 9 Ekim 1936'da İskenderun'a bağımsızlık verilmesi istendi. Türkiye, Hatay konusunda çok kararlıydı. 1 Kasım 1936'da Atatürk Hatay'dan bahsederken "Bu sırada milletimizi gece gündüz meşgul eden başlıca büyük mesele, hakiki sahibi öz Türk olan İskenderun, Antakya ve havalisinin mukadderatıdır... Daima kendisiyle dostluğa çok ehemmiyet verdiğimiz Fransa ile aramızda tek ve büyük mesele budur. Bu işin hakikatini bilenler ve hakkı sevenler alakamızın şiddetini ve samimiyetini iyi anlar ve tabii görürler" deyip konuya verdiği önemi ortaya koydu. Ancak Fransa, Türk teklifini kabul etmeyince durum oldukça gerginleşti, Antakya'da kanlı olaylar oldu. Milletler Cemiyeti'nin kararının yürürlüğe girişini Fransız temsilcisi bir türlü kabul etmiyordu. Bunun üzerine Atatürk 30 Kasım 1937 günü Hatay'la ilgili olarak Ulus gazetesine şu demeci vermişti. "...Hatay'da Fransız delegesi, Hataylıların çok şevk ve heyecanla bayram yapmalarını tabii olan bir günde, eğer Hatay Türklerinin serbestçe bu günü kutlamaktan men edecek tedbirler almış ise buna yazık demekle iktifa ederim, çünkü böyle bir zihniyet, devletler arasında yüksek dostluk münasebetlerini hâl ve istikbali için müspet yolda yürümek lüzumunun henüz anlaşılmamış olmasından ileri gelir." Atatürk'ün bu açıklamasından sonra gerekirse Türkiye'nin Hatay'a silahla müdahale edebileceğini Fransızlar da anlamışlardı. Milletler Cemiyeti ve İngiltere'nin yeniden araya girmesiyle 27 Ocak 1937 Cenevre Toplantısında yeni bir statü kabul edildi. Buna göre Hatay iç işlerinde serbest, dış işlerinde Suriye Hükûmeti'ne bağlı olacak, Türkçe ve Arapça resmî dil olarak kabul edilecekti. Taraflar arasındaki görüşmeler neticesinde 27 Mayıs 1937'de hukuk bakımından Hatay, ayrı bir hüviyet kazanıyordu. Ama 1937 yaz aylarında yeni güçlükler ortaya çıktı. Milletler Cemiyeti tarafından hazırlanan seçim sisteminde büyük yolsuzluklar oldu. Türkiye, Milletler Cemiyeti nezdinde protesto etti. Seçim sistemi yüzünden Türkiye ile Fransa arasındaki hava yeniden gerginleşti. Bu ortamda yeni bir açıklama yapmak zorunda kalan Atatürk, "Yarın sabah bir tümen asker yollasam Hatay'ı alabilirim. Renani (Renanya Palatina/Rheinland Pfalz) için harekete geçmeyen Fransızlar, Suriye Sancağı için bizimle harbe girmezler, bunu bilirim. Fakat... ben bir sancak için Türkiye'yi harbe sokmam" demişti. Fakat her ihtimale karşı 30 bin kişilik bir askerî kuvvetle hududa yığmak yapmayı da ihmal etmemişti. Bunun üzerine Fransa ısrarlı itirazlarından vazgeçti.

Diğer taraftan Mart 1938'de Almanya'nın Avusturya'yı ilhakı, Fransayı çok etkilemişti. Avrupa'da harp tehlikesinin büyük boyutlara ulaştığı bir sırada Fransa Doğu Akdeniz güvenliği için Boğazlara sahip olan Türkiye ile dostluğun önemini anlamıştı. Bu sebeple Ha- tay meselesi için masa başına geldi. İki taraf 3 Temmuz 1938'de Sancak'm siyasi bütünlüğünü müştereken korunması kararım aldılar. Öte yandan iki devlet arasında 4 Temmuz 1938'de Ankara'da dostluk anlaşması parafe edildi. Türk-Fransız anlaşmasının imzalanmasından sonra iş yapılacak seçime gelmişti. Ağustos ayında yapılan seçimler sonunda Sancak meclisindeki 40 üyelikten 22'sini Türk tarafı almıştı. Resmî dilin Türkçe ve Arapça olmasına rağmen, mebuslar yeminlerini Türkçe yapmışlar ve Sancak'a bağımsız devlet olarak Türkçe adıyla "Hatay" adını vermişlerdi. Hatay bağımsız devlet olmasından sonra Türkiye ile Fransa arasındaki münasebetler süratle gelişti. Bu sırada Avrupadaki savaş rüzgârları Fransa'da Türkiye ile anlaşma ihtiyacını ortaya çıkardı. Böylece Hatay anlaşmazlığı Türkiye'nin isteği doğrultusunda çözümlendi. 23 Haziran 1939 tarihinde Fransa, Hatay'ın Türkiye'ye katılmasını kabul etti. 29 Haziranda da Hatay meclisi oy birliği ile Türkiye'ye katılma kararı aldı.

6) ATATÜRKÜN LİDERLİK ÖZELLİKLERİ

Atatürk'ün kararlı bir lider olması

Mustafa Kemal'in lider tabiatlı bir kimse olduğu daha gençlik yıllarından itibaren ortaya çıkmıştır. Aldığı görevlerde ve üstlendiği vazifelerde Atatürk'ün liderliği görülmüştür. Mustafa Kemal'in liderlik özelliklerinden birisi de, kararlı ve hızlı hareket etmesidir. Kritik dönemlerde aldığı kararlarla duruma hâkim olan Mustafa Kemal, hem millet, hem de o kararın etkileneceği topluluklar bakımından yaşamsal değerde adımlar atmasını bilmiştir. Bu yaşamsal değerlerden birisi de Çanakkale Savaşı sırasında gerçekleşen ve Atatürk'ün liderliğinden söz edilirken muhakkak anılması gereken bir olaydır.

"Ben size taarruzu değil, ölmeyi emrediyorum"

Osmanlı İmparatorluğu'nun I. Dünya Savaşı'na dâhil olması, yaklaşık iki yüz yıldır Osmanlı İmparatorluğu'nun topraklannı paylaşmayı bekleyen Batı devletleri için büyük bir fırsat olarak görülmüştü. Almanya ve Avusturya ile ittifak hâlinde savaşa giren OsmanlI'nın karşısında, İngiltere-Fransa-Rusya bloku yer almaktaydı. Bu bloku oluşturan devletlerin temel özelliği, Osmanlı'nın topraklarını paylaşmak amacını uzun zamandır güdüyor olmalarıydı. Bu amaca, Rusya'da baş gösteren iç karışıklıklar da eklenince, İngiltere-

Fransa İkilisinin Çanakkale Boğazı'nı geçerek İstanbul'u, yani OsmanlI'nın tarihî başkentini ele geçirmeyi hedefleyen bir sefer başlatması için bir fırsat doğmuş oldu. İngiltere ve Fransa Çanakkale'yi geçerek hem İstanbul'u işgal ederek Osmanlı İmparatorluğu'nu saf dışı etmek, hem de İstanbul üzerinden Rusya'ya yardım etmek niyetindeydi. Çanakkale'yi geçerek İstanbul'u işgal edebilecekleri konusunda oldukça iddialı olan İngiltere ve Fransa'nın ne büyük bir hayal peşinde olduğu, bu hayalin gerçekleşebileceğini düşünürken Türk milletinin vatan aşkını ve o aşkı başarıya dönüştüren Türk komutanların varlığını, hesaplamamanın maliyeti kısa süre sonra bu iki ülke tarafından acı bir biçimde anlaşılacaktı.

Türk milletinin vatan aşkını başarıya dönüştüren komutanların en önemlilerinden, belki de başta geleni Mustafa Kemal'di. Çanak- kale Savaşı sırasında verdiği **"Ben size taarruzu değil, ölmeyi emrediyorum"** emri durumu en iyi özetleyen ifadelerden birisidir. Bu emri ve tarihsel bağlamını kavrayabilmek için, Suat İlhan'm şu satırlarına bakmakta fayda var:

"Atatürk'ün bu emri 25 (12) Nisan 1915 günü saat 10 (evvel) sıralarında Conkbayırı'nda 57'nci Piyade Alayı'na vermiş olduğu anlaşılmaktadır. Aynı taarruza güney kanattan 27'nci Piyade Alayı da katılmıştır. Bu alaya ilk emirler irtibat subayı aracılığı ile gönderilmektedir. Aynı emrin bir subay vasıtasıyla 27'nci Alay'a da gönderilmiş olduğu düşünülebilir.

18 Mart 1915 Çanakkale Boğazı geçiş harekâtı başarısızlıkla sonuçlanınca, Boğaz'ın karadan açılması düşünceleri, bu düşünceye dayanan kararlar ve Mısır'da, Ege adalarında yapılan hazırlıklar bir ölçüde Türkler tarafından biliniyor ve gelişmeler takip ediliyordu.

Sofya'da askerî ataşe olarak bulunduğu sırada I. Dünya Harbi'nin çıkması üzerine faal bir görev isteyen Yarbay Mustafa Kemal Gelibolu'da yeni teşkil edilen 19'uncu Tümen Komutanlığı'na tayin edilmişti. Atatürk, Kabatepe ve Arıburnu bölgelerini bir çıkarma harekâtı için çok hassas olarak değerlendirmekteydi.

25 (12) Nisan sabahı Arıburnu bölgesinden top sesleri duyulmaya başlanmıştı. Bu sırada alınan bir raporda bölgeye bir tabur sevk edilmesi öneriliyordu. Olayı çok önemli gören Atatürk, hazır olan 57'nci Piyade Alayı'nı bir top bataryası ve bir Süvari bölüğü ile takviye ederek Arıburnu'na sevk etmiş, kendisi de maiyeti ile birlikte hareket etmiştir. Bölgenin en hâkim yeri olan Kocaçimen Tepesi'ne geldiğinde denizdeki gemileri görüyor, ölü görüş sahası sebebiyle çıkarma bölgesini ve çıkarma birliklerini göremiyordu. Buradan yanındakilerle birlikte daha batıda bulunan Conkbayırı'na geldiği zaman kıyıdaki gözetleme erlerimizin cephaneleri kalmadığı için geri çekilmekte olduklarını görmüş, onları, kendilerini takip eden düşmana karşı yatırarak zaman kazanmış, ileriye intikalini hızlandırdığı 57'nci Piyade Alayı'nı gözetleme erlerini takip eden düşmana taarruz ettirmiştir. Bu taarruza güney kanattan da 27'nci Alay katılıyordu. Bölgeye çıkan düşman tam teşekküllü sekiz taburdur.

Atatürk verdiği emri şu şekilde açıklamaktadır. "Kumandanlara verdiğim sözlü emirlere şunu eklemişimdir. Ben size taarruz emretmiyorum ölmeyi emrediyorum. Biz ölünceye kadar geçecek zaman içinde yerimize başka kuvvetler ve kumandanlar gelebilir."

Bu emir üzerine yapılan taarruz hava kararırken sahile yakın ilk sırtlara kadar ulaşıyor ve Çanakkale savunmasının omurgası teşekkül etmiş oluyordu.

Bu olay için Atatürk "57'nci Alay meşhur bir alaydır. Çünkü hepsi şehit olmuştur" der. Alayın bir bölümünün Çanakkale muharebelerinin diğer safhalarında şehit oldukları anlaşılmaktadır.

Aynı taarruzu General Hamilton şöyle anlatıyor. "Gebe dağlar Türk doğurmakta devam ediyor."

Atatürk'ün Bombasırtı taarruzunu tasviri Çanakkale muharebeleri sırasındaki Türk taarruzlarını anlatan bir örnektir. "Karşılıklı siperler arasındaki mesafemiz sekiz metre, yani ölüm muhakkak muhakkak Birinci siperdekiler hiçbiri kurtulmamacasma, hepsi düşüyor; ikincidekiler onların yerine giriyor. Fakat ne kadar imrenilecek bir soğukkanlılık ve tevekkülle biliyor musunuz? Öleni görüyor, üç dakikaya kadar öleceğini biliyor, en ufak bir duraksama bile göstermiyor; Sarsılmak yok."

Askerlerine "Size taarruzu değil ölmeyi emrediyorum!" diyebilen bir komutan yoktur. Ölme emrini tereddütsüz yerine getiren Mehmetçik'ten başka bir asker, Türk milletinden başka bir millette bulunamaz.

Çanakkale muharebeleri İstanbul'un 1915 yılında işgalini önle- miş, direnmenin devamım sağlamıştır. Atatürk bu muharebelerle ilgili olarak: "Biz orada, Ingiliz-Fransız donanmasını Boğaz'ın dışında tuttuk ve onların müttefikleri Ruslarla irtibat kurmasını önledik.
Rusya böylece çökmüş oldu" der.

Atatürk'ün farklı insanları ortak bir hedef için bir araya getirmesi

Lider olmanın ayırt edici özelliklerinden birisi de, farklı insanları ortak bir hedef için bir araya getirebilmektir. Mustafa Kemal'in liderlik özelliklerinin geniş çapta ilk görüldüğü olay. Millî Mücadele dönemidir. Millî Mücadele döneminde, farklı din, dil, ırk ve siyasi görüşten insan bir araya gelerek Mustafa Kemal'in liderliğinde bağımsız Türkiye için mücadele etmişlerdir. Kuşkusuz bunun bir sebebi, Türkiye'nin yabancı esareti altında yaşamasına izin vermeyecek özgür ruhu ise, diğeri de, Mustafa Kemal Atatürk'ün kendi şahsında farklı insanları bir araya toplayabilen liderlik yeteneğidir.

Millî Mücadele'ye bakıldığında, askerlere, sivillere, din adamlarına, aşiret ağalarına, esnaflara, gazetecilere, yazarlara, şairlere, kadınlara tesadüf etmekteyiz. Aşağıda sayacağımız isimler, ancak kur- tuluş mücadelesi için ve Mustafa Kemal'in liderliği altında bir araya gelebilecek niteliktedirler:

Mehmed Akif Ersoy, Halide Edip, Yakup Kadri, Ziya Gökalp, Yahya Kemal, Süleyman Nazif, Hüseyin Avni Ulaş, Diyap Ağa, Hamdullah Suphi, Eşref Bey, Topal Osman, İpsiz Recep, Ahmet Hulusi Efendi, Celal Bayar, Demirci Mehmet Efe, Arman Pandikyan...

Peki Mustafa Kemal Atatürk'ü bu birleştiriciliğe ve peşisıra millî başarıya götüren sebep nedir? Aslında bu sorunun cevabını en iyi, yine Atatürk'ün kendisi verebilir. Mustafa Kemal'in Amerikan Generali Towshand ile yaptığı bir görüşmeyi Hasan Âli Yücel'in ağzından aktaralım:

"General Towshand 12 Haziran 1922 tarihinde Adana'ya geldi. Kendisine o vakit haber almada çalışan deniz yüzbaşılarından Cemil refakat subayı olarak atanmıştı. General bir gece Adana'da Bursa Oteli'nde kaldı. Ve ertesi günü özel trenle Konya'ya geçti. O günün akşamı saat 9'da Mustafa Kemal, Towshand'le görüşmelere başladı. Towshand görüşmeler esnasında kendince yaptığı bir benzerliği Mustafa Kemal'e bildirerek:

"Siz Napolyon'a benziyorsunuz" dedi. Mustafa Kemal bu benzerliği geri çevirerek:

"Napolyon arkasına birçok çeşitli milliyetteki insanı toplayarak macera aramaya çıktı. Ve bunun içindir ki, yarı yolda kaldı. Ben bir anadan bir babadan gelen kardeşlerimle kendi vatanını kurtarmak davası yolundayım. Ve başaracağım" karşılığını verdi.

Yani Mustafa Kemal'in gücü, milletinin kardeş bildiği her bir ferdiyle birlikte hareket etme istek ve iradesidir.

Atatürk'ün aldığı kararlarda ve uygulamalarında zamanlamaya önem vermesi

Atatürk'ün sabırla hareket eden ve hazırlığını yapan bir lider ol- ması, Millî Mücadele yıllarında yakından görülmüştür. Sakarya Savaşı'nı takip eden bir yıl içinde sürekli Büyük Taarruz için ordusunu hazırlayan Mustafa Kemal, en beklenmedik anda öldürücü darbeyi vurarak, 6 ayda yerlerinden edilemeyecekleri söylenen Yunan kuvvetlerini 15 günde denize dökmüştür.

Tıpkı bunun gibi, siyasal olaylarda ve devrimlerde de zamanlama çok önemli olmuştur Mustafa Kemal Atatürk için. Kurtuluş Mücadelesinin başladığı günlerde, bazı çevrelerin tepkisini çekmemek için Padişah'a doğrudan söz söylemeyen Mustafa Kemal, şartların olgunlaştığını düşündüğü anda Saltanat'ı kaldırarak cumhuriyet rejimini kurmuştur.

Atatürk'ün kararlarını ortak akıla dayandırarak alması

Mustafa Kemal'in Çankaya Köşkü'nde topladığı

arkadaşlarıyla sofra sohbetleri meşhurdur, adeta bir akademi gibi işleyen bu sohbetlerde Atatürk, ülke için yapılması düşünülen işleri uzmanlarıyla birlikte ele alırdı. Daha sonraları Türkiye'nin çehresini değiştirecek pek çok tasarının temelleri, Mustafa Kemal'in bilgilerine önem verdiği isimlerle bu meclislerde yaptığı görüşmelerden doğmuştur. Atatürk'ün Sofrası'nm nasıl bir yer olduğunu Dışişleri Bakanlığı da yapan Dr. Tevfik Rüştü Araş, "Atatürk'ün Sofrası" kitabının yazarı gazeteci Hikmet Bil'e şu sözlerle anlatmıştır:

"Bir an için gözlerinizin önüne bir konferans salonunu getiriniz. Konuşmacılar vardır. Dinleyiciler vardır. Orada bir kalıpçılık ve resmiyet de vardır. Böyle bir yerde herkesin tartışmalara rahatça katılabilmeleri elbette mümkün değildir. Oysa bir sofranın etrafında yerken, içerken insanların cesaretleri artıp dilleri de açılmışsa, oradaki tartışmalar daha bir serbest ve sıcak olur. Hele sofranın başında oturan bir devlet başkanı bile olsa, şayet o zaman zaman kendisini yeren, eleştiren anılarını anlatarak ortamı daha da rahatlatıyorsa, bazen bir süre tartışmalara ara verilip şiirler okunuyor, hatta musiki de dinleniyorsa böylesi sofradaki tartışmalar verimli olurdu."

Atatürk'ün uzak görüşlü ve hedeflerinin peşinde bir lider olması

Bulgar Türkoloğu İvan Manolof, II. Meşrutiyetken (1908) bir iki yıl önce Selanik'te Atatürk'ten O'nun Türk devrimine ait düşüncelerini dinlemişti. Yarınki Türkiye'yi heyecanla anlatan Atatürk, Manolofa,

"Bir gün gelecek, ben hayal zannettiğiniz bütün bu devrimleri başaracağım. Bağlı olduğum millet, bana inanacaktır. Düşündüklerim hiçbir demagoji ürünü değildir. Bu millet, gerçeği görünce, arkasından duraksamaksızın yürür. Dava uğrunda ölmesini bilir. Saltanat yıkılmalıdır. Din ve devlet işleri birbirinden ayrılmalı, Doğu uygarlığından benliğimizi sıyırarak Batı uygarlığına aktarılmalıyız. Kadın ve erkek arasındaki ayrımlar silinerek yeni bir sosyal düzen kurmalıyız. Batı uygarlığına girebilmemize engel olan yazıyı atarak Latin kökünden bir alfabe seçmeli, kılık kıyafetimize kadar, her şeyimizde Batıklara uymalıyız. Emin olunuz ki, bunların hepsi bir gün olacaktır" demişti.

Atatürk, kendisinden önce yetişen liderleri çok iyi incelemiştir

Bir liderin büyüklüğü, içinde yaşadığı toplum başta olmak üzere, her toplumda yetişen büyük liderleri incelemesiyle mümkündür. Mustafa Kemal'in hayatı boyunca sürekli okuduğu ve bilimsel anlamda bir merak içinde olduğu bilinir. Milletinin karşılaştığı sorunları nasıl çözebileceği konusunda gençlik yıllarından itibaren zihin- sel çaba gösteren Mustafa Kemal Atatürk'ün, tarihe ve Türk milletinin büyük liderlerine özel bir ilgisi olduğu malumdur. Sofrasında da bu konularda tartışılmasından hoşlanan Atatürk'ün, Türk tarihinin önemli liderlerinden olan Fatih Sultan Mehmet ile ilgili şu anekdotunu da hatırlatmakta fayda olduğunu düşünüyoruz:

"Bir gün İstanbul ve İstanbul'un Fethi'nden konuşurlarken söz tabii Fatih'e geldi. Atatürk'ün tarihin kendi hakkında vereceği hükmü etrafındakilere sık sık sorduğu malumdur. Söz sırası yine gelmişti. Ortaya şöyle bir sual attı: "Tarih acaba benim mi, yoksa İkinci Mehmet'in mi yaptığı işleri daha mühim bulacaktır?" Bulunanların hemen hepsi: "Siz" dediler. Atatürk, böyle meselelerde daima olduğu gibi: "Niçin?" dedi. Sual sırası kendisine gelenler Atatürk'ün Fatih'ten çok büyük olduğunu ispat için akla gelecek ve gelmeyecek delilleri toplamakta birbirleri ile yarışa başladılar. Hatta bazıları: "Sizin yanınızda Fatih kim olurmuş!" diyecek kadar ileri bile vardılar.

Fakat, ne söylenirse söylensin, verilen cevapların Atatürk'ü hiç tatmin etmediğini anlamak güç olmuyordu. Nihayet söz orada bulunanların en gencine geldi: "Efendim, tarih bir imtihan salonuna benzer. Karşısına gelenlere birtakım hususi meseleler verir. Neticede verdiği problemleri halledişine ve bundaki maharetine göre bir numara verir. Aşağı yukarı tarihin imtihanına çıkanların hepsi ayrı şartlar dâhilinde, ayn meseleler karşısında kalmışlardır, bunları en iyi halledenler de tereddütsüz on numara almışlardır. Zannımca, tarihin adamı olan şahsiyetlerin karşısında kaldıkları hadiseleri birbirleri ile karşılaştırmakla hükümlere varmak mümkün değildir. Fatih, karşısına çıkan problemleri en iyi şekilde hallederek on numara almıştır. Siz de önünüze serilen meseleleri halletmiş ve on numarayı kazanmış bir tarih büyüğüsünüz." Atatürk, bu sözleri büyük bir dikkatle dinledi ve neticede: "Bravo!" dedi. Sonra, biraz evvel Fatih'i küçümseyen kişiye dönerek: "Sen halt etmişsin. Ben Fatih'ten büyük olabilir miyim? Çok kereler Fatih'in karşısında kaldığı meseleleri düşündüğüm zaman ben de aynı hal çarelerine varmışımdır. Yalnız, Fatih, benim karşısında kaldığım hadiseleri nasıl hallederdi. Bunu çok merak ederim. İkinci Mehmet büyük adamdır, büyük..."

Atatürk'ün aldığı kararlan radikal bir biçimde uygulaması

Osmanlı İmparatorluğu'nda meydana gelen gerileme, on yedinci yüzyıldan itibaren hızlı bir çöküşe dönüşmüştür. Bu gerilemenin başlıca sebeplerinden birisi de, yetersiz ve aciz devlet adamlarıdır. Osmanlı İmparatorluğu'nun yükseliş dönemlerinde iş başında bulunan kudretli ve kararlı padişahların yerini, bir kısmı aciz ve saray kadınlarının kuklası olan, bir kısmı da, sorunu teşhis etse bile uygulama cesaretinden yoksun sultanlar almıştır. Flatta, boğdurulma ya tahttan indirilme korkusuyla psikolojileri bozulmuş sultanlar bile görülmüştür.

Fakat, devleti idare edenler arasında zaman zaman, sorunu tespit ve çözüme yönelik adımlar atma niyetinde olanlar da iş başına geçebilmiştir. Devletin çeşitli birimlerinde reformlara girişilmesi gerektiğini fark edenler çeşitli dönemlerde önemli teşebbüslerde bulunmuşlardır. Daha III. Selim döneminde, uğranılan asker! yenilgilerin ve toprak kayıplarının had safhaya varması üzerine bazı ıslahat teşebbüslerinde bulunulmuştur. III. Selim, içlerinde yabancı uzmanların bulunduğu bazı devlet görevlilerine bir ıslahat projesi hazırlatmıştı. Nizam-ı Cedit (Yeni Düzen) adını taşıyan program, Osmanlı İmparatorluğu'nun geri kalmışlık sorununa yönelik ilk ciddi adımı sayılabilir.

Askerî alanda başlayan ıslahat çabalan, bir ölçüde eğitim faali- yetlerine de yayılmıştır. Fakat, bütün iyi niyetine rağmen bu proje başarılı olmamıştır. Nizam-ı Cedit (Yeni Düzen) teşebbüsü, hem iç ve dış şartların uygun olmaması, hem de bu programı uygulayacak kararlılıkta kişilerin sayısının azlığı sebebiyle akamete uğramıştır. Bu olumsuzluklara, Yeniçeri Ocağı'nm, bir kısım ulemanın muhalefeti de eklenince, ortaya, iyi niyetli fakat başarısız bir yenileşme çabasından başka bir şey çıkmamıştır. Üstelik III. Selim, başlatılan ıslahat faaliyetlerine karşı patlak veren Kabakçı Mustafa Ayaklanması sırasında hayatını kaybetmiştir.

Osmanlı İmparatorluğu'ndaki yenileşme faaliyetleri, II. Mahmut döneminde de devam etmiştir. Amcası III. Selim'in ıslahat faaliyetlerini daha cesur bir biçimde devam ettiren II. Mahmut, yeniliklere engel olarak gördüğü Yeniçeri Ocağı'nı kaldırmıştır. Tarihe, Vakayı Hayriye (Hayırlı Olay) şeklinde geçen bu olay, daha sonraki reformların daha kolay gerçekleşmesini sağlamışsa da, istenilen tür- de köklü çalışmalara bir türlü girişilememiştir.

I. Mahmut'tan sonra tahta Sultan Abdülmecit çıkmıştır. Türkiye modernleşmesinde önemli bir dönüm noktası sayılan Tanzimat Fermanı bu dönemde ilan edilmiştir. Anayasal bir düzenin kurulması yönünde atılan ciddi bir adım olarak Tanzimat Fermanı, bir anlamda Türk Batılılaşmacılığınm da miladı sayılabilir. Tanzimat'a kadar daha çok askerî alanlarda gerçekleşen ıslahat çabalan, bu fermandan sonra hukuki, siyasi ve sosyal alanlara da yayılmıştır. Kültürel anlamda da Batılı bir toplum yaratmaya yönelik adımlar da ilk kez bu dönemde atılmıştır.

1876 yılında ilan edilen I. Meşrutiyet de, Osmanlı İmparatorlu ğu'nun yenilik yönünde attığı adımlardan birisidir. Mithat Paşa'nm gayretleriyle ilan edilen Meşrutiyet aynı zamanda, Kanun-u Esasi gibi bir yeniliği de getirmekteydi. II. Abdülhamit ve Mithat Paşa gerginliği, Sultan'm yetkilerini paylaşmaya yanaşmaması sonucunda, bu teşebbüs başarısız olmuş ve ülke 33 yıl boyunca II. Abdülharnit'in idaresi altına girmiştir.

II. Abdülhamit'in 33 yıllık idaresinin son döneminde, bu idareye karşı muhalefet gittikçe güçlenmiş ve Sultan, Meşrutiyeti yeniden ilan etmek zorunda kalmıştır. Fakat bu adım, Sultan Abdülhamit'in tahta kalmasına yetmemiş, patlak veren 31 Mart Ayaklanması'm bastırmak üzere İstanbul'a gelen Hareket Ordusu, II. Abdülhamit'i tahttan indirerek, yerine 5. Mehmet Reşat'ı geçirmiştir. Her ne kadar tahtta bir padişah oturmakta ise de, iktidarın asıl sahibi İttihat ve Terakki Fırkası idi. Bu partinin önde gelen isimleri olan Enver, Talat ve Cemal paşalar, Osmanlı İmparatorluğu'nun fiilen sona erdiği 1. Dünya Savaşı'nm sonuna kadar ülkeyi birlikte yönetmişlerdir.

İttihat ve Terakki dönemi de, ilk yıllarında çeşitli yenilik faaliyetleri içinde bulunmuştur. Bizzat Enver Paşa, uzun yıllardır değişiklik yapılması düşünülen alfabe konusunda bazı çalışmalar yapmıştır. Fakat I. Dünya Savaşı ve İttihat ve Terakki Fırkası'nın yapısal özelliklerinden kaynaklanan aksaklıklar bu yenilik çabalarının sonuca ulaşmasına imkân vermemiştir.

"Seçim yeni yapılmış, Meclis yeni kurulmuş, sonuç Mustafa Ke- mal'in beklentisine en yakın biçimde alınmıştı. 26 Ekim 1923 akşamı Gazi, kabineyi Çankaya Köşkü'nde toplantıya çağırdı. Bu toplantıda başvekil Fethi Okyar'm istifası karara bağlandı. Ertesi sabah haber, gazete manşetlerinde yer alacaktı. 28 Ekim gecesi, Çankaya'daki akşam yemeğine Latife Hanım da katıldı. Son derece heyecanlıydı. İçi içine sığmıyordu. Çünkü o akşam yemeğinin gündemini biliyordu. Sevgili Paşa'sı niyetlerini önce eşine heyecan ve içtenlikle an- latmıştı. Latife Hanım bu sebeple birkaç kez mutfağa inmiş, yemeklerin o akşam yaşanacak olayların şanına yaraşır olmasına özen gös- termişti. Mustafa Kemal arkadaşlanna, yemekten sonra anayasanın bazı maddeleri üzerinde çalışacağını bildirmiş, yeni başkan adayı olduğu söylenen İsmet Paşa'yı da bu çalışmaya davet etmişti. İsmet Paşa bu daveti bekliyordu.

Sofrada seçim heyecanı, seçim dedikodulan, yeni seçilenler, bu kez meclise giremeyenler hakkında konuşmalar sürüp giderken, Mustafa Kemal bıçağını eline aldı, doğruldu, derin bir nefes aldık- tan sonra hafifçe tabağına vurarak: "Beyler!" dedi. O da heyecanlı, kaşları çatılmış, ama gözlerinde güleç bir ifade ile arkadaşlanna bakıyordu. Çıt çıkmıyordu şimdi yemek salonunda. "Beyler, yarın Cumhuriyeti ilan edeceğiz!" Tek tek herkesin yüzüne bakarak durumu kontrol ediyordu. Şimdı sofradakıler yıldırım çarpmış gibi kalakalmıştı. Neden sonra, beyinlerinde şok yaratan bu haberi alkışlamak birilerinin akima geldi ve yemek odası bir anda sanki patladı. Mustafa Kemal uygun bir süre bekledikten sonra açıklamasını sürdürdü: "Türkiye Devleti'nin hükümet şekli Cumhuriyet'tir. Bunu Anayasa'mıza yarınki Meclis toplantısında koyduracağız. Hazırlıklarımızı bir kez daha gözden geçirmemiz lazım." Gerçekten de iki arkadaş bütün gece süren çalışmalarını sabah ezanlan okunurken bitirebildiler. İsmet Paşa, Mustafa Kemal'in ısrarıyla Çankaya Köşkü'nde kaldı, birkaç saat uyudu."

Atatürk, çevresinde şekillenen şartlara her zaman dikkat kesilen bir lider olmakla birlikte, gerektiğinde en radikal ve bazılarınca hayalcilik sayılan teşebbüslere de girişmekten geri durmamıştır.

Atatürk'ün cesaretli ve risk alan bir lider olması

Lider olmanın temel özelliklerinden olan cesaret ve risk alabilme, Mustafa Kemal Atatürk'ün de hayatının çeşitli bölümlerinde karşımıza çıkmaktadır. İsmet İnönü'nün Atatürk hakkında "Genç zabitliğinde bilmediğimiz, meydana çıkmamış vasıflan büyük vazifeler karşısında bulundukça kendini göstermiştir" sözü, onun cesareti için de geçerlidir. İster cephede, ister devlet idaresinde, Mustafa Kemal Atatürk'ün yaptığı işlerde cesaretli davrandığını ve gerektiği yerde risk aldığını görmekteyiz. Çanakkale'de gösterdiği yararlılıklar ve başarı her zaman şükranla anılan Mustafa Kemal Atatürk'ün o günlerde nasıl davrandığını ve o başannın nasıl elde edildiğini gösteren şu olayı da oldukça önemlidir:

"İngilizler Çanakkale'de Anafartalar Grubu'nu mağlup edip de cepheyi sökemeyince, yeni bir harekete giriştiler, bu cepheyi sağdan çevirmek istediler. Düşmanın planını bozmak için Kireçtepe'yi tutmak lazımdı; halbuki oraya giden tek bir dar yol savaş gemileri tarafından makaslama ateş altında tutuluyordu. Her an gülleler korkunç patlayışlarla ortalığı altüst ediyor, ölüm saçıyordu. Bir insanın değil, bir kurdun bile geçmesine imkân görülemiyordu. Kireçtepe'yi tutmak emrini alan Türk subay ve askerleri tereddüt içindeydiler; fırsat gözetiyorlardı. Fakat düşmanın ateşi bir an bile kesilmiyordu. Mustafa Kemal bu hâli görünce siperlere koştu, askerlerin arasına karıştı ve sordu: "Niçin geçmiyorsunuz?" İçlerinden biri cevap verdi: "Düşman ölüm saçıyor, geçilemez!" Mustafa Kemal zerre kadar korku ve tereddüt göstermeden: "Oradan böyle geçilir!" dedi ve ileri fırladı. Mehmetçik artık durur mu? O da kumandanının arkasından ileri atıldı. Toz, duman, alev ve ölüm kasırgasını yaran askerler karşıya vardılar, tepeyi tuttular."

Aslında Mustafa Kemal'in cesareti söz konusu olduğunda, Kurtuluş Mücadelesi'ne girişmesini bu cesaretin bir örneği saymak mümkündür. Kurumlan işlevsizleşmiş, ordusu neredeyse dağıtılmış, topraklarının bir kısmı işgal edilmiş ve halkı da uzun süren savaşlar neticesinde yorgun düşmüş bir ülkenin yeniden bağımsızlığına kavuşması için mücadeleye girişen Mustafa Kemal'in öncelikle cesarete sahip olduğu apaçık ortadadır. Elbette vatan aşkı ve millete güven esastır. Ne var ki, cesaret olmadan vatan aşkı ve millete güven hayatiyet kazanamaz. Türkiye'nin zorlu dönemlerinde girişilen Kurtuluş Mücadelesinin nasıl bir cesaret örneği olduğunu göstermesi bakımından, Atatürk'ün Nutuk'undan şu tespitleri alıntılamak gerek. Mustafa K mal şöyle anlatmaktadır o dönemi ve şartlarını:

"1919 yılı Mayısının 19'uncu günü Samsun'a çıktım. Ülkenin genel durumu ve görünüşü şöyledir:

Osmanlı Devleti'nin içinde bulundugu grup, I. Dünya Savaşı'nda yenilmiş, Osmanlı ordusu her tarafta zedelenmiş, şartları ağır bir ateşkes anlaşması imzalanmış. Büyük Savaş'm uzun yılları boyunca millet yorgun ve fakir bir durumda. Milleti ve memleketi I. Dünya Savaşı'na sürükleyenler, kendi hayatlarını kurtarma kaygısına düşerek memleketten kaçmışlar. Saltanat ve Hilafet makamında oturan Vahdettin soysuzlaşmış, şahsını ve bir de tahtını koruyabileceğini hayal ettiği alçakça tedbirler araştırmakta. Damat Ferit Paşa'nın başkanlığındaki hükümet âciz, haysiyetsiz ve korkak. Yalnız padişahın iradesine boyun eğmekte ve onunla birlikte kendilerini koruyabilecekleri herhangi bir duruma razı.

Ordunun elinden silahları ve cephanesi alınmış ve alınmakta... İtilaf Devletleri, ateşkes antlaşmasının hükümlerine uymayı ge- rekli bulmuyorlar. Birer bahane ile İtilaf donanmaları ve askerleri İstanbul' da. Adana ili Fransızlar; Urfa, Maraş, Aymtap (Gaziantep) İngilizler tarafından işgal edilmiş. Antalya ve Konya'da İtalyan askerî birlikleri, Merzifon ve Samsun'da İngiliz askerleri bulunuyor. Her tarafta yabancı subay ve memurlar ile özel ajanlar faaliyette. Nihayet, konuşmamıza başlangıç olarak aldığımız tarihten dört gün önce, 15 Mayıs 1919'da, İtilaf Devletlerinin uygun bulması ile Yunan ordusu da İzmir'e çıkartılıyor.

Bundan başka, memleketin her tarafında Hristiyan azınlıklar gizli veya açıktan açığa kendi özel emel ve maksatlannı gerçekleştirmeye devleti bir an önce çökertmeye çalışıyorlar.

Sonradan elde edilen güvenilir bilgi ve belgelerle iyice anlaşılmıştır ki, İstanbul Rum Patrikhanesi'nde kurulan Mavri Mira Hey'eti illerde çeteler kurmak ve idare etmek, gösteri toplantıları ve propagandalar yaptırmakla meşgul. Yunan Kızılhaç'ı ve Resmî Göçmenler Komisyonu, Mavri Mira Heyeti'nin çalışmalannı kolaylaştırmakla görevli. Mavri Mira Heyeti tarafım, olan yönetilen Rum okul larmın izci teşkilatları, yirmi yaşından yukarı gençleri de içine almak üzere her yerde kuruluşunu tamamlıyor.

Ermeni Patriği Zaven Efendi de, Mavri Mira Heyeti ile birlikte çalışıyor. Ermeni hazırlığı da tıpkı Rum hazırlığı gibi ilerliyor. Trabzon, Samsun ve bütün Karadeniz sahillerinde örgütlenmiş olan ve İstanbul'daki merkeze bağlı bulunan Pontus Cemiyeti hiç bir engelle karşılaşmadan kolaylıkla ve başanyla çalışıyor."

Atatürk'ün Kurtuluş Savaşı'ndaki cesareti her safhada görülmektedir. Mücadelenin çetinleştiği her noktada cesaretle sorunlann üzerine giden Atatürk, cesaretin bir liderde ne kadar önemli bir özellik olduğunu ispatlar gibidir. Enver Benhan Şapolyo'nun Kurtuluş Savaşı günlerinden aktardığı şu olay, Atatürk'ün cesaretine örnek gösterilebilir:

"23 Nisan 1920... Ankara'da Büyük Millet Meclisi açılmıştır. Memleketin her tarafından birçok mebuslar gelmişti. Bu yeni meclise gelenlerin bir kısmı, Ankara'da hiçbir şeyin olmadığını görünce yeise düşmüşlerdi. Bahsedilen, ne Yeşilordu, ne hazine, ne yatacak otel, hiçbir şey yoktu. Sadece Mustafa Kemal...

... Bazılarına bu dava çürük gelmiş olacak ki, memleketlerine dönmeye karar verdiler. Bunlar geri dönerlerse Meclis'te huzursuzluk olmayacağını anlayan Mustafa Kemal, kürsüye çıktı.

O gün pek heyecanlıydı. Atatürk'ün hayatında belki böyle canlı bir tablo doğmamıştı.

Mebuslara hitaben:

"İşittim ki, bazı arkadaşlar yoksulluğumuzu bahane ederek, memleketlerine dönmek istiyorlarmış. Ben kimseyi zorla Millî Meclis'e davet etmedim. Herkes kararında hürdür, bunlara başkaları da katılabilirler. Ben bu mukaddes davaya inanmış bir insan sıfatıyla, buradan bir yere gitmemeye karar verdim. Hatta hepiniz gidebilirsiniz. Asker Mustafa Kemal, mavzerini eline alır, fişeklerini göğsüne dizer, bir eline de bayrağı alır, bu şekilde Elmadağı'na çıkar, orada tek kurşunum kalma kadar vatanı müdafaa ederim. Kurşunlarım bitince bu aciz vücudumu bayrağıma sarar, düşman kurşunlarıyla yaralanır, temiz kanımı, mukaddes bayrağıma içire içire tek başıma can veririm. Ben buna ant içtim." diye gürleyince, herkesi bir heyecan dalgası sardı. Hiçbiri göz- yaşlarını zaptedemiyordu.

Atatürk'ün cesareti sadece askerî alanda değildir. Yerleşik kalıp ve yargılara karşı tavrında da bu cesaretin ve risk alma hâlinin yan- sımalarını görmek mümkündür.

Mustafa Kemal'in cesaretine örnek teşkil edecek bir hatırayı da Peyami Safa aktarmaktadır. Mustafa Kemal'in cesaretini yansıtan o satırlar aynen şöyle:

"Mustafa Kemal her zaman ateş altında dolaşıyordu. Askerlerin maruz kaldığı her türlü tehlikeyi paylaştığı, etrafında yüzlerce insan öldüğü hâlde ona bir şey olmuyordu. Bir seferinde yeni kazılan bir siperin önünde otururken, bir İngiliz bataryası üstlerine ateş açtı. Top menzilini bulmaya çalışırken, gülleler de gittikçe yaklaşıyordu. Vurulması, matematiksel bir kesinlik arz ediyordu. Yanındakiler si- pere girmesi için yalvarmaya başlamışlardı. O,

"Hayır, diye itiraz ediyordu. Sipere gizlenecek olursam, askerle- rime kötü bir misal olurum. Geride siperde bulunanlar korku ve hayretle kendisini seyrederken, o sigarasını yakmış, hiçbir şey yok- muşçasına gayet sakin konuşuyordu. Düşman topçusu menzili biraz daha yaklaştırdı. Patlayan şarapnel yağmuru altında üstü başı toz içinde kaldığı hâlde, Mustafa Kemal'e bir şey olmamıştı."

Atatürk'ün milletine güvenen ve onu yücelten bir lider olması

Mustafa Kemal'in en önemli vasıflarından birisi, Türk milletinin bir ferdi olmaktan gurur duyması ve her karannda ve adımında bu milletin bir ferdi olmanın gerektiği şekilde davranmasıdır. Bunun örneklerinden birisi de, Mustafa Kemal ile Alman Emil Ludwig ara-sında geçen şu görüşmedir:

"Zamanının ünlü biyografi üstadı Alman Emil Ludwig 1934'de Atatürk'ün hayatını yazmak için Ankara'ya gelmişti. Eserleri arasın- da geçmişin ve yaşanılan devrin iz bırakmış nice şahsiyeti vardı.

O günlerde Polonya Cumhurbaşkanı, çok ünlü bir piyanist, bir virtüöz olan Ignas Jan Paderavsky'nin hayatını yazıyordu. Mustafa

Kemal kendisini kabul ettiğinde, önce bedeni hususiyetlerini uzun uzun tetkik etmesi genel sekreteri Hikmet Bayur'un dikkatini çekmişti. Nitekim soyu sopu üzerinde bilgiler edindikten sonra Hikmet Bayur'a Ata'nm musiki ve bilhassa keman-piyano ile meşgul olup olmadığını sormuş Bayur'un bu soru üzerine şaşkınlığını görünce şu açıklamayı yapmıştı:

'İzah edeyim. Atatürk'ün parmakları daha çok bu müzik aletleriyle meşgul olanların bariz hususiyetleridir. Mesela Paderavsky'ninki böyledir. Size rica edeceğim. Bana bir elinin parmaklarını bir kağıda çizer, verir misiniz?"'

Atatürk, bu isteğe tebessüm etmiş, daima nazik ev sahibi olarak arzuyu yerine getirmiş, fakat tarihçinin yanlış hüküm vermeme- si için şu açıklamayı yapmıştı:

"Bana ailemde zafer kazanmış büyük kumandanlar olup olmadığını sormuştunuz. Size yoktur cevabını vermiştim. Şimdi parmaklarımı ömrü savaş meydanlarında geçmiş bir askerde yadırgadığınızı seziyor gibiyim. Size kestirmeden bir açıklama yapacağım. Eğer, bende bazı fevkaladelikler görüyor ve buluyorsanız, bunlan sadece ve yalnız Türk olmama, Türklüğüme bağlayınız. Bu ülkenin bütün insanlan temelde benzer yapı içindedir. Hatta kusurlarımızda bile... Biz bu aynı kaynağın kök sağlamlığı ile milliyet ve devlet yapısını muhafaza edebilmiş müstesna milletiz. Sadece ben değil, tarihte bu büyük millete sahalannda hizmet edebilmişler varsa, hepsinin ilham kaynağı aynıdır."

Atatürk gerçekçi bir liderdir

Mustafa Kemal Atatürk, kimsenin kurtuluş ümidi tanımadığı Türk milletine kılavuz olmuş ve onu düze çıkarmıştır. Fakat bu tavrı, onun gerçeklerden kopuk, hayalci bir kişi olduğu anlamına gelmez. Aslında bu özelliği, Osmanlfnm son döneminde etkili olan İttihat ve Terakki şeflerinden farklılaştığı noktalardan birisidir. Enver Paşa, OsmanlI'nın yıkılışında istemese de rol oynamış ve sonunda Orta Asya'da bir Turan hayali peşine düşmüştür. Oysa aynı dönemlerde Mustafa Kemal, elde kalan son toprak parçasını savunmak ve özgürleştirmek için milletiyle birlikte çaba sarfetmektedir. Bu durumu daha iyi yansıtan bir örnek vermek gerekirse, Falih Rıfkı'nın ağzından şu hatırayı anabiliriz:

"Ömrünün sonlarında Hatay sorununda bir başka sözünü duymuştum. Atatürk, bu sorun yüzünden uykusuz, sinirli idi. Rastladığı elçilerle tartışma yapar, söylemediğini bırakmaz, kendi hazır bulunduğu yerlerde yabancı elçilerin kulağına gidecek nümayişler yaptırırdı. Bir akşam sofrada vaktiyle Dışişleri'nde bulunan bir arkadaşı,

"Paşam, niçin kendinizi de milletinizi de üzüp duruyorsunuz? Bir tümen yollarsanız Hatay'ı alırsınız. Ve Renani'de Alman olup bittilerini kabul eden Fransızlar Suriye'nin bir sancağı için sizinle savaş mı yapacaklar?" dedi.

Öfke ve siniri dalga gibi dinerek, sesi yavaşladı:

"Evet bunu ben de bilirim. Bir tümen yollasam, Hatay'ı alabiliriz. Renanı'de Almanlarla savaşmayan Fransızlar da Hatay için bize savaş açmazlar. Fakat ya bu kez saygınlıklanma dokunup karşı koyacakları tutarsa?

Soru sorana dönerek,

"Ben bir sancak için altmış bu kadar Türk ilini tehlikeye sokmam" dedi.

7) ATATÜRK'ÜN LİDERLİK ÖZELLİKLERİ VE ŞAHSİYETİ HAKKINDA SÖYLENENLER VE YAZILANLAR

Mustafa Kemal Atatürk, yorgun ve çoğu kurumu çürümüş bir imparatorluğun yıkıntıları arasından genç bir devlet kurma başarısı göstermesinden ötürü 20. yüzyılın belleklere kazınmış bir lideridir. Bu başarısı, onu seçkin bir tarihî kişilik yapmış ve bu kişiliği farklı isimler değerlendirmişlerdir. İşte, Mustafa Kemal Atatürk'ün liderlik özellikleri ve şahsiyeti hakkında neler söylediklerini aktarmakta fayda görüyoruz.

Mustafa Kemal Atatürk'ün 1916'dan 1938'e kadar yol ve dava arkadaşlığını yapan, hem I. Dünya Savaşı'nda, hem Millî Mücadele'de yanında olan İsmet İnönü kuşkusuz ki Atatürk'ü en iyi tanıyan ve onun meziyetlerini en iyi bilen isimlerden birisidir. Abdi İpekçi tarafından hazırlanan "İNÖNÜ ATATÜRK'Ü ANLATIYOR" adlı kitapta bir soruya verdiği yanıtta **İsmet İnönü, Mustafa Kemal Atatürk'ün liderlik özellikleri ve şahsiyeti hakkında şunlan söylemektedir:**

"Atatürk'ün genç zabitliğinde bilmediğimiz, meydana çıkmamış vasıfları büyük vazifeler karşısında bulundukça kendini göstermiştir. Büyük hassaları vardır. Karar sahibidir, kararları açıktır. Ve bir defa karar verdikten sonra, onu tatbik ettirmek için şahsiyeti çok tesirlidir. Mesela kumandanlıkta bu hassası, bilhassa dikkat çekicidir. Muharebe meydanında yürütmek istediği muharebe şeklini, tertipleri en uzak yerde bulunan askerlere kadar duyurur, onun üzerinde kendi iradesini ve azmini behemehal sirayet ettirirdi. Bu, bir kumandan için en büyük hasletlerden biridir. Askerlik vasıfları hakikaten yüksektir. Her millette, her devirde yüksek vasıfta kumandan sayılır.

Siyasi vasıflarının daha yüksek olduğu görülmüştür. Bu ikisi birleşince Atatürk'ün şahsiyeti müstesna bir ölçüye çıkmış oluyor.

Siyasi vasıfları hakikaten çok yüksektir. Millî Mücadele'nin askerî safhada idaresi kadar siyasi idaresi de nazikti. Hatta daha nazikti denilebilir. Atatürk siyasi safhanın idaresinde de aynı derecede maharetli olmuştur. Mesela benim kanaatimce Millî Mücadele'nin, bir Millet Meclisi kurularak onunla beraber yürütülmesi son derece güç, fakat harikulade isabetli bir karar olmuştur. Padişah idaresi, saltanat idaresi, bütün tarihten gelen mekanizma hayati bir mücadelede karşı tarafta bulunuyor. Bunun karşısında Millet Meclisi kurulabiliyor ve Millet Meclisi'nde ihtilalciler bir hükümet teşkil ederek mücadeleyi devam ettirebiliyorlar. Askeri sahada, idari sahada, iç ve dış siyaset sahasında bu, harikulade bir buluştur. Emsali de hemen hemen yok gibidir.

Zannediyorum, anlattığım meziyetlerden sadece bir tanesi bir insanın hayatını dolduracak kuvvette ve ehemmiyettedir."

Kurtuluş mücadelemize büyük destek veren **Pakistan'ın Cumhurbaşkanlarından Eyüp Han,** Mustafa Kemal Atatürk'ün liderlik yeteneklerinden ve başanlanndan oldukça etkilenmiş bir kimse olarak şöyle konuşmaktadır:

"Kemal Atatürk, yalnız bu yüzyılın en büyük adamlarından biri değildir. Biz Pakistan'da, O'nu geçmiş bütün çağların en büyük adamlarından biri olarak görüyoruz. Askerî bir deha, doğuştan bir lider ve büyük bir yurtsever."

Amerika Birleşik Devletleri'nin saygın askerlerinden **General McArthur** da Atatürk'ün liderliğinin farkında olanlardandır:

"Asker-devlet adamı, çağımızın en büyük liderlerinden biri idi. Kendisi, Türkiye'nin, dünyanın en ileri memleketleri arasında hak ettiği yeri almasını sağlamıştır. Keza O, Türklere, bir milletin büyüklüğünün temel taşını teşkil eden, kendine güvenme ve dayanma duygusunu vermiştir."

Millî Mücadele ve Cumhuriyet'in kuruluşu dönemlerini Ankara'da bizzat yaşayan ve bu dönemlerde tanık olduklarını, "Ankara'da Bir İngiliz Kadını" adlı kitabında bir araya getiren **İngiliz yazar Grace Ellison,** Mustafa Kemal Atatürk'ün liderliği ve etkisi hakkında şu tespitte bulunmaktadır:

"Herhangi bir olayı derinliğiyle kavramak, çıkar yolu görüp

bir- denbire harekete geçmek iktidan, O'nun eşsiz otoritesinin başlıca kaynaklarından biridir."

Avrupa'da pek çok Türk karşıtına inat, Türkleri ve Türkiye'yi her zaman takdir eden ünlü **Fransız yazar Claude Farrerre** Mustafa Kemal Atatürk'ün inandmcılık özelliğini vurgulayan şu tespitte bulunmaktadır:

"Karşımdaki bu büyük adamda, keşfettiğim bu büyük meçhulde maharet ve karakter o kadar iyi işlenmişti ki, sözlerinde hiçbir şüphe aranamazdı."

Mustafa Kemal Atatürk hakkında, bir kısmı vefatı üzerine söylenen sözleri şu şekilde sıralamak mümkündür:

General Liman von Sanders:

"Sert, dayanıklı ve mücadeleci. Bence harika bir subay. Kelimenin tam manasıyla mükemmel bir yönetici."

ABD Başkanı John F. Kennedy:

"Atatürk bu yüzyılın büyük insanlarından birinin tarihî başarılarını, Türk halkına ilham veren liderliğini, modern dünyanın ileri görüşlü anlayışım ve bir askerî lider olarak kudret ve yüksek cesaretini hatırlatmaktadır.

Çöküntü hâlinde bulunan bir imparatorluktan özgür Türkiye'nin doğması, yeni Türkiye'nin özgürlük ve bağımsızlığını şerefli bir şekilde ilan etmesi ve o zamandan beri koruması, Atatürk'ün Türk halkının işidir. Şüphesiz ki, Türkiye'de giriştiği derin ve geniş inkılaplar kadar bir kitlenin kendisine olan güvenini daha başarı ile gösteren bir örnek yoktur."

Fransız Cumhurbaşkanı Charles DeGaulle: "Türkiye tarihi,

bugün her zamandan çok Batı ve Avrupa tarihinden ayrılmaz bir hâldedir. Ve Atatürk'ün bu yöndeki gayretleri sonuçsuz kalmamıştır. Memleketlerimiz arasındaki yüzyılları aşan dostluk, bu gelişmenin temel öğelerinden biridir."

Sovyetler Birliği'nin Kurucusu Vladimir İlyiç Lenin:

"Mustafa Kemal sosyalist değil, fakat görülüyor ki iyi bir teşkilatçı, yüksek anlayışlı, ilerici ve iyi düşünceli, akıllı bir lider. Musta- fa Kemal, soygunculara karşı bir Kurtuluş Savaşı veriyor. Emperyalistlerin gururunu kıracağına ve Sultan'ı da yaram ile birlikte alt edeceğine inanıyorum."

Hindistan Parlamento Başkanı Suchena Krippalani:

"Atatürk, yalnız Türk milletinin değil, özgürlüğü uğruna savaşan bütün milletlerin önderiydi. O'nun direktifleri altında siz bağımsızlığınıza kavuştunuz. Biz de o yoldan yürüyerek özgürlüğümüze kavuştuk."

New York Times Gazetesi:

"Savaş sonrası döneminin en yetenekli liderlerinden biri."

Alman Ajansı:

"Almanya, ATATÜRK' ün eserine ve mücadelesine hayrandır. Onda, tarihî eseri, özgürlüğü seven bütün milletler için bir sembol olarak kalacak kudretli bir kişilik görmektedir.."

Daily Telegraph:

"Atatürk, Türk milletinin ruhunda Türk Bayrağı gibi dalgalanan bir baştı."

Sunday Times:

"İngiltere önce, cesur ve asil bir düşman, sonra da sadık bir dost olarak tanıdığı büyük adamı selamlamaktadır."

8) ATATÜRK'TEN ÖZLÜ SÖZLER

Bütün ümidim gençliktedir

Ey yükselen yeni nesil, istikbal sizindir. Cumhuriyet'i biz kurduk, O'nu yükseltecek ve sürdürecek sizlersiniz Herkes ulusal görevini ve sorumluluğunu bilmeli, memleket meseleleri üzerinde o düşünceyle, düşünüp çalışmayı görev edinmelidir.

Kendiniz için değil, bağlı bulunduğunuz ulus için elbirliği ile çalışınız. Çalışmaların en yükseği budur.

Ey Türk Gençliği! Birinci vazifen, Türk istiklalini, Türk Cumhuriyeti'ni, ilelebet, muhafaza ve müdafaa etmektir.

Bugün hepimize düşen ortak görev; ulusal değerlere, bilince, Cumhuriyet'e sahip çıkmak, Çanakkale'yi, Kurtuluş Savaşı'nı kazanan ruhu korumak ve bu bilinci gelecek kuşaklara aktarmaktır. Türk Ulusu dili, kültürü, tarihi ve saygın kimliğiyle aydınlık yarınlara el ele güçlü biçimde yürüyecektir.

Sizler, yani yeni Türkiye'nin genç evlatları! Yorulsanız dahi beni takip edeceksiniz... Dinlenmemek üzere yürümeye karar verenler, asla ve asla yorulmazlar. Türk Gençliği gayeye, bizim yüksek idealimize durmadan, yorulmadan yürüyecektir.

Öğretmenler! Cumhuriyet sizden düşünceleri hür, vicdanı hür, irfanı hür nesiller ister.

"...bu ulusa ve ülkeye hizmet görevi bitmeyecektir."

Türk milleti yeni bir iman ve kesin bir millî azim ile yeni bir devlet kurmuştur bu devletin dayandığı esaslar "Tam Bağımsızlık" ve "Kayıtsız Şartsız Millî Egemenlik"ten ibarettir. Yeni Türkiye devletinin yapısının ruhu Millî Egemenliktir. Milletin Kayıtsız Şartsız Egemenliğidir...

Hiçbir şeye ihtiyacımız yok, yalnız bir şeye ihtiyacımız vardır; çalışkan olmak!

Biz büyük bir inkılap yaptık. Memleketi bir çağdan alıp yeni bir çağa götürdük.

Devrimin amacını kavramış olanlar sürekli olarak onu koruma gücüne sahip olacaklardır.

Ne mutlu Türk'üm diyene! Muallimler! Yeni nesli, Cumhuriye- tin fedakâr öğretmen ve eğiticileri, sizler yetiştireceksiniz, yeni nesil sizin eseriniz olacaktır. Eserin kıymeti, sizin maharetiniz ve fedakârlığınız derecesiyle mütenasip bulunacaktır.

"Ordularımızın kazandığı zafer, sizin ve sizin ordulannızm zaferi için yalnız zemin hazırladı... Gerçek zaferi siz kazanacak ve devam edeceksiniz ve mutlaka başarılı olacaksınız."

"Türk çocuğu ecdadını tanıdıkça daha büyük işler yapmak için kendinde kuvvet bulacaktır."

"Türkiye Cumhuriyeti'nin, özellikle bugünkü gençliğine ve yetişmekte olan çocuklarına hitap ediyorum: Batı senden, Türk'ten çok geriydi. Manada, fikirde, tarihte bu böyleydi. Eğer bugün batı teknikte bir üstünlük gösteriyorsa, ey Türk Çocuğu, o kabahat da senin değil, senden öncekilerin affedilmez ihmalinin bir sonucudur. Şunu da söyleyeyim ki, çok zekisin! Bu belli. Fakat zekânı unut! Daima çalışkan ol..."

"Milletleri kurtaranlar yalnız ve ancak öğretmenlerdir. Öğretmenden, eğiticiden mahrum bir millet, henüz bir millet adını alma yeteneği kazanmamıştır."

"Türkiye Cumhuriyeti'ni kuran Türkiye halkına Türk milleti denir..."

"Cumhuriyeti kuranlar onu korumaya da muktedir olmalıdır."

"Tarihi yaşadığımız gibi yazdık, fakat geleceği cumhuriyete inananlara, onu koruyanlara ve yaşatacaklara emanet etmek lazımdır."

"Asıl önemli olan ve memleketi temelinden yıkan, halkını esir eden, içerdeki cephenin suskunluğudur."

"Benim Türk milletine, Türk cemiyetine, Türklüğün istikbaline ait ödevlerim bitmemiştir, siz onları tamamlayacaksınız. Siz de, sizden sonrakilere benim sözümü tekrar ediniz."

"İstiklal, istikbal, hürriyet, herşey adaletle kaimdir!"

"Uluslar, egemenliklerini geçici bile olsa, bırakacağı meclislere dahi gereğinden fazla inanmamak ve güvenmemelidir. Çünkü meclisler bile despotluk yapabilir ve bu despotluk bireysel despotluktan daha tehlikeli olabilir. Meclislerin öyle kararlan olabilir ki, bu kararlar ulusun yaşamına giderilmesi olanaklı olmayan zararlar verebilir."

"Gençler cesaretimizi takviye ve idame eden sizlersiniz. Siz, almakta olduğunuz terbiye ve irfan ile insanlık ve medeniyetin, vatan sevgisinin, fikir hürriyetinin en kıymetli timsali olacaksınız. Yükselen yeni nesil, istikbal sizsiniz. Cumhuriyet'i biz kurduk, onu yükseltecek ve yaşatacak sizsiniz."

"Öğretmenler! Cumhuriyet, fikren, ilmen, fennen, bedenen kuvvetli ve yüksek karakterli muhafızlar ister. Yeni nesli bu özellik ve kabiliyette yetiştirmek sizin elinizdedir."

"Öğretmen, yıllar sonra ödülünü alır."

"Öğretmen bir kandile benzer, kendini tüketerek başkalarına ışık verir."

"Söz konusu olan vatansa, gerisi teferruat."

"Yorulmadan beni takip edeceğinizi söylüyorsunuz. Fakat arka- daşlar, yorulmadan ne demek? Yorulmamak olur mu? Elbette yorulacaksınız. Benim sizden istediğim şey yorulmamak değil, yorulduğunuz zaman dahi durmadan yürümek, yorulduğunuz dakikada da dinlenmeden beni takip etmektir. Yorgunluk her insan, her mahluk için tabii bir halettir, fakat insanda yorgunluğu yenebilecek manevi bir kuvvet vardır ki, işte bu kuvvet yorulanları dinlendirmeden yürütür."

"Millî egemenlik öyle bir nurdur ki, onun karşısında zincirler erir, taç ve tahtlar batar, mahvolur. Milletlerin esirliği üzerine kurulmuş müesseseler her tarafta yıkılmaya mahkumdurlar."

"Cumhuriyet fikir serbestliği taraftarıdır. Samimi ve meşru olmak şartıyla her fikre saygı duyarız."

"Gerçi bize milliyetçi derler. Ama, biz öyle milliyetçileriz ki, iş birliği eden bütün milletlere hürmet ve riayet ederiz. Onların milliyetlerinin bütün icaplarını tanırız. Bizim milliyetçiliğimiz herhalde hodbince ve mağrurca bir milliyetçilik değildir."

"Öyle istiyorum ki, Türk dili bilim yöntemleriyle kurallannı ortaya koysun ve her dalda yazı yazanlar, bütün terimleriyle çoğunluğun anlayabileceği güzel, ahenkli dilimızı kullansınlar."

"Okul, genç beyinlere insanlığa saygıyı, millet ve ülkeye sevgi- yi, bağımsızlık onurunu öğretir."

"Okul sayesinde, okulun vereceği ilim ve fen sayesindedir ki, Türk milleti, Türk sanatı, Türk iktisadiyatı, Türk şiir ve edebiyatı bütün güzellikleriyle gelişir."

"Müspet bilimlerin temellerine dayanan, güzel sanatları seven, fikir terbiyesinde olduğu kadar beden terbiyesinde de kabiliyeti art- mış ve yükselmiş olan erdemli, kudretli bir nesil yetiştirmek ana siyasetimizin açık dileğidir."

"Bilelim ki, millî benliğini bilmeyen milletler, başka milletlere yem olurlar."

"Milletlerin tarihinde bazı dönemler vardır ki, belli amaçlara erişebilmek için maddi ve manevi ne kadar kuvvet varsa hepsini bir araya toplamak ve aynı doğrultuya yöneltmek gerekir. Yakın yıllarda milletimiz, böyle bir toplanma ve birleşme hareketinin önemli sonuçlarını kavramıştır. Memleketin ve devrimin, içeriden ve dışarıdan gelebilecek tehlikelere karşı korunması için, bütün milliyetçi ve cumhuriyetçi kuvvetlerin bir yerde toplanması gerekir. Aynı cinsten olan kuvvetler, ortak amaç yolunda birleşmelidir."

"Birçok güçlükler ve engeller karşısında bulunduğumuzu biliyoruz. Bunların hepsini inceleme ile, gayret ve iman ile ve millet aşkının sarsılmaz kuvvetiyle birer birer çözüp sonuçlandıracağız. O millet aşkı ki, her şeye rağmen içimizde sönmez bir kuvvet, dayanıklılık ve ateş kaynağıdır."

"Bizim milletimiz vatanı için, özgürlüğü ve egemenliği için özverili bir halktır, bunu kanıtladı."

"Milletimiz, yaptığı devrimlerin kıskanç savunucusudur da. Benliğinde bu erdemler yerleşmiş bir milleti, yürümekte olduğu doğru yoldan hiçbir kimse, hiçbir kuvvet alıkoyamaz."

"Arkadaşlar! Devrimimiz Türkiye'nin yüzyıllar için mutluluğunu üstlenmiştir. Bize düşen onu kavrayarak ve takdir ederek çalışmaktır."

"Adımlannı, attığımız uygarlık ve yenilik adımlarına uydurmak istemeyenler ne talihsizdirler! Bu gibiler hâlâ milleti aldatacaklarını ümit ediyorlarsa bu ümitleri, kendilerinin zarara uğramalarından başka bir sonuç vermeyeceğine şimdiden emin olabilirler."

"Biz cahil dediğimiz zaman, mektepte okumamış olanlan kastetmiyoruz. Kastettiğimiz ilim, hakikati bilmektir. Yoksa okumuş olanlardan en büyük cahiller çıktığı gibi, hiç okumak bilmeyenlerden de hakikati gören gerçek âlimler çıkabilir."

"Biz Türkler, bütün tarihimiz boyunca hürriyet ve istiklale tim- sal olmuş bir milletiz."

"Ne kadar zengin ve müreffeh olursa olsun, istiklalden mahrum bir millet, medeni insanlık karşısında uşak olmak mevkiinden yük- sek bir muameleye layık sayılamaz."

"Özgürlük ve bağımsızlık benim karakterimdir. Ben milletimin en büyük ve ecdadımın en değerli mirası olan bağımsızlık aşkı ile dolu bir adamım. Çocukluğumdan bugüne kadar ailevi, hususi ve resmî hayatımın her safhasını yakından bilenler bu aşkım malumdur. Bence bir millete şerefin, haysiyetin, namusun ve insanlığın vücut ve beka bulabilmesi mutlaka o milletin özgürlük ve bağımsızlığına sahip olmasıyla kaimdir. Ben şahsen bu saydığım vasıflara, çok ehemmiyet veririm. Ve bu vasıfların kendimde mevcut olduğunu iddia edebilmek için milletimin de aynı vasıfları taşımasını esas şart bilirim. Ben yaşabilmek için mutlaka bağımsız bir milletin evladı kalmalıyım. Bu sebeple millî bağımsızlık bence bir hayat meselesidir. Millet ve memleketin menfaatleri icap ettirirse, insanlığı teşkil eden milletlerden her biriyle medeniyet icabı olan dostluk ve siyaset münasebetlerini büyük bir hassasiyetle takdir ederim. Ancak, benim milletimi esir etmek isteyen herhangi bir milletin, bu arzusundan vazgeçinceye kadar, amansız düşmanıyım."

"Yurtta sulh, cihanda sulh."

"Türk milletinin istidadı ve kati kararı medeniyet yolunda durmadan, yılmadan ilerlemektir."

"Türk milletinin karakter ve âdetlerine en uygun olan idare, cumhuriyet idaresidir."

"Yeni kuşak, en büyük cumhuriyetçilik dersini bugünkü öğretmenler topluluğundan ve onların yetiştirecekleri öğretmenlerden alacaktır."

"Millî Mücadelelere şahsi hırs değil, millî ideal, millî onur sebep olmuştur."

"Bir millet eğitim ordusuna sahip olmadıkça, savaş meydanlarında ne kadar parlak zaferler elde ederse etsin, o zaferlerin kalıcı sonuçlar vermesi ancak eğitim ordusuyla mümkündür."

"Millî his ile dil arasındaki bağ çok kuvvetlidir. Dilin millî ve zengin olması, millî hissin gelişmesinde başlıca etkendir. Türk dili, dillerin en zenginlerindendir. Yeter ki, bu dil şuurla işlensin. Ülkesini, yüksek bağımsızlığını korumasını bilen Türk milleti, dilini de yabancı diller boyunduruğundan kurtarmalıdır."

"Bir dinin tabii olması için akla, fenne, ilme ve mantığa uygun olması lazımdır."

"Her fert istediğini düşünmek, istediğine inanmak, kendine mahsus siyasi bir fikre sahip olmak, seçtiği bir dinin icaplarını yapmak veya yapmamak hak ve hürriyetine sahiptir. Kimsenin fikrine ve vicdanına hâkim olunamaz."

"Türk milletinin istidadı ve kesin kararı medeniyet yolunda, durmadan, yılmadan ilerlemektir."

"Medeni olmayan insanlar, medeni olanların ayakları altında kalmaya mahkûmdurlar."

"Büyük dinimiz çalışmayanın insanlıkla hiç ilgisi olmadığını bildiriyor. Bazı kimseler çağdaş olmayı kâfir olmak sayıyorlar. Asıl küfür onların bu zannıdır. Bu yanlış tefsiri yapanların maksadı, İslamların kâfirlere esir olmasını istemek değil de nedir? Her sarıklıyı hoca sanmayın, hoca olmak sarıkla değil, dimağladır."

"Arkadaşlar, efendiler ve ey millet, iyi biliniz ki, Türkiye Cumhuriyeti şeyhler, dervişler, müritler, meczuplar memleketi olamaz. En doğru, en hakiki tarikat, medeniyet tarikatıdır."

"Medeniyetin emir ve talep ettiğini yapmak insan olmak için yeterlidir."

"Biz dünya medeniyeti ailesi içinde bulunuyoruz. Medeniyetin bütün icaplarım tatbik edeceğiz."

"Dünyanın her tarafından öğretmenler insan topluluğunun en fedakâr ve muhterem unsurlarıdır."

"Milletimiz her güçlük ve zorluk karşısında, durmadan ilerlemekte ve yükselmektedir. Büyük Türk milletinin bu yoldaki hızını, her vasıtayla arttırmaya çalışmak, bizim hepimizin en kutlu vazifemizdir."

"İnsan topluluğu kadın ve erkek denilen iki cins insandan mürekkeptir. Kabil midir ki, bu kütlenin bir parçasını ilerletelim, ötekini ihmal edelim de kitlenin bütünlüğü ilerleyebilsin? Mümkün müdür ki, bir cismin yansı toprağa zincirlerle bağlı kaldıkça öteki kısmı göklere yükselebilsin?"

"Ey kahraman Türk kadını, sen yerde sürünmeye değil, omuzlar üzerinde göklere yükselmeye layıksın."

"Kadmlanmız için asıl mücadele alanı, asıl zafer kazanılması gereken alan, biçim ve kılıkta başarıdan çok, ışıkla, bilgi ve kültürle, gerçek faziletle süslenip donanmaktır. Ben muhterem hanımlarımızın Avrupa kadmlannm aşağısında kalmayacak, aksine pek çok yönden onlann üstüne çıkacak şekilde ışıkla, bilgi ve kültürle donanacaklanndan asla şüphe etmeyen ve buna kesinlikle emin olanlardanım."

"Anaların bugünkü evlatlanna vereceği terbiye, eski devirlerde- ki gibi basit değildir. Bugünün anaları için gerekli vasıflan taşıyan evlat yetiştirmek, evlatlannı bugünkü hayat için, faal bir uzuv hâli- ne koymak pek çok yüksek vasıflar taşımalanna bağlıdır. Onun için kadınlarımız, hatta erkeklerimizden çok aydın, daha çok feyizli, da- ha fazla bilgili olmaya mecburdurlar; eğer hakikaten milletin anası olmak istiyorlarsa."

"Ben icap ettiği zaman en büyük hediyem olmak üzere, Türk milletine canımı vereceğim."

"Çalışmak demek, boşuna yorulmak, terlemek değildir. Zamanın gereklerine göre bilim ve teknik ve her türlü uygar buluşlardan azami derecede istifade etmek zorunludur."

"Hiçbir zafer amaç değildir. Zafer, ancak kendisinden daha büyük bir amacı elde etmek için belli başlı bir vasıtadır."

"Zafer, bir fikrin istihsaline (elde edilmesine) hizmeti nispetin de kıymet (değer) ifade eder. Bir fikrin istihsaline dayanmayan bir zafer payidar olamaz (yaşayamaz). O, boş bir gayrettir."

"Her büyük meydan muharebesinden, her büyük zaferin kazanılmasından sonra yeni bir âlem (dünya) doğmalıdır, doğar. Yoksa başlı başına bir zafer, boşa gitmiş bir gayret olur."

"Türkiye'nin asıl sahibi ve efendisi, gerçek üretici olan köylüdür. O hâlde, herkesten daha çok refah, saadet ve servete müstahak ve layık olan köylüdür. Onun için, Türkiye Büyük Millet Meclisi'nin iktisadi siyaseti bu asli gayeye erişmek maksadını güder."

"Basın milletin müşterek sesidir. Başlıbaşma bir kuvvet, bir okul, bir öncüdür."

"Ekonomik kalkınma, Türkiye'nin hür, müstakil, daima daha kuvvetli, daima daha refah Türkiye idealinin belkemiğidir."

"Tam bağımsızlık, ancak ekonomik bağımsızlıkla mümkündür."

"Hürriyet olmayan bir memlekette ölüm ve çöküş vardır. Her ilerleyişin ve kurtuluşun anası hürriyettir."

"Biz kimsenin düşmanı değiliz. Yalnız insanlığın düşmanı olan- ların düşmanıyız."

"Tarih bir milletin kanını, varlığını hiçbir zaman inkâr edemez."

"Adalet gücü bağımsız olmayan bir milletin, devlet hâlinde varlığı kabul olunamaz."

"Millete efendilik yoktur. Hizmet vardır. Bu millete hizmet e- den onun efendisi olur."

"Biz barış istiyoruz dediğimiz zaman tam bağımsızlık dediğimizi herkesin anlaması gerekir."

"Sanatsız kalan bir milletin hayat damarlarından biri kopmuş demektir."

"Tüketici yaşamak iyi değildir. Üretici olalım."

"Siyasi, askerî zaferler ne kadar büyük olurlarsa olsunlar, ekonomik zaferlerle taçlandırılmazlarsa meydana gelen zaferler devamlı olamaz, az zamanda söner."

"Memleket mutlaka modern medeni ve yeni olacaktır. Bizim için bu hayat davasıdır."

"Yeni Türkiye Devleti temellerini süngüyle değil, süngünün

de dayandığı ekonomi ile kuracaktır. Yeni Türkiye Devleti cihangir bir devlet olmayacaktır. Fakat yeni Türkiye Devleti bir ekonomi devleti olacaktır."

"Bir millet ki resim yapmaz, bir millet ki heykel yapmaz, bir millet ki tekniğin gerektirdiği şeyleri yapmaz, itiraf etmeli ki o milletin ilerleme yolunda yeri yoktur."

"Devrim yasası, eldeki yasaların üstündedir. Bizi öldürmedikçe, bizim kafalarımızdaki akımı boğmadıkça, başladığımız devrim ve yenilik bir an bile durmayacaktır. Bizden sonraki dönemlerde de böyle olacaktır."

"Büyük başarılar, değerli anaların yetiştirdikleri seçkin çocukla- rın yardımıyla meydana gelir."

"Toplumdaki başarısızlığın sebebi, kadınlarımıza karşı gösterdi- ğimiz ihmal ve kusurdan doğmaktadır."

"Bu memleket dünyanın beklemediği, asla umut etmediği ayrıcalıklı bir varoluşa sahne oldu. Bu sahne en az 7 bin senelik bir Türk beşiğidir. Beşik doğanın rüzgârıyla sallandı; beşiğin içindeki çocuk doğanın yağmurlarıyla yıkandı, o çocuk doğanın şimşeklerinden, yıldırımlarından, kasırgalarından evvela korkar gibi oldu, sonra onlara alıştı; Onların oğlu oldu. Bir gün o doğa çocuğu, Doğa oldu; şimşek, yıldırım, güneş oldu; Türk oldu... Türk budur. Yıldırımdır, kasırgadır, dünyayı aydınlatan güneştir."

"Dünyada herşey için, medeniyet için, hayat için, başarı için, en hakiki mürşit ilimdir, fendir."

"Yaptığımız ve yapmakta olduğumuz inkılapların amacı, Türkiye Cumhuriyeti halkını tamamen çağımıza uygun ve bütün mana ve biçimiyle uygar bir toplum hâline değiştirmektir."

"Bütün dünya bilsin ki, benim için bir yandaşlık vardır;

Cumhuriyet yandaşlığı, düşünsel ve toplumsal devrim yandaşlığı. Bu noktada yeni Türkiye topluluğunda, bir bireyi bunun dışında düşünmek istemiyorum."

"Savaş zaruri ve hayati olmalıdır. Milletin hayatı tehlikeye maruz kalmadıkça savaş bir cinayettir."

"Gençliği yetiştiriniz. Onlara ilim ve irfanın müspet fikirlerini veriniz. Geleceğin aydınlığına onlarla kavuşacaksınız."

"Bombasırtı olayı (14 Mayıs 1915) çok önemli ve dünya savaş tarihinde eşine rastlanması mümkün olmayan bir olaydır. Karşılıklı siperler arası sekiz metre, yani ölüm kesin. Birinci siperdekilerin hepsi kurtulmamacasma düşüyor. İkinci siperdekiler yıldırım gibi onların yerlerine gidiyor. Fakat ne kadar imrenilecek bir soğukkan- lılıkla biliyor musunuz? Bomba, şarapnel, kurşun yağmuru altında öleni görüyor, üç dakikaya kadar öleceğini biliyor ve en ufak bir çe- kinme bile göstermiyor. Sarsılma yok. Okuma bilenler Kur'an-ı Kerim okuyor ve cennete gitmeye hazırlanıyor. Bilmeyenlerse Kelime-i şahadet getiriyor ve ezan okuyarak yürüyorlar. Sıcak cehennem gibi kaynıyor. İşte bu Türk askerindeki ruh kuvvetini gösteren dünyanın hiçbir askerinde bulunmayan tebrike değer bir örnektir. Emin olmalısınız ki Çanakkale Savaşlarını kazandıran bu yüksek ruhtur." "Tam bağımsızlık, ancak mâli bağımsızlık ile mümkündür. Bir devletin mâliyesi bağımsızlıktan yoksun olunca, o devletin bütün hayat ışıklarında bağımsızlık felç olur."

"Din bir vicdan meselesidir. Herkes vicdanının emrine uymakta serbesttir. Biz dine saygı gösteririz. Düşünüşe ve düşünceye muhalif değiliz. Biz sadece din işlerini, millet ve devlet işleriyle karıştırmamaya çalışıyor, kasde ve fiile dayanan taassupkâr hareketlerden sakınıyoruz."

"Süngülerle, silahlarla ve kanla kazandığımız askerî zaferlerden sonra, kültür, bilim, fen ve ekonomi alanlarında da zaferler kazan- maya devam edeceğiz."

"Zafer, "Zafer benimdir" diyebilenindir. Başarı ise, "Başaracağım" diye başlayarak sonunda "Başardım" diyebilenindir." "Egemenlik verilmez, alınır."

"Türk milleti bağımsız yaşamış ve bağımsızlığı varolmalarının yegâne koşulu olarak kabul etmiş cesur insanların torunlarıdır. Bu millet hiçbir zaman hür olmadan yaşamamıştır, yaşayamaz ve yaşamayacaktır."

"Milletimiz davranışlarında ve gayretlerinde sarsılmaz bir bütünlük gösterdiği için başarılı olmuştur."

"Ne kadar zengin ve müreffeh olursa olsun, istiklalden mahrum bir millet, medeni insanlık karşısında uşak olmak mevkiinden yük- sek bir muameleye layık sayılamaz."

"Millî egemenlik öyle bir nurdur ki, onun karşısında zincirler erir, taç ve tahtlar batar, mahvolur. Milletlerin esirliği üzerine kurulmuş müesseseler her tarafta yıkılmaya mahkûmdurlar."

"Bu millete çok şey öğretebildim ama onlara uşak olmayı bir türlü öğretemedim."

"Millî mücadelelere şahsi hırs değil, millî ideal, millî onur sebep olmuştur."

"Türk milletinin karakteri yüksektir. Türk milleti çalışkandır. Türk milleti zekidir... Türk milleti millî birlik ve beraberlik içerisinde güçlükleri yenmesini bilmiştir... Türk milletinin tarihî bir niteliği de güzel sanatları sevmek ve onda yükselmektir. Türk milletinin büyük millet olduğunu bütün medeni âlem, az zamanda, bir kere daha tanıyacaktır..."

"Türklüğün unutulmuş büyük medeni vasfı ve büyük medeni kabiliyeti, bundan sonraki gelişmesi ile geleceğin yüksek medeniyet ufkunda yeni bir güneş gibi doğacaktır."

"Türk'ün haysiyeti, onuru ve kabiliyeti çok yüksek ve büyüktür."

"Türk milleti, güzel her şeyi, her medeni şeyi, her yüksek şeyi sever, takdir eder. Fakat muhakkaktır ki, her şeyin üstünde takdir ettiği bir şey varsa o da kahramanlıktır."

"Bizim milletimiz, vatanı için, hürriyeti ve egemenliği için fedakâr bir halktır."

"Türk esirlik kabul etmeyen bir millettir."

"Bizim başka milletlerden hiçbir eksiğimiz yok. Cesuruz, zekiyiz, çalışkanız, Yüksek amaçlar uğrunda ölmesini biliriz."

"Büyük şeyleri büyük milletler yapar."

"Türk milletinin son yıllarda gösterdiği harikaların yaptığı siya- si ve sosyal inkılapların gerçek sahibi kendisidir. Milletimizde bu kabiliyet ve tekâmül var olmasaydı, onu yaratmaya hiçbir kuvvet ve kudret yeterli olamazdı."

"Bu millet kılı kıpırdamadan dava uğruna canını vermeye razı olmasaydı ben hiçbir şey yapamazdım."

"Giriştiğimiz büyük işlerde, milletimizin yüksek kabiliyet ve yüksek sağduyusu başlıca rehberimiz ve başarı kaynağımız olmuştur."

"Türk kuvvet ve zekâsının yenmediği ve yenemeyeceği güçlük yoktur."

"Benim hayatta yegâne fahrim, servetim Türklükten başka bir şey değildir."

"Gerektiğinde vatan için bir tek fert gibi yekpare azim ve karar ile çalışmasını bilen bir millet elbette büyük bir geleceğe layık ve aday olan bir millettir."

"İki Mustafa Kemal vardır: Biri ben, et ve kemik, geçici Mustafa Kemal... İkinci Mustafa Kemal, onu 'ben' kelimesiyle ifade edemem; o, ben değil, bizdir! O, memleketin her köşesinde yeni fikir, yeni hayat ve büyük ülkü için uğraşan aydın ve savaşçı bir topluluktur. Ben, onların rüyasını temsil ediyorum. Benim teşebbüslerim, onların özlemini çektikleri şeyleri tatmin içindir. O Mustafa Kemal sizsiniz, hepinizsiniz. Geçici olmayan, yaşaması ve başarılı olması gere- ken Mustafa Kemal odur!"

"Bir milletin başarısı, mutlaka bütün millî güçlerin bir istikamette oluşmasıyla mümkündür. Bu nedenle bilelim ki, elde ettiğimiz başarı, milletin güç birliği etmesinden, ortak hareket etmesinden ileri gelmiştir. Eğer aynı başarı ve zaferleri gelecekte de tekrar- lamak istiyorsak, aynı esasa dayanalım ve aynı şekilde yürüyelim."

"Öğretmenler; Cumhuriyet'in fedakâr öğretmen ve eğitimcileri, yeni nesli sizler yetiştireceksiniz. Ve yeni nesil sizin eseriniz olacak- tır. Eserin kıymeti, sizin beceriniz ve fedakârlığınızın derecesiyle orantılı olacaktır. Cumhuriyet; fikren, ilmen, fennen, bedenen kuv- vetli ve yüksek karakterli koruyucular ister. Yeni nesli, bu özellik ve kabiliyette yetiştirmek sizin elinizdedir... Sizin başarınız Cumhuriyet'in başarısı olacaktır."

"Beni görmek demek mutlaka yüzümü görmek demek değildir. Benim fikirlerimi, benim duygularımı anlıyorsanız ve hissediyorsanız bu yeterlidir."

"Benim naçiz vücudum, elbet bir gün toprak olacaktır; ancak Türkiye Cumhuriyeti ilelebet payidar kalacaktır."

ATATÜRK'ÜN TÜRK GENÇLİĞİNE HİTABESİ

NUTUK (Söylev) - Ankara, 20 Ekim 1927

Mustafa Kemal Atatürk tarafından 20 Ekim 1927 tarihinde Nutuk'un sonunda Türk Gençliği'ne yönelik yaptığı konuşmadır (Seslenişi). Nutuk, Atatürk'ün Kurtuluş Savaşı'nı anlattığı 15 - 20 Ekim 1927 tarihlerinde Cumhuriyet Halk Partisi 2. Kongresi'nde otuz altı buçuk saat süren tarih! konuşmasıdır

Türk Gençliğine Bıraktığımız Kutsal Armağan

Saygıdeğer baylar, sizi, günlerce işlerinizden alıkoyan uzun ve ayrıntılı sözlerim, en sonu tarihe mal olmuş bir dönemin öyküsüdür. Bunda, ulusum için ve yarınki çocuklarımız için dikkat ve uyanıklık sağlayabilecek kimi noktaları belirtebilmiş isem kendimi mutlu sayacağım.

Baylar, bu söylevimle, ulusal varlığı sona ermiş sayılan büyük bir ulusun, bağımsızlığını nasıl kazandığını; bilim ve tekniğin en son ilkelerine dayanan ulusal ve çağdaş bir devleti nasıl kurduğunu anlatmaya çalıştım.

Bugün ulaştığımız sonuç, yüzyıllardan beri çekilen ulusal yıkımların yarattığı uyanıklığın ve bu sevgili yurdun her köşesini sulayan kanların karşılığıdır.

Bu sonucu, Türk gençliğine kutsal bir armağan olarak bırakıyorum.

Ey Türk Gençliği!

Birinci vazifen, Türk istiklalini, Türk Cumhuriyetini, ilelebet, muhafaza ve müdafaa etmektir.

Mevcudiyetinin ve istikbalinin yegâne temeli budur. Bu temel, senin, en kıymetli hazinendir. İstikbalde dahi, seni, bu hâzineden mahrum etmek isteyecek, dâhili ve haricî, bedhahlann olacaktır. Bir gün, istiklal ve Cumhuriyeti müdafaa mecburiyetine düşersen, vazifeye atılmak için, içinde bulunacağın vaziyetin imkân ve şeraitini düşünmeyeceksin! Bu imkân ve şerait, çok namüsait bir mahiyette tezahür edebilir. İstiklal ve Cumhuriyetine kastedecek düşmanlar, bütün dünyada emsali görülmemiş bir galibiyetin mümessili olabilirler.

Cebren ve hile ile aziz vatanın kaleleri zapt edilmiş, bütün tersanele- rine girilmiş, bütün orduları dağıtılmış ve memleketin her köşesi bilfiil işgal edilmiş olabilir. Bütün bu şeraitten daha elim ve daha vahim olmak üzere, memleketin dâhilinde iktidara sahip olanlar gaflet, da- lalet ve hatta hıyanet içinde bulunabilirler. Hatta bu iktidar sahipleri şahsi menfaatlerini, müstevlilerin siyasi emelleriyle tevhit edebilirler.

Millet, fakru zaruret içinde harap ve bitap düşmüş olabilir.

Ey Türk istikbalinin evladı!

İşte, bu ahval ve şerait içinde dahi, vazifen; Türk İstiklal ve Cumhuriyetini kurtarmaktır! Muhtaç olduğun kudret, damarlarındaki asil kanda mevcuttur!

MUSTAFA KEMAL ATATÜRK - 20 Ekim 1927

9) MUSTAFA KEMAL ATATÜRK'ÜN HAYATINDAKİ ÖNEMLİ TARİHLER

1881: Mustafa'nın Selanik'te doğuşu.

1893: Mustafa'nın Selanik Asker! Rüştiyesi'ne yazılması.

1896: Manastır Askerî İdadisi'ne (Lisesi) geçti.

13 Mart 1899: Mustafa Kemal, İstanbul'da Harbiye (Harp Okulu) piyade sınıfına girdi.

10 Şubat 1902: Mustafa Kemal'in Harp Okulu'nu teğmen rütbe- siyle bitirerek Harp Akademisi'ne geçmesi.

11 Ocak 1905: Mustafa Kemal'in Kurmay Yüzbaşı olarak Harp Akademisi'nden mezun olması ve merkezi Şam'da bulunan Beşinci Ordu emrine atanması.

Ekim 1905: Mustafa Kemal'in bazı arkadaşlarıyla birlikte Şam'da gizli "Vatan ve Hürriyet Cemiyeti"ni kurması.

20 Haziran 1907: Mustafa Kemal'in rütbesinin Kolağasılığma (kıdemli yüzbaşı) yükseltilmesi.

13 Ekim 1907: Mustafa Kemal'in Selanik'te III. Ordu'ya atanması.

15-16 Nisan 1909: Mustafa Kemal'in 31 Mart (13 Nisan) ayaklan- ması üzerine Hareket Ordusu'nun kurmay başkanı olarak İstanbul'a hareket etmesi.

6 Eylül 1909: Mustafa Kemal'in Selanik'te III. Ordu Piyade Subay Talimgahı Komutanı olması, (aynı yıl içinde Kolağası rütbesiyle 38. Piyade Alayı komutanı olmuştur.)

Mayıs 1910: Mustafa Kemal'in Mahmut Şevket Paşa'nm

kurmay başkanı olarak Arnavutluk harekâtlarında bulunması.

17-21 Eylül 1910: Fransa'da yapılan manevralara (Picardie) Türk ordusu temsilcisi olarak katılması.

13 Eylül 1911: Mustafa Kemal'in İstanbul'a Genelkurmay'a nakledilmesi.

27 Kasım 1911: Mustafa Kemal'in Binbaşılığa yükseltilmesi.

22 Aralık 1911: Mustafa Kemal'in İtalyan - Osmanlı Trablusgarp Savaşı'nda Tobruk Taarruzunu başarıyla idare etmesi.

25 **Kasım 1912:** Mustafa Kemal'in Bahrısefid Boğazı (Çanakkale) Kuva-yı Mürettebesi Harekât Şubesi Müdürlüğü'ne atanması.

27 Ekim 1913: Mustafa Kemal'in Sofya Ataşemiliteri olması.

1 **Mart 1914:** Mustafa Kemal'in Yarbaylığa yükselmesi.

2 **Şubat 1915:** Mustafa Kemal'in Tekirdağ'da 19. Tümeni kurmaya başlaması. (25 Şubat 1915'te tümen kuruluşunu tamamlayarak May- dos'a gelmiştir.)

25 Nisan 1915: İtilaf Devletleri'nin Arıburnu'na asker çıkarmaları üzerine Mustafa Kemal'in tümeniyle düşmanı önleyerek durdurması.

1 Haziran 1915: Mustafa Kemal'in Albaylığa yükselmesi.

8- 9 Ağustos 1915: Mustafa Kemal'in Anafartalar Grubu Komutanlığına atanması.

10 Ağustos 1915: Mustafa Kemal'in bizzat idare ettiği taarruzla Anafartalar Cephesi'nde düşmanı geri atması.

17 Ağustos 1915: Mustafa Kemal'in Kireçtepe'de zafer kazanması.

21 Ağustos 1915: Mustafa Kemal'in **II.** Anafartalar Zaferini kazanması.

1 Nisan 1916: Mustafa Kemal'in Tümgeneralliğe yükseltilmesi.

7- 8 Ağustos 1916: Mustafa Kemal'in Bitlis ve Muş'u düşman elinden kurtarması.

7 **Mart** 1917: Mustafa Kemal'in Diyarbakır'daki II. Ordu Komutan Vekilliği'ne atanması.

16 **Mart** 1917: Mustafa Kemal'in Diyarbakır'daki II. Ordu Komutanlığına asil olarak atanması.

5 **Temmuz** 1917: Mustafa Kemal'in Halep'teki VII. Ordu Komu- tanlığına atanması.

20 **Eylül** 1917: Mustafa Kemal'in VII. Ordu Komutanı sıfatıyla memleketin ve ordunun durumunu açıklayan tarihî raporunu gönder mesi.

15 **Ekim** 1917: Mustafa Kemal'in VII. Ordu Komutanlığı'ndan ayrılarak İstanbul'a dönmesi.

15 **Aralık** 1917: Mustafa Kemal'in Veliaht Vahdettin ile Almanya'ya gitmesi.

16 **Aralık** 1917: Mustafa Kemal'e "Birinci Rütbeden Kılıçlı Mecidi Nişanı" verilmesi.

4 *Ocak* 1918: Almanya gezisinden dönmesi.

7 **Ağustos** 1918: Mustafa Kemal'in Filistin'de bulunan VII. Ordu Komutanlığı'na ikinci defa tayin edilmesi.

26 **Ekim** 1918: Mustafa Kemal'in komuta ettiği VII. Ordu Birliklerinin düşman taarruzunu Halep'in kuzeyinde bugünkü sınırlarımız üzerinde durdurması.

31 **Ekim** 1918: Mustafa Kemal'in Yıldırım Orduları Grubu Komutanı olması.

13 **Kasım** 1918: Mustafa Kemal'in Yıldırım Orduları Grubu Komutanlığı'mn lağvı üzerine İstanbul'a gitmesi.

30 Nisan 1919: Mustafa Kemal'in IX. Ordu Müfettişi olması.

16 Mayıs 1919: Mustafa Kemal'in Samsun'a gitmek üzere Bandırma Vapuru ile İstanbul'dan ayrılması.

19 Mayıs 1919: Mustafa Kemal'in Samsun'a çıkması.

21-22 Mayıs 1919 Mustafa Kemal'in Amasya'dan yolladığı genelgeyle, Millî Kuvvetleri bir gaye ve bir teşkilat çerçevesinde toplamak amacıyla Sivas Kongresi'ni toplanmaya çağırması.

26 Haziran 1919: Amasya'dan Sivas'a hareketi.

3 **Temmuz 1919:** Mustafa Kemal'in Erzurum'a ilk gelişi.

8- 9 Temmuz 1919: Mustafa Kemal'in resmî görevinden ve askerlikten çekilmesi.

23 Temmuz 1919: Erzurum Kongresi'nin toplanması ve Mustafa Kemal'in Erzurum Kongresi'ne başkan seçilmesi.

4 **Eylül 1919** Sivas Kongresi'nin toplanması ve Mustafa Kemal'in Sivas Kongresi'ne başkan seçilmesi.

11 Eylül 1919: Mustafa Kemal'in Anadolu ve Rumeli Müdafaa-i Hukuk Cemiyeti Heyet-i Temsiliyesi Başkanlığı'na seçilmesi.

20-22 Ekim 1919: Mustafa Kemal'in İstanbul'dan gelen Bahriye Nazırı (Bakan) Salih Paşa ile Amasya'da görüşmesi ve Amasya Bildirge- sinin imzalanması.

7 Kasım 1919: Mustafa Kemal'in İstanbul'da toplanması kararlaştırılan Osmanlı Meclisi için Erzurum'dan Milletvekili seçilmesi. (Büyük Millet Meclisi'nin birinci dönemi için yapılan seçimde ve ondan sonraki seçimlerde Ankara'dan milletvekili seçilmiştir.)

27 Aralık 1919: Mustafa Kemal'in Heyet-i Temsiliye üyeleriyle birlikte Ankara'ya gelmesi.

16 Mart 1920: İstanbul'un İtilaf Devletleri tarafından işgali üzerine Mustafa Kemal'in durumu bütün devletler ve Millet Meclisleri nezdinde protesto etmesi ve Ankara'da yeni bir Millet Meclisi girişiminde bulunması.

23 Nisan 1920: Mustafa Kemal'in Ankara'da Türkiye Büyük Millet Meclisi'ni açması.

24 Nisan 1920: TBMM'nin Mustafa Kemal'i başkanlığa seçmesi.

11 Mayıs 1920: Mustafa Kemal'in İstanbul Hükûmeti'nce ölüm cezasma çarptırılması. (Bu karar 24 Mayıs 1920'de Padişah tarafından onaylanmıştır.)

13 Eylül 1920: Mustafa Kemal tarafından "Halkçılık" programının Büyük Millet Meclisi'ne sunuluşu.

5 Aralık 1920: Mustafa Kemal'in İstanbul'dan gelen Osmanlı delegeleri Ahmet İzzet ve Salih paşalarla Bilecik Istasyonu'nda görüşmesi.

10 Mayıs 1921: Mustafa Kemal tarafından Büyük Millet Meclisi'nde Anadolu ve Rumeli Müdafaa-i Hukuk Grubu'nun kurulması ve kendisinin Grup Başkanlığı'na seçilmesi.

13 Haziran 1921: Mustafa Kemal'in Fransız temsilcisi F. Bouillon ile Ankara'da görüşmesi.

5 Ağustos 1921: Büyük Millet Meclisi tarafından Mustafa Kemal'e Başkomutanlık görevinin verilmesi.

23 Ağustos 1921: Mustafa Kemal'in 22 gün 22 gece süren Sakarya Meydan Savaşı'nı yönetmeye başlaması.

13 Eylül 1921 Mustafa Kemal'in Sakarya Zaferi'ni kazanması.

19 Eylül 1921 Mustafa Kemal'e Büyük Millet Meclisi tarafından Mareşallik rütbesinin ve Gazi unvanının verilmesi.

26 Ağustos 1922: Gazi Mustafa Kemal'in Kocatepe'den Büyük Taarruzu idareye başlaması.

30 Ağustos 1922: Gazi Mustafa Kemal'in Dumlupmar'da Başko- mutan Meydan Savaşı'nı kazanması.

10 Eylül 1922 Gazi Mustafa Kemal'in İzmir'e girişi.

1 Kasım 1922: Gazi Mustafa Kemal'in teklifi üzerine Büyük Millet Meclisi'nin saltanatı kaldırılmasına karar verişi.

14 Ocak 1923 Gazi Mustafa Kemal'in annesi Zübeyde Hanım'm İzmir'de ölümü.

29 Ocak 1923: Gazi Mustafa Kemal'in İzmir'de Latife (Uşaklıgil) Hanım'la evlenmesi. (5 Ağustos 1925'te ayrılmışlardır.)

17 Şubat 1923 Gazi Mustafa Kemal'in İzmir'de ilk Türkiye İktisat Kongresi'ni açması.

13 Ağustos 1923: Gazi Mustafa Kemal'in ikinci kez Büyük Millet Meclisi Başkanlığı'na seçilmesi

11 Eylül 1923 Gazi Mustafa Kemal'in Halk Partisi'ni kurması.

29 Eldin 1923: Cumhuriyet'in ilanı ve Gazi Mustafa Kemal'in ilk Cumhurbaşkanı seçilmesi.

1 Mart 1924: Gazi Mustafa Kemal'in Büyük Millet Meclisi'ni açışı ve Halifeliğin kaldırılması ile öğretimin birleştirilmesi gereğini konuşmasında belirtmesi.

23 Ağustos 1925: Gazi Mustafa Kemal'in Kastamonu'da şapka ve kıyafet devrimini başlatması.

3 Ekim 1926: İstanbul'da Sarayburnu'nda Mustafa Kemal'in ilk heykelinin dikilmesi.

1 Temmuz 1927: Gazi Mustafa Kemal'in Cumhurbaşkanı sıfatıyla ilk defa İstanbul'a gelmesi.

15-20 Ekim 1927: Gazi Mustafa Kemal'in CHP İkinci Kurultayında tarihî büyük nutkunu söylemesi.

1 Kasım 1927: Gazi Mustafa Kemal'in ikinci kez Cumhurbaşkanlığına seçilmesi.

4 Kasım 1927: Gazi Mustafa Kemal'in Ankara Etnografya Müzesi önünde ve Yenişehir'de dikilen heykellerinin açılışı.

20 Mayıs 1928: Afgan Kralı Amanullah Han'ın Gazi Mustafa Kemal'i Ankara'da ziyareti.

9- 10 Ağustos 1928: Gazi Mustafa Kemal'in Sarayburnu'nda Türk harfleri hakkmdaki nutkunu söylemesi.

12 Nisan 1931: Gazi Mustafa Kemal tarafından Türk Tarih Kuru mu'nun kurulması.

4 Mayıs 1931: Mustafa Kemal'in üçüncü kez Cumhurbaşkanlığı'na seçilmesi.

12 Haziran 1932: Irak Kralı Emir Faysal'm Ankara'da Mustafa Kemal'i ziyareti.

12 Temmuz 1932: Gazi Mustafa Kemal tarafından Türk Dil Kurumu'nun kurulması.

4 Ekim 1933: Yugoslavya Kralı Aleksandre'm Gazi Mustafa Kemal'i İstanbul'da ziyareti.

29 Ekim 1933: Gazi Mustafa Kemal'in Cumhuriyet'in onuncu yıldönümü dolayısıyla tarihî nutkunu söylemesi.

16 Haziran 1934: İran Şehinşahı Rıza Pehlevi'nin Gazi Mustafa Kemal'i Ankara'da ziyareti.

24 Kasım 1934: Büyük Millet Meclisi'nin Mustafa Kemal'e ATATÜRK soyadını veren yasayı kabul etmesi.

I Mart 1935: Atatürk'ün dördüncü kez Cumhurbaşkanı seçilmesi.

4 Eylül 1936: İngiltere Kralı Edward VII'in İstanbul'da Atatürk'ü ziyareti.

II Haziran 1937: Atatürk'ün çiftliklerini devlete ve bir kısım gayrimenkullerini Ankara Belediyesi'ne bağışlaması.

30 Mart 1938: Atatürk'ün hastalığı hakkında Cumhurbaşkanlığı Genel Sekreterliği'nce ilk kez resmî tebliğ yayınlanması.

19 Haziran 1938: Romanya Kralı Karol II'nin Atatürk'ü İstanbul'da ziyareti.

5 Eylül 1938: Atatürk'ün vasiyetnamesini yazması. (Açılış: 28 Kasım 1938)

16 Ekim 1938: Atatürk'ün hastalık durumu hakkında günlük resmî tebliğler yayımına başlanması.

10 Kasım 1938: Atatürk'ün aramızdan ayrılması.

21 Kasım 1938: Atatürk'ün cenazesinin Etnografya Müzesi'ndeki geçici kabre törenle konulması.

10 Kasım 1953: Atatürk'ün naaşınm Etnografya Müzesi'ndeki geçici kabrinden Anıtkabir'e nakledilmesi.

KAYNAKÇA

1- Bil, Hikmet, Atatürk'ün Sofrası, Uncu Yayınları, İstanbul, 1981.

2- Avcıoğlu, Doğan Milli Kurtuluş Tarihi, İstanbul Matbaası, İstanbul, 1974.

3- İpekçi, Abdi, İnönü Atatürk'ü Anlatıyor, Cem Yayınları, İstanbul, 1968.

4- Atatürk, Kemal, Nutuk.

5- Atay, Falih Rıfkı, Çankaya, İstanbul, 1984.

6- Karal, Enver Ziya, Osmanlı Tarihi, Ankara, 1983.

7- İnan, Afet, Türkiye Cumhuriyeti ve Türk Devrimi, Ankara, 1973.

8- Atay, Falih Rıfkı, Mustafa Kemal'in Mütareke Defteri, İstanbul.

9- Adıvar, Halide Edip, Türk'ün Ateşle İmtihanı, Cumhuriyet Kitapları, İstanbul, 1998.

10- Soyak, Hasan Rıza, Atatürk'ten Hatıralar, Yapı Kredi Yayınlan, İstanbul, 2005.

11- Turan, Şerafettin, Mustafa Kemal Atatürk, Bilgi Yayınları, Ankara, 2004.

12- Karal, Enver Ziya, Atatürk'ten Düşünceler, Çağdaş Yayınları, İstanbul, 1991.

13- Aydemir, Şevket Süreyya, Tek Adam, Remzi Kitabevi, İstanbul, 1995.